KB138565

안보
전쟁

안보전쟁

김종대 지음

대한민국 안보를 파멸시킨 탐욕의 세력들

인물과
사상사

고장 난 신호체계와 '안보 딜레마'

최근 한반도를 둘러싼 군사정세를 살펴보면 미국 국제정치학자 로버트 저비스가 말한 '안보 딜레마'의 다양한 양상이 표출된다. 상대방이 단순히 자신의 방어를 위해 불가피하게 취한 군사 조치도 무언가 다른 공격 신호로 인식되어 우리에게 또 다른 군사 조치를 요구하게 되어 군사적 긴장이 고조되는 결과를 초래하는 현상이다.

천안함과 연평도 포격으로 얼룩진 2010년 북한의 연이은 도발에 한미 군사 당국은 2012년부터 '쌍용훈련'으로 불리는 대규모의 해병대 상륙훈련을 포항 일원에서 실시한다. 미국 오바마 정부에서 급격한 국방 예산 감축과 해병대와 육군 병력의 대대적인 감축이 예고된 시기에 이런 훈련 자체는 매우 이례적이었다. 대부분 공중에서 병력을 투입하는 현대전과 달리 사상자가 많이 발생하는 바다의 상륙작전이 21세기에는 전혀 어울릴 것 같지 않기 때문이다. 노르망디 상륙작전이 제2차 세계대전 중에 가장 많은 사상자가 발생한 전투라는 것을 기억한다면, 도대체 21세기에 이런 대규모 상륙작전을 한다는 것 자체가 전혀 어울릴 법하지 않다.

그 속사정을 파헤쳐 보면 병력 감축의 압력에 직면한 미 해병대가 한국과 긴급히 대규모 훈련 계획을 요청했고, 이것이 북한에 대한 효과적 압박 수단이라는 점을 입증하고자 하는 조직의 자기 방어 논리가 도사리고 있음을 어렵지 않게 발견한다. 이 시기에 한국 해병대 역시 병력 감축을 전제로 한 국방개혁안에 절치부심하며 당면한 안보 위기에서 해병대 감축 불가론을 절박하게 표출하던 시기였다.

이런 조직의 자기 방어 논리에 의해 유발된 상륙훈련을 북한은 현실성 없는 것으로 얼마든지 부시할 수 있다. 이미 우주와 공중에서 전략폭격기와 스텔스 전투기, 순항 미사일로 북한 정권의 핵심부가 타격되는 상황에 직면한 북한은 미국이 대규모 전단에 엄청난 병력을 싣고 와서 상륙작전을 대비할 여유가 그리 많지 않다. 지상군 병력이 북한으로 진입한다면 공중이나 지상으로도 얼마든지 투입될 수 있다. 그러나 실제로 한미 연합군이 동해부터 밀고 들어올 것으로 믿고 불안해진 북한은 김정은 위원장이 직접 참가하는 대규모 반상륙작전을 2013년부터 진행했다.

　그해 3월 한미가 쌍용훈련을 실시하는 시기에 맞춰 북한은 "적 상륙 집단을 해상에서 타격 소멸하는 훈련이 진행되었다"고 『조선중앙통신』은 소개했다. 그 내용을 보면 한미 연합군이 상륙하기 전에 해상에서 북한 포병이 방사포(다연장로켓)를 동원해 일제사격으로 상륙을 저지하는 것이었다. 그런데 이마저도 불안했는지 2014년 3월에 북한은 해안에서 더 멀리 떨어진 바다에서 한미 연합군을 타격하기 위해 이제는 단거리 미사일과 중거리 미사일까지 동원하기에 이르렀다. 심지어 사정거리 1,000킬로미터에 달하는 노동미사일을 평소 사격하는 고각인 45도가 아니라 70도까지 높여 사거리를 650킬로미터로 줄인 새로운 전술까지 시험해보았다.

　이 한 해에만 북한은 각종 장사정포와 미사일을 111발이나 동해에 퍼부었다. 북한은 한국에서 KN-01으로 불리는 사정거리 100킬로미터의 실크웜Silk Worm과 같은 지대함 미사일을 보유하고 있으나 이 전력만으로 대규모 상륙작전을 차단한다는 것은 역부족이다. 다급해진 김정은은 북한이 가진 모든 화력을 바다에 일제사격으로 퍼부어대는 대규모 훈련으로 응수했다.

　북한의 자기 방어를 위한 새로운 전술의 시험에 더 놀란 당사자는 주한미군사령관 커티스 스캐퍼로티 대장이었다. 그는 2014년 6월에 북한이 "발사 고각을 높여 사거리를 줄이는 새로운 전술은 노동미사일로 남한을 타격하려는 의도"라며 이에 대비하기 위해 "본국에 고고도 미사일방어체계인 사드THAAD 요격 체계의 한국 배치를 요청했다"고 공개적으로 밝히고 나섰다. 이제껏 한미의 북핵 미사일 대책기구인 '확장억제정책위원회'에서 한 번도 고려된 바 없는 사드 배치는 주한미군의 자기 방어를 위한 군사 조치라고 했다. 이 때문에 국방부 김민석 대변인은 "고고도 미사일 방어는 한반도 방어 현실에 맞지 않는다"라며 주한미군사령관의 사드 배치 주장에 거리를 두었다.

이미 단거리 스커드 B(300킬로미터), 스커드 C(500킬로미터), 스커드 ER(600킬로미터) 1,000기를 보유한 북한은 굳이 몇 발 되지도 않는 1,000킬로미터 사정거리의 노동미사일을 무리하게 발사 고각을 높여 650킬로미터로 사거리를 줄여 한국에 발사할 이유가 없다. 남한에 핵미사일을 발사한다 하더라도 탄두 중량이 1톤에 육박하는 스커드 미사일이 훨씬 유력한 데 반해 탄두 중량이 그에 미치지 못하는 노동미사일은 위력도 낮다. 그렇다면 북한의 이상한 노동미사일 발사 시험은 북한의 해상 방어를 위한 단 한 번의 시험에 불과했던 것으로 얼마든지 무시하고 넘어갈 수 있었고, 실제로 우리 국방부는 그렇게 했다.

그러나 주한미군에 의해 이러한 판단이 뒤집혀 이제는 북한이 예전에 없던 새로운 공격전술을 구사하는 것으로 역전되었다. 그 결과 이

미 공중 방어의 하부 체계인 저고도(40킬로미터 이하)가 뚫려 있는 상황에서 실효성 없는 고고도(40킬로미터 이상) 방어라는 개념은 한국 안보 현실에서 받아들여지기 그리 긴박한 문제가 아니었다. 그 배경에는 미국의 세계적 패권을 떠받치는 전략적 기둥이라 할 수 있는 미사일방어 체계를 한국으로 확장하려는 다른 논리가 작동했음은 두 말할 필요가 없다.

애초 한국의 방어에 실효성이 없는 사드를 굳이 주한미군이 배치하겠다는 것은 한반도 방위와 무관한 다른 정치적 목적이 있어서 저러는 것 아닌가 하고 의문을 제기한 당사자는 중국 정부였다. 때마침 남중국해에서 미국의 공세에 직면한 중국 정부는 베이징에서 가장 가까운 미군기지인 한국의 평택, 대구, 부산에 배치되는 사드는 유사시 중국의 억제력을 무력화하면서 중국 본토에 대한 선제공격을 하기 위한 일종의 공격 신호라고 해석했다. 어차피 한·미·일이 미사일방어를 위한 군사공조를 강화하는 마당에 한국에 사드 요격 체계가 하나 더 배치된다고 해서 동북아시아의 세력균형이 크게 와해될 상황이 아니라고 보고 무시할 만도 했다.

그러나 실상은 그 반대였다. 내가 중국 베이징을 방문한 2015년 4월에 관영 CCTV를 비롯한 중국의 모든 언론은 하루 종일 한국에 미국의 사드 배치 검토 사실을 방영하며 "중국의 핵심 이익이 위협받고 있다"고 주장했다. 중국 외교정책 자문위원이며 시진핑 주석과 가까운 사이로 알려져 있는 칭화대학의 옌쉐퉁 교수는 나에게 놀라운 사실을 털어 놓았다. 한국의 사드 배치론에 고무된 중국 국방부는 시진핑 주석에게 "앞으로 3년간 400억 달러씩 국방비를 증액해 지금의 1,200억 달러인 중국의 국방비는 3년 후에 2배인 2,400억 달러로 확대"하는 계획을 보고했다는 것이다. 늘어나는 국방비는 미국의 미사일 방어망을 돌파하기 위한 전략 미사일과 감시자산인 군사위성, 정찰기, 해상전력에 집중된다는 이야기다.

그의 주장은 1년 후인 2016년인 지금에 이르러 대부분 현실이 되었다. 한국에 사드를 배치하려는 미국의 움직임을 포착한 중국은 대륙간 탄도미사일인 둥펑 31A와 항공모함 킬러로 알려진 둥펑 21D를 증강하고 유사시 한반도를 타격할 수 있는 준비를 갖추고 있다. 이렇게 되자 한반도는 남북한의 군사적 갈등에서 시작된 군사적 대치가 미국과 중국 간의 군사적 갈등으로 노약하는 국제전의 양상으로 전환되었다.

이것이 한반도가 북한의 재래식 무기부터 핵과 미사일로 이어지는 비합리적인 군비경쟁의 양상이다. 여기서 남북한과 미국, 중국의 군사적 행동은 대부분 상대방의 방어적 조치를 자신에 대한 공격 신호로 해석하는 잘못된 신호체계의 문제임이 드러난다. 이렇게 본다면 국제정치에서 안보 문제는 실제 군사적 위협을 감소시키는 평화와 안정을 위한 합리적 선택의 결과가 아니라, 상대방의 불확실한 의도를 비관적으로 인식하는 '해석학의 문제'로 환원된다. 국가는 언제나 안보 문제에서 "나만 손해 보는 것 아닌가", "내가 불리해지는 것 아닌가, "내 주도권이 상실되는 것 아닌가"라는 불안심리에서 상대방의 방어적 조치에 불과한 군사적 행동까지도 과대하게 해석하고 대응하려는 경향이 있다. 그 결과 무언가 방어적 조치를 취한 것이 상대방의 대응을 불러와 방어 자체가 더 취약해지는 역설에 직면하게 된다.

안보 문제의 이러한 딜레마적인 성격을 이해하지 못하고 "우리의 안보를 위해 주변국 눈치를 보지 않고 어떤 군사 조치도 할 수 있다"는 자기과시는 안보 문제를 해결할 수 없다. 일단 한국은 동북아시아에서 잘못된 신호 해석으로 인해 발생하는 우발적 충돌의 위험을 관리하는 성숙한 위기관리 능력을 주변국에 보여주어야 한다. 우리는 상대방의 신호를 잘못 해석하지 않는 합리적 행동의 원칙을 준수하고 있다는 것을 상대방에게 이해시켜야 한다. 군사 조치만이 아니라 외교력을 적절히 배합할 줄 아는 실력, 우리만이 아니라 동북아시아 지역의 안정까지 도모하는 전략적 식견을 갖춘 나라라는 인식을 심어주는 것, 이것이 바로 '한반도 신뢰 프로세스'다.

미세한 북한의 군사적 행동을 국가 전체에 대한 위협으로 확대하는 고장 난 신호체계는 그 신뢰를 가로막는다. 이것이 바로 우리가 불안 속에 살 수밖에 없는 실패하는 안보 체제가 된다. 이 책은 바로 그런 무수한 사례를 제시하면서 어떻게 한국의 안보가 고장이 난 비합리적 안보로 왜곡되었는지를 고발하고자 한다. 안개 속을 걷는 불확실성과 모호함으로 가득 찬 군사적 영역에서 우리가 대한민국의 안보를 증진하고 평화와 공존의 새 역사를 만들려면 각종 과장과 왜곡으로 점철된 군사 문제를 바로잡아야 한다.

그동안 『한겨레』는 이런 문제의식을 갖고 있던 나에게 주말판에 충분한 지면을 할애해 제반 문제를 다룰 충분한 기회를 부여해주었다. 지난 2년 동안 『한겨레』에 연재한 글을 다듬어서 이제 책으로 출판하게 된 것은 전적으로 인물과사상사의 제안이 있었기 때문이다. 감사한 마음을 전하면서 이제 한국 안보의 이야기를 시작해보려고 한다.

2016년 2월

김종대

제 2 장
누가 안보를 위협하는가?

제 3 장
왜 군대는 악마가 되는가?

제 1 장

안보 없는
안보공화국

북한의 핵실험과 한국의 핵무장론

대통령의 '무모한 결단'

2016년 1월 6일 북한의 4차 핵실험 이후 정부는 기묘한 혼란에 빠져 있다. 첫째, 북한 핵실험의 실상에 대한 인식이 혼란스럽다. 1월 13일 박근혜 대통령은 특별담화에서 북한의 핵실험은 "동북아 안보지형을 바꾸는 사건"이며, "북한 핵 문제의 성격이 근본적으로 바뀌었다"고 말했다. 이와 달리 국방부는 1월 7일 이번 핵실험이 "수소폭탄 실험은 아니"고 "수소폭탄 이진 단계인 증폭핵분열탄 실험이라도 실패한 것"이라며 평가절하했다. 국방부 말대로라면 박근혜 대통령의 특별담화는 너무 오버한 셈이다. 이럴 때는 정부의 여러 전문가가 모여 북한 핵 능력에 대한 합동평가를 통해 합의된 판단이 나와야 한다. 이는 현 위기 국면의 성격을 규정하는 데 가장 기본적인 절차임에도 이상할 정도로 정부 내에서 움직임이 없다.

둘째, 북한 핵 문제에 대한 정부의 종합적인 목표나 대책이 없다. 박근혜 대통령은 "북한의 핵 문제를 넘어 북한 문제 그 자체를 다루겠다"고 하고 있으나, 이 말이 의미하는 바가 무엇인지를 설명하는 사람이 없다. 북한의 존재 자체가 문제라면 북한의 정권을 교체하고 체제를 붕괴시켜 흡수통일을 하자는 이야기로도 해석될 수도 있으나 그 누구도 자신있게 "그렇다"고 말하는 사람은 없다.

셋째, 북한 핵실험 직후부터 청와대에 의한 설익은 대책이 남발되면서 외교·안보 정책 전반에 심각한 혼란이 초래되고 있다. 1월 8일 재개된 대북 확성기 방송은 국방부와 통일부의 신중론을 제압한 청와대의 전격적인 결정으로 이루어졌다. 그 이튿날 신문들은 확성기 방송이 "박 대통령의 결단"이라고 대서특필했다. 박근혜 대통령이 1월 22일 천명한 "6자회담 무용론", "5자회담 개최" 역시 외교부 의견과 전혀 무관하게 대통령이 직접 논의를 주도하고 외교부는 뒤늦게 대통령 발언으로 인한 부작용을 수습하느라 분주한 모습을 보였다. 미국의 사드THAAD 한반도 배치 문제도 1월 13일의 대통령 특별담화에서 최초로 "검토한다"는 입장이 개진되고 나서 국방부가 뒤늦게 이를 보완하는 모양새로

논의가 진행되고 있다. 심지어 청와대 안에서조차 외교안보 라인이 박근혜 대통령의 발언 속도를 따라잡지 못하고 허둥댄다는 이야기까지 들린다.

국가의 중요한 외교·안보 정책은 부처의 장관들이 국가안전보장회의NSC 상임위원회를 열어 의견을 조율한 뒤에 대통령에게 건의하는 방식이 일반적이다. 그러나 지금은 회의를 열 틈도 없이 대통령이 미리 결정을 하고 뒤늦게 부처가 지침을 받는 양상이다. 대통령이 폭주하는 모습을 보이는 동안 정부는 북한 비핵화에 대한 어떠한 종합대책이나 일관된 목표 제시도 없는 공황 상태에 내몰리게 되었다. 여기서 대통령의 행태는 중병에 걸린 환자가 제대로 된 치료를 하는 것이 아니라 몸에 좋다는 것은 무엇이든 먹고 보자는 것과 같은 좌충우돌의 연속이었다.

대북 경제제재의 열쇠를 쥔 "중국의 협조가 중요하다"는 대통령의 발언이 나왔으면, 중국이 반발하는 사드의 한반도 배치 검토 문제는 뒤로 미루는 것이 현명했을 것이다. 외교가 전면에 나설 때는 군사는 뒤로 물러나 있다가 외교가 실패했을 때 나서도 늦지가 않다. 그러나 외교와 군사 조치가 혼재되어 동시에 쏟아져나오면, 우선순위에서 혼란이 생기고 서로가 그 효과를 잠식하게 된다. 실제로 1월 13일 박근혜 대통령이 사드 배치 문제를 검토하겠다면서 중국의 책임론을 거론하자 이틀 만인 1월 15일에 중국은 관영매체인 『환추시보環球時報』를 통해

"한국의 요구를 수용할 수 없다"고 매몰차게 거절하는 태도를 취했다.

우리가 사드 배치 등을 앞세워 중국을 압박하는 태도를 취하려면 한미 간에도 충분한 정책 조율을 거쳐야 한다. 그러나 '전략적 무시'라며 북한 핵실험에 버럭 오바마 대통령과 존 케리John Kerry 국무부 장관이 신년 연설에서도 일절 북한을 거론하지 않는 무관심한 태도를 보이는 사이에 한국이 혼자서 중국을 압박하고 다그치는 상황은 누가 보아도 무모했다. 같은 시기에 미국은 북한 문제가 아니라 남중국해에서 중국의 인공섬 건설 문제로 날카롭게 대립하던 터였다. 그 결과 되돌아온 것은 중국의 냉대였다.

누가 고립되었는가?

미국 전략분석가인 존 스타인브루너John Steinbruner의 '의사결정 이론'에 따르면 위기 상황에서 지도자의 인식에는 3가지 유형이 있다. 첫 번째는 기계적이고 일상적인 사고grooved thinking로, 기존 관료 조직이 알아서 일처리를 할 것으로 믿고 자신이 챙겨야 할 업무를 하부에 위임해버리는 경우다. 김대중 대통령이 1999년의 제1연평해전과 2002년의 제2연평해전 당시 군이 잘 알아서 처리할 것으로 믿고 직접 위기관리에 개입하지 않은 경우가 바로 그러했다. 현장에서 군의 조처는 물론이

고 이후 사태 수습 과정까지 청와대가 빈틈없이 관리했어야 하는데, 세
1연평해전 당시에는 남북 차관급 회담, 제2연평해전 당시에는 한일월
드컵과 남북정상회담이라는 다른 요인과 엮여 위기관리에 전념하지 못
한 것이다. 이는 향후 김대중 대통령에 대한 숱한 정치적 비난으로 악
용되었다.

두 번째는 이도 저도 아닌 '소신 없는 사고uncommitted thinking'로, 종
합적인 대책을 강구하지 않고 그때그때 그럴듯한 의견에 따라 상반된
대책을 남발하는 일관성 없는 행동을 보이는 경우다. 이명박 대통령이
2012년 6월 한일군사정보보호협정을 체결하려고 시도하다가 역풍을
맞자 돌연 독도 문제를 들고 나와 일본과 대립각을 세운 극심한 정책 변
경이 바로 그러했다. 당시 이명박 대통령은 한일군사정보보호협정 체
결을 청와대 외교안보수석의 건의에 따라 추진하다가 여의치 않자 이
번에는 정무수석 의견에 따라 대일 강경노선으로 한달 만에 선회했다.

세 번째가 가장 바람직한 '체계적인 사고theoretical thinking'로, 외
교·군사·정보에 관한 종합적인 대책을 한 테이블에 올려놓고 가장
적합한 징책 수단을 찾아내 일관되게 목표를 추진하는 방식이다. 쿠바
미사일 위기가 벌어진 1962년에 미국의 존 F. 케네디 대통령은 위기관
리집행위원회EXCOM를 운영하면서 정치적·외교적·군사적 대안을
한 테이블에 다 올려놓도록 자유로운 토론을 유도하고, 그중 가장 합리

적인 안을 선택하는 집단적 의사결정의 전형을 보여주었다.

최근 북한 핵실험 정국은 대통령과 정부에 세 번째 방식의 중요성을 일깨워주는 중대한 위기였다. 우선 국제 정세가 기존의 세 차례 핵실험 당시와는 판이했다. 과거 동아시아 정세는 한반도, 남중국해, 동중국해, 타이완해협과 같은 분쟁의 열점熱點 중 어느 한 곳이 위험해지면 그곳에 강대국이 몰려가고 나머지는 안정을 유지하는 양상이었다. 그런데 2016년 1월의 북한 4차 핵실험을 전후한 동아시아 정세는 이 4곳에서 한꺼번에 긴장이 고조되는 매우 특이한 양상이었다. 이미 남중국해에서는 중국의 인공섬 건설 문제로 미·중이 날카롭게 대립하고, 타이완에서는 새로운 정권이 출현해 중국과의 긴장이 예고되자 중국은 즉각 동중국해에서 해상 실탄 사격훈련을 실시했다(2016년 1월 16일 타이완 총통선거에서 야당인 민진당 차이잉원蔡英文 주석이 당선되어 8년 만에 정권교체가 이루어졌다). 향후 타이완해협에서 새로운 긴장이 조성됨을 예고하는 매우 중요한 신호가 나타난 것이다.

여기에다 한반도에서 북한 핵실험으로 한·미·일의 군사적 결속이 강화되자, 중국은 이를 자신에 대한 견제로 인식하고 예민하게 반응하는 상황이다. 여기서 박근혜 정부는 동시다발적으로 긴장이 고조되는 동아시아 정세를 고려해 대주변국 외교에서 세심한 검토와 함께 상황에 맞는 새로운 주변 외교의 방향과 원칙이 필요했다. 그러한 전략적 구상이 준비되기도 진인 1월 8일에 대북 확성기 방송 재개, 1월 10일에 미국의 B-52 전략폭격기의 한반도 전개, 1월 13일에 사드의 한반도 배치 등의 군사 조처를 숨가쁘게 쏟아냈다. 이후 미국의 무관심, 일본의 지도국 행세, 중국의 냉대가 차례로 나타나면서 한국 정부는 속수무책으로 고립되기 시작했다.

북한을 제재하기 위한 한·미·일 차관급 회담이 1월 16일 도쿄에서 개최되자 미국과 일본은 남중국해 문제를 거론하며 중국을 압박하는 데 한국을 동참시키려 했지만, 이는 중국의 협력을 얻어 북한을 제재하려는 한국 정부의 입장과 크게 상반된 것이었다. 결국 한·미·일 군사적 공조가 북한을 제재하는 국제 공조에 부정적 효과까지 초래하는 예기치 않은 상황으로 나아가기 시작한 것이다. 이런 움직임에 당황한 한국 정부는 미·일의 요구에 따라 개최되는 합참의장 회의에 선뜻 참여를 결정하지 못하고 중국 눈치를 보며 머뭇거리는 상황으로 내몰렸다(2016년 2월 11일 한·미·일 3국 합참의장 회의가 이순진 합참의장, 조지프 던퍼드 미 합참의장, 가와노 가쓰토시 일본 통합막료장이 참석한 가운데 개최되었다). 결국 북한 4차 핵실험 이후 국제적으로 고립된 당사자는 북한의 김정은 위원장이 아닌 박근혜 대통령이라는 불편한 사실이 드러났다. 오히려 북한은 중국의 고강도 대북 제재 반대, 북한과 대화 추진 방침이라는 우군을 확보하는 양상이다.

한국의 핵무장은 가능한가?

외교적 입지가 심각하게 축소된 박근혜 대통령이 1월 22일 6자회담 무용론과 북한을 제외한 5자회담 개최를 들고 나오자, 같은 날 중국 외교부 홍레이洪磊 대변인은 이마저도 "안 된다"며 6자회담 개최를 주장하고 나섰다. 그러자 이튿날인 1월 23일부터 청와대와 외교부 대변인이 나서서 전날의 박근혜 대통령 발언은 "6자회담 무용론을 주장한 것이 아니라 6자회담 틀 내에서 5자회담을 하자는 것"이라고 궁색한 변명을 하기에 이르렀다. 누가 보더라도 중국의 심기를 건드리지 않으려는 '눈치 외교'였다.

여기서 박근혜 정부는 중국에 대한 무지를 드러내며 대중국 외교에 대한 분명한 방향과 원칙을 세우지 못하는 혼란스러운 상황이었다. 다시 1월 26일에 한민구 국방부 장관이 방송에 나와 사드로 재차 중국을 압박하자 중국은 『환추시보』를 통해 한국에 한중 관계의 파국을 경고하는 극도로 악화된 상황이 나타났다. 이런 대중 외교에서 일련의 상황은 중국에 대한 기대와 서운함이 교차하는 박근혜 정부가 수시로 대책을 남발하고 입장을 번복하는 소신 없는 사고의 전형을 보여주었다.

사드는 2015년에 애슈턴 카터Ashton Carter 미국 국방부 장관이 한국을 방문해 "사드는 현재 생산 중인 무기"라며 당장 한국에 배치할 사드 포대가 준비되지 않았음을 밝혀 논란이 종결된 사안이다. 미국에는 현재 5번째 사드 포대가 창설되었지만, 요격 미사일은 총 100기에 불과하다. 5개 포대의 발사대에는 예비 물량을 제외하더라도 240기가 장착되어 있어야 하지만 실제로는 140기 이상 부족한 실정이다. 지금 당장 사드 포대의 한반도 배치를 결정한다 하더라도 부지 조성, 포대의 완전한 무장, 비용 분담 등에 대한 제반 준비를 하려면 적어도 3년 이상이 소요된다. 사드 포대 배치가 불투명한 상황에서 한반도 배치를 거론하는 것은 당연히 중국을 압박하기 위한 레토릭rhetoric이라는 의미가 강하다고 보아야 한다. 문제는 이런 압박으로 과연 중국이 한국이 원하는 방향으로 변화하겠느냐는 것이다. 오히려 중국은 한국과 군사적 긴장까지 감수하며 거꾸로 한국을 압박할 가능성이 크다.

이와 별도로 우리 사회의 보수언론과 여당이 한국의 독자적 핵무장을 주장하며 이를 미국을 압박하는 수단으로 공공연히 내세우는 새로운 흐름도 나타났다. 북한에 대한 미국의 무관심을 적극적인 관심으로 전환하기 위해 핵무장으로 미국을 압박하자는 이러한 흐름은 한미동맹의 파탄과 한국의 국제적 고립을 각오해야 할 도박에 가깝다. 사드로 중국을 압박하고 핵무장으로 미국을 압박하자는 2개의 대안이 동시에 가능한지도 의문이지만, 이런 접근법 자체가 자기중심적인 '희망적 사고'의 산물이 아닌지 의문이 든다. 미국과 중국이라는 거대 강대국 사이에서 아직은 중견국가로서 외교안보의 틀을 완성하지 못한 한국이 핵을 앞세워 세계 1,2위의 강대국을 압박하겠다는 발상 자체는 한국의 완전한 국제적 고립의 위험을 감수하는 무모함을 보여준다.

　이런 일련의 상황은 북한의 핵실험으로 초래된 한국 사회지도층의 공황 상태, 즉 리베카 솔닛Rebecca Solnit이 말한 '엘리트 패닉'의 전형이다. 엘리트 패닉이란 국민은 냉철하고 차분하게 상황을 지켜보는데, 정작 나중에 책임 추궁을 두려워하는 국가지도층이 먼저 혼란에 빠지는 현상을 말한다. 이를 수습하려면 어떻게 해야 할까? 박근혜 대통령이 자신의 재임 기간에 북핵 문제를 해결할 수 없는 상황임을 진솔하게 국민에게 고백하고, 다음 대통령이 해결할 수 있는 정책의 토대만이라도 구축하겠다는 나름의 목표 제시가 있어야 한다. 당장 해결될 북핵 문제가 아니라면 장기적 안목에서 한반도 정세를 우리가 주도할 수 있는 외교적·군사적·경제적 수단을 종합하는 거시적이고 포괄적인 한반도 구상을 밝혀야 한다. 그것이 아니고 설익은 대책이 계속 남발되면서 주변국 외교가 파탄으로 가는 지금의 상황을 우리는 언제까지 지켜보아야 하는가?

사드는 구세주가 아니다

'미사일 계획'이 국경을 바꾸다

무기 체계의 세계는 거대한 생태계와 같다. 수많은 무기가 끊임없는 상호작용을 하면서 멸종과 진화를 거듭한다. 문제는 이 생태계가 그리 안정적이지 않고 견고하지도 않다는 데 있다. 어느 날 새로운 기술이 출현해 예기치 않은 위험이 등장하면 기존의 생태계는 깨진다. 이미 만들어진 무기 체계는 무용지물이 되고 신기술이 주도하는 새로운 생태계가 만들어지기 시작한다. 창조와 혁신, 모방과 확산으로 이어지는 그 변동은 국가 간의 세력균형을 한순간에 붕괴시키는 지정학적 사건으로 이어진다. 유사 이래 인간의 역사는 바로 그러한 변동의 역사였다.

근대 유럽의 패권은 누가 거대 함선을 많이 보유했느냐로 결정되었다면, 현대에 와서는 핵무기의 숫자로 그 중심이 이동했다. 절대무기라 할 수 있는 핵무기는 냉전시대의 긴 평화를 거치면서 일견 안정적 생태계를 형성하는 것처럼 보였다. 그러나 이 체계 역시 불안하기는 마찬가지여서 그 투발投發 수단이 무엇이냐(미사일, 전폭기, 잠수함), 이에 대한 억제와 방어 수단이 무엇이냐를 두고 변화무쌍하고 불안정한 국제질서를 형성하기에 이르렀다.

현재 그러한 변동이 한반도에서 일어나고 있다. 미국의 사드 체계의 한국 배치 논란이 그것이다. 이 논쟁의 핵심 논리를 보면 북한의 중거리 미사일인 노동미사일에 핵탄두 장착 가능성이 현실화되면 한국이 기존에 보유한 미사일방어MD 체계는 전부 무용지물이 된다는 데서 출발한다. 따라서 새로운 방어무기가 배치되어야 하는데 지금 검토할 만한 유일한 대안은 150킬로미터 상공의 고고도에서 북한의 노동미사일을 요격할 수 있는 미국의 사드 체계밖에 없다.

그러나 이것이 한반도에 배치될 경우 여파는 단지 남북한에만 국한되지 않는다. 동북아시아에서 미·중 사이의 세력균형에 영향을 끼쳐 격렬한 군비경쟁과 분쟁을 초래할 지정학적 변동으로 이어지는 위험을 수반하게 된다. 무기 체계의 세계는 어느 일부분에서 일어난 변화가 전체 생태계에 영향을 주는 속성을 갖기 때문이다. 부분과 전체는 서로 연결되어 있다. 이 때문에 신무기의 영향은 부분에서 전체로 확산된다.

그런 위험성을 알려주는 사례가 미국의 버락 오바마 행정부 때인 2009년 9월 개정된 유럽 탄도미사일방어계획European Phased Adaptive Approach, EPAA이라고 할 수 있다. 이 계획에 따르면 주로 이란에서 불거진 탄도미사일 위협에서 유럽을 방어하기 위해 독일에 미사일방어 지휘통제 센터를 둔다. 요격 미사일은 터키에 사드 요격 체계, 루마니아에 스탠더드 미사일SM-3을 두고, 2018년에는 폴란드와 체코에도 이를 배치하는 것으로 되어 있다. 이 계획은 러시아의 극렬한 반발을 불러일으키게 된다. 이 유럽 탄도미사일방어계획은 러시아의 핵 억지력을 무력화시키면서 사실상 서방의 영향력이 러시아를 고립시키는 방향으로 작용할 것이 분명해 보였기 때문이다.

1990년대 초에 당시 소련의 고르바초프 공산당 서기장이 동유럽의 민주화와 독일 통일을 지원한 데는 서방의 나토NATO가 소련을 향해 동진하지 않을 것이라는 확신이 있었기 때문이다. 그런데 이제는 유럽 미사일방어를 명분으로 미국과 나토세력이 러시아를 고립시키는 방향으로 동진하고 있지 않은가? 이 때문에 미러 관계가 극도로 악화되면서 러시아의 푸틴 대통령은 핵미사일을 증강하고 공격적인 군사 전략을 수립하게 되었다. 이것이 지정학적 변동으로 이어진 것이 2014년 러시아가 크림반도를 병합하는 초유의 사태였다고 할 수 있다.

적어도 지난 20세기 두 차례 세계대전 이후 전 세계에 국경을 변경하는 데 미국이 주도적으로 개입하지 않은 적은 없다. 그런데 러시아의 우크라이나 분할과 병합은 미국의 역량이 전혀 개입할 수 없었던 단 하나의 현상 변경 사건이며, 힘으로 영토를 변경시킨 국제정치 초유의 사태였다. 그 여파는 지금까지 평화국가였던 핀란드, 노르웨이, 스웨덴이 징병제를 부활하고 군사무기 개발에 박차를 가하는 상황으로 이어지게 되었다. 적어도 21세기에 유럽의 세력균형을 변경시키는 데 이보다 큰 사건은 없었다. 이렇게 되자 미국의 유럽 미사일방어 계획도 흐지부지되면서 이제껏 신뢰해왔던 미국의 패권도 의심을 받기에 이르렀다.

사드는 완전한 무기 체계가 아니다

그와 똑같은 사건이 바로 한반도에서 시작되려는 조짐이다. 북한의 핵탄두 소형화·경량화·다종화가 가속화되고 2020년쯤이면 북한이 100여 기의 핵무기를 보유하게 될 가능성이 구체화되면서 불안과 공포를 겪은 한국이 미국에 사드 배치를 협의하는 상황이 벌어졌다.

유럽의 미사일방어에 러시아가 반발했던 것과 유사하게 중국은 즉시 이에 반발했다. 2014년 7월에 시진핑 국가주석이 직접 박근혜 대통령에게, 그리고 2015년 2월에는 중국의 창완취안常萬全 국방부장이 한민구 국방부 장관에게 이 문제를 거론하며 "사드 요격 체계가 한국에 배치되면 한중 관계에 심각한 훼손이 있을 것"임을 통보했다. 이에 대해 한국 내 사드 배치론자들은 북한의 핵미사일에 대한 우리의 정당한 방어 체계 구축에 중국이 간섭하는 것은 "명백한 내정간섭"이라며 반발했다. 더불어 중국을 우려하며 사드 배치에 신중해야 한다는 반대론자들을 향해 "중국에 대한 사대주의"라고 거칠게 비난했다. 그러면서 핵위협에 노출된 한국에 미국의 야전사령관들이 사드 배치를 먼저 주장하고 나선 것은 정작 우리보다 우리의 안전을 걱정해주는 "민망한 제안"이라며 감격해 마지않았다.

여기에 한국 정부의 심각한 딜레마가 있다. 북한의 핵위협은 이제 피할 수 없는 구체적 위협이지만, 한국 정부는 북한에 대한 어떤 관리 능력도 없다. 보수·안보세력은 핵과 미사일을 앞세워 북한이 '통일대전'을 수행할 준비를 끝냈다는 사실을 내세우며 우리도 북한과 결전을 수행할 수 있는 군사적 준비를 할 것을 연일 압박한다. 사드 배치는 그 중 하나에 불과한 것이고 북한의 전략목표를 실시간으로 탐지, 조준, 타격할 수 있는 '킬 체인Kill Chain(북한의 핵과 미사일 기지를 탐지·추적·타격하는 시스템)' 같은 능력을 구비함과 아울러 북한 정권을 전복시키는 '제4세대 전쟁' 개념도 구체화할 것을 요구한다. 이와 함께 정전시 교전규칙에 구애받지 않고 북한의 지휘부를 타격할 수 있는 적극적 억제 전략

또는 능동적 억제 전략을 구사해야 한다고 주장한다.

그런가 하면 정부는 미국이 자국의 미사일방어에 한국이 흡수될 것을 요구하는 데 대해서도 궁색하다. 중국을 의식해 미국의 미사일방어에 편입되는 것을 유보하고 한국형 미사일방어KAMD를 독자적으로 구축하며 한국형 사드 미사일이라고 할 수 있는 중거리요격무기L-SAM를 개발하겠다는 것이 현재 국방부 입장이기는 하다. 그러나 이러한 한국형 미사일방어는 '찢어진 우산'으로서 여전히 신뢰하기 어렵고 미국의 미사일 방어망과 사실상 통합된 방어 체계만이 궁극적인 대안이라는 데 대해 정부의 대응 논리는 취약하기만 하다.

중국의 반발에 대해서도 정부는 속수무책이다. 아무리 사드 체계가 대對북한 방어용이라고 주장하더라도 중국은 이것이 동북아시아 세력균형의 변화라고 본다. 전 세계 미군기지 중에서 베이징과 가장 가까운 곳에 있는 경기도 오산 미 공군기지에 사실상 중국을 적성국으로 하는 미국의 전략자산이 배치된다는 것을 눈 뜨고 못 보겠다는 것이다. 다른 문제라면 몰라도 바로 중국의 대문 앞에서 분쟁의 요인이 생긴다면 중국은 핵심 이익을 수호하기 위해 조처를 취하겠다는 것이다. 중국의 반발은 중국의 북한 편들기로 이어져 궁극적으로 한국의 안보에 더 큰 부담으로 작용할 것이 분명하다. 이에 대해서도 한국 정부가 할 수 있는 일이라고는 거의 없기 때문에 '통일대박'도 헛소리가 된다. 사드 요격 체계의 한반도 배치가 지정학적 변동으로 이어지지 말란 법이 없다.

그렇나면 사드 배치로 인한 정치적 부담을 완화하면서 미국과 중국과 북한을 관리할 수 있는 우리의 외교 역량이 준비되어야 하는데, 지금의 상황은 매우 비관적이다. 미국의 웬디 셔먼Wendy Sherman 국무부 정무차관은 과거사 문제나 거론하는 한국의 정치지도자는 "값싼 박수나 받으려는 민족주의 감성"이라고 비난하며 노골적으로 일본을 편들었다. 일본은 외무성 홈페이지에서 "한국은 일본과 시장경제와 민주주의 기본 가치를 공유하는 국가"라는 표현을 삭제하며 연일 과거 역사를 미화했다. 북한이 박근혜 대통령에 대해 막말로 비난하는 것은 더 말할 필요조차 없다. 중국은 아예 노골적으로 "한국이 미국의 미사일방어를 거부하는 주권국가다운 태도를 보이라"고 더 노골적으로 한국을 압박했다. 이렇게 사방이 포위된 상황은 냉전이 붕괴된 이후 한국이 직면한 가장 치명적인 딜레마다.

역설저으로 이 딜레마는 사드 요격 체계가 아직 완전한 무기 체계가 아니라는 데서 더 깊어진다. 사드가 주된 요격 대상으로 상정하는 중거리 미사일을 상대로 시험 발사를 한 것은 2012년 10월에나 이루어졌다. 그러나 실제로는 지상에서 발사한 미사일을 상대로 한 것이 아니라 항공기에서 떨어뜨린 공대지 미사일(항공기에 탑재해 지상 목표를 공격하는 유도미사일)을 상대로 한 것이다. 2013년 9월의 시험 역시 외부에는 성공했다고 알려졌지만, 구체적으로 어떤 미사일을 상대로 한 것인지 미국 정부는 밝히지 않았다. 대부분의 시험 대상은 탄두와 추진체가 분리되지 않은 항공기에서 떨어뜨린 미사일로, 몸체도 크고 속도가 느리며 발견하기도 쉽다.

그렇게 불완전한 무기 체계이기 때문에 미국은 아직도 대량생산을 하지 못하고 겨우 4개 포대만 보유하고 있었고, 최근에서야 1개 포대를 창설했다. 그런데 한반도에서 북한의 미사일을 방어하려면 적어도 3개 포대 이상이 필요하다. 즉, 미국이 한반도에 배치하고 싶어도 당분간은 배치할 사드 포대가 존재하지 않는다. 이렇게 불완전하기 때문에 중동의 카타르와 아랍에미리트 외에 어떤 아시아와 유럽 국가도 사드 구매를 타진한 나라가 없다.

또 사드 요격 체계에는 송수신 소자 2만 5,000개에서 강력한 출력의 극초단파가 나오는데, 주변 2.5~5.5킬로미터 이내의 항공기와 차량의 전자장치를 무력화한다. 구체적으로 밝혀진 바는 없으나 인체에도 매우 치명적인 영향이 있을 것으로 본다. 1991년 걸프전(제1차 이라크전)이 끝나고 미군 수만 명이 이유를 알 수 없는 전쟁 후유증으로 우울증과 같은 증세를 보였다. 전문가들은 그중에서 공군 조종사들의 심리상태가 불안한 이유가 F-16 전투기의 전자교란장비ASPJ에서 나오는 전사고로 인한 영향일 수도 있다는 분석을 내놓았다. 그 외에도 열화우라

뉴탄에서 나오는 미량의 방사선 때문일 수도 있다는 분석도 있지만, 군사장비에서 나오는 전자파 피해가 가장 유력한 원인이라는 데 대체로 의견이 모아졌다.

사드는 걸프전에서 어떤 무기 체계와도 비견되지 않는 강력한 전자파를 발생시켰다. 적어도 사드 레이더 전방 5킬로미터는 평지로 장애물을 만들지 말아야 하고, 사드 기지 부근에는 출입도 엄격하게 통제되어야 한다. 대도시 주변에 사드가 배치된다면 아예 도시 계획 자체를 바꿔야 한다. 이 때문에 사드가 기존 미군기지가 아닌 제3의 장소에 설치될 수 있다고 군 관계자들이 밝히며 대도시 인근을 피하려는 움직임도 보인다. 그렇다면 약 50만 제곱미터에 달하는 미군기지 하나가 새로 만들어져야 하고 그보다 넓은 주변 지역이 군사시설보호구역으로 추가 지정되어야 한다. 어떤 방식이 되었든 부지 선정 문제로 한바탕 소란이 벌어질 것은 자명하다.

북한이 한국의 미사일방어 역량을 면밀히 관찰한 다음에 수도권을 위협하는 저고도 단거리 미사일을 증강해버리면 사드의 고고도 방어 역량은 아무런 효과도 없다. 북한이 마음만 먹는다면 얼마든지 남한의 방어능력 밖에서 위협을 가할 수 있는데, 굳이 고고도 미사일로 한국을 위협해야만 할 특별한 이유가 없다. 북한의 미사일 체계가 완성되기도 전에 우리가 먼저 방어 개념을 확정해버리면 북한은 그것을 보고 전략을 바꿀 수 있는 유리한 위치를 점하게 된다. 이처럼 군사전략이란 유연한 것인데 사드가 대한민국 안보에 결정적 기여를 할 것이라는 경직된 믿음은 오히려 한국 안보에 자산이 아니라 짐이 될 것이다.

국제정치 생태계를 관리하라

그렇다면 왜 지금 한반도에서 사드 논란이 불거진 것인지, 일종의 '유령 논쟁'이 아닌가 하는 의문이 제기된다. 정작 사드 요격 체계의 운용실태와 성능에 대해 국방부를 비롯한 그 누구도 자세한 내용을 밝힌 적이 없다. 1987년 개발이 착수된 이후 이 무기가 아직도 시험평가나 하고 있다면 도대체 그것이 언제 완성될지도 우리는 모른다. 이에 대한 미국의 '전략적 의도'는 앞으로 미국이 추가로 확보할 계획인 2개의 사드 포대의 획득 비용을 내심 한국에 부담을 지우려는 것 아닐까? 이것이 한국 내 사드 배치론자들을 부추겨 이 논쟁이 확산되도록 한 진짜이유가 아니냐는 것이다. 실제로 2014년 북한의 위협에 노출된 미국령 괌에 사드 포대를 배치하게 되자 미 의회는 국방부에 "괌에 배치하는 사드 관련 비용을 한국 정부가 분담하도록 하라"는 권고를 전달했다. 이것이 정작 한반도에서 지정학적 변동을 일으키는 사드 논란이 벌어진 배경이 아니냐는 의문이다.

이런 미국의 의도에 대해 우리가 거리를 둔다면 사드 이후 다른 무기 체계, 또는 군사 전략으로 쟁점이 이동할 것이다. 2014년 사드 논란이 불거지기 이전에는 해군의 이지스 구축함에서 운용하는 요격 미사일인 스탠더드 미사일 도입 여부가 쟁점이었다. 그러나 이 미사일이 한국 지형에 맞지 않는다는 이유로 검토에서 배제되자 여론은 재빨리 사드 문제로 옮겨갔다. 그러면서 대중이 인기 걸그룹에 열광하듯이 사드를 구세주처럼 떠받드는 이상 열풍이 나타났다. 즉, 사드의 자세한 실상이 알려지면 또 다른 무기 체계에 열광하려는 여론시장이 형성되어 있다는 이야기다. 문제는 구체적으로 어떤 무기가 도입되느냐를 떠나 이러한 무기 도입 논란 자체가 지정학적 변동을 초래할 수 있다는 점이다.

유럽에서도 실제 사드가 배치되지 않았는데, 단지 계획을 세웠다는 이유만으로 지정학적 변동이 초래되었다. 더 거슬러 올라가면 1980년대 말에 미국의 로널드 레이건 대통령이 천명한 전략방위구상SDI은 존재하지도 않는 구상일 뿐이었는데, 냉전을 종식시키는 역할을 했다. 그만큼 무기 체계로 이루어진 국제정치의 생태계가 불안정했기 때문이다. 이 불안정성 자체가 우리에게는 딜레마가 되는 것이고, 이 딜레마를 잘못 관리하면 우리는 국가 생존과 번영에 매우 심각한 선택의 갈림길에 서게 된다. 그런 만큼 이 생태계는 우리에게 진화에서 도태될 수도 있는 끔찍한 공포를 선사한다.

미국과 중국이 서해에서 충돌한다면

G2 전쟁 시나리오

현재 동아시아에는 복서 2명이 있다. 정치·군사력으로 상대를 압도하는 미국과 막강한 경제력으로 이에 도전하려는 중국이다. 패권국과 도전국이라는 두 복서는 가까이 붙어 충돌하다가 다시 멀어져 상대방의 약점을 노리는 일을 반복한다. 이런 군사 전략을 미국은 '아시아 재균형rebalancing'이라는 이름으로 접근하고, 중국은 '반접근거부전략anti-access area-denial, A2AD'이라는 이름으로 거부한다. 쉽게 말하자면 권투에서 미국은 아웃복서고 중국은 인파이터다. 아웃복서는 민첩하면서 팔이 길어야 하고, 인파이터는 맷집이 좋고 맞받아치는 힘이 세야 한다.

미군은 멀리 동아시아로 원정을 온 군대다. 동남아시아 믈라카 해협에서 한국 서해에 이르기까지 아시아의 바다를 휘젓고 다니며 중국의 영향력을 차단하려고 한다. 링 위에서 부지런히 뛰면서 상대방의 진행 경로를 막아서는 아웃복서의 전형으로 굳이 꼽으라면 '나비처럼 날아서 벌처럼 쏜다'고 일컬어지는 무하마드 알리다.

반면 중국은 미군이 해양을 통해 자국에 접근하는 것을 거부할 수 있는 차단선(제1, 제2도련선島連線)을 긋고 미국 함대를 타격할 수 있는 힘센 편치력을 구비한다. 이와 유사한 인파이터의 전형은 '핵 펀치'로 불린 조지 포먼이다. 접근하려는 미국은 '항해의 자유'를, 접근을 거부하려는 중국은 자국의 '핵심 이익'을 외치는데 이것이 바로 링에서 싸우는 두 복서의 스타일이라고 할 수 있다.

이 둘의 충돌 양상 역시 1974년 10월 30일에 열린 당대 헤비급 세계챔피언 조지 포먼과 이에 도전하는 무하마드 알리의 역사적 대결과 유사하다. 당시 25세의 조지 포먼은 40전 전승에 37KO승을 기록한 젊은 헤비급 챔피언이었고, 무하마드 알리는 체력이 저하되어 스피드가 예전 같지 않은 32세의 옛 패권자였다. 둘의 경기는 지금 중국과 미국의 모습과 유사하다. 대부분의 전문가들은 젊은 포먼의 우세를 점쳤다.

전 세계가 지켜보는 가운데 시작된 경기는 경쾌한 발놀림과 스피드를 앞세운 알리와 강력한 펀치로 초반에 승기를 잡으려는 포먼의 스타일이 그대로 드러났다. 초반에 핵 펀치가 연이어 빗나간 포먼은 중반 이후 체력이 저하되어 몸놀림이 눈에 띄게 둔해졌고, 알리는 적절하게 잽을 날린 후 링을 빙빙 돌며 포먼의 체력을 소진시켰다. 8라운드에 이르러 알리는 링의 구석에 몰려 방어 자세를 취하다가 날아오는 포먼의 주먹을 슬쩍 피하며 턱에 카운터펀치를 날렸다. 그리고 연이은 좌우 스트레이트를 작렬하자 휘청거리던 포먼이 링에 쓰러졌다. 세간의 예상을 뒤집는 패권의 부활이었다.

현재 미국과 중국이 아시아의 바다에서 충돌하면 그 양상이 바로 이러할 것이다. 미국은 일본의 요코스카를 모항母港으로 한 7함대 전력에 조지워싱턴 항공모함을 배치해 중국을 견제하는 핵심 전력으로 삼는다. 그리고 11개 항공모함 전단 전력의 60퍼센트를 아시아에 투입하겠다고 공언하고 있다. 그런데 11개 항공모함 중 7개는 이미 수명 30년을 초과한 노쇠한 전력이고 미국은 항공모함 전단을 새로 만들 돈이 없다. 반면 중국에서는 유일한 항공모함 랴오닝호遼寧號가 취역就役했지만, 아직 전투기 이착륙 기술을 확보하지 못했고 전투 체계 역시 불완전하다. 이 때문에 빠른 발놀림으로 미국을 따라잡을 수 없는 중국의 처지에서는 다른 비대칭 전력으로 이를 보완해야 아시아에서 세력균형을 달성할 수 있다.

미국의 민간 싱크탱크 랜드연구소가 2007년 발표한 보고서 「용의

둥지에 들어가기Entering the Dragon's Lair」에 의하면 중국에는 미국의 항공모함 전난 접근을 거부할 수 있는 4가지 방법이 있다고 한다. 첫째는 중국 해군이 보유 중인 구축함(함선과 잠수함을 공격하는 중대형 함정)과 호위함(함선을 호위하는 임무를 띤 군함)을 동원해 미 항공모함 전단을 공격하는 방안이다. 현재 중국의 해군력을 고려하면 아직은 현실성이 희박하다. 둘째는 중국이 100여 대의 전술기와 200여 발의 대함미사일(함선을 파괴하는 미사일)로 미 항공모함 전단을 공격하는 방안을 고려할 수 있다. 평시에 아시아에 배치된 1개의 항공모함 전단을 기습 공격하는 데는 이 방안이 효과적일 수 있지만, 미국의 항공모함이 증강 배치되는 상황에서는 이 역시 중국으로서는 불리하다.

셋째는 공대지 미사일로 항공모함 전단의 핵심 전력인 이지스 구축함의 레이더를 파괴해 함대방공망을 무력화시키는 전략인데, 비교적 소형인 '하피HARPY' 공대지 미사일을 이용하면 미국의 항공모함 전단은 상당 부분 혼란에 빠질 수 있다. 넷째는 잠수함을 이용한 시나리오인데, 미군의 대잠수함 경계망을 돌파해 항공모함에 어뢰 공격을 하는 방안을 고려할 수 있지만 현재로서는 불가능하다. 그러나 중국은 북해함대, 동해함대, 남해함대에 총 64대의 잠수함을 배치하고 있고 이 중 11척이 핵 추진 잠수함이다. 2020년까지 중국이 추가로 잠수함을 건조하면서 동남아시아 기지에 이들을 분산·배치한다면 상황은 달라진다.

랜드연구소는 이런 4가지 방법을 한꺼번에 구사할 경우에는 미래 어느 시점에서 미 해군이 패배할 수 있다고 예측했다.

정치·군사 전쟁의 급소

최근에는 중국이 반접근거부전략의 핵심으로 지대함 탄도미사일ASBM '둥펑DF-21D'을 증강했는데, 이러한 대함미사일은 오직 중국만 보유한 것으로 현재 백두산 인근의 중국 내륙에도 배치되었을 것으로 추정된다. 유사시 북한이 중국의 '대미항전對美抗戰'에 가세한다면 한반도도 크게 영향을 받을 것이다. 또한 H-6 폭격기에서 발사하는 초음속 장사정 대함미사일, 해군항공대 전폭기에서 발사하는 대함미사일 등 최근 중국은 미사일을 주축으로 제2도련선(해상방위선)에서 미국을 차단하는 데 주력하는 것으로 보인다. 더욱더 힘을 비축하고 다가오는 적을 기다리는 인파이터의 결의가 느껴진다.

최근 내가 중국에서 만난 안보전문가는 "향후 3년 동안 중국은 매년 400억 달러를 추가로 투입해 3년 뒤 국방비를 250퍼센트 성장시킨다는 내부 방침이 확정되었다"며, 그 핵심은 미국의 접근에 대한 거부 전력을 키우는 데 있다는 점을 밝혔다.

미국은 중국이 다양한 반접근거부전략을 구사하기 이전에 더욱 빠르게 중국에 접근해 핵심 전력을 파괴해버리는 전략을 짜는 데 고심하고 있다. 미국 항공모함에 F-35C 스텔스 전투기와 X-47B 무인전투기Unmanned Combat Air Vehicle, UCAV를 탑재해 중국의 핵심 군사기지를 은밀하고 빠르게 타격하는 수단을 확보하려는 것이다. 다만 F-35C는 아직 개발에 성공하지 못했고, X-47B 역시 실전 배치가 되지 않은 기술 실증기Test Plane 수준에 머물러 있다. 그러나 미 해군은 2015년 4월 16일 돌연 X-47B가 공중급유기 K707에서 공중급유를 받는 사진을 공개했다. 이는 이 무인전투기가 항공모함에 배치되면 기존 전투 행동 반경 2,700킬로미터를 넘어 중국 내륙까지 타격권에 포함시키며 언제든지 2,000킬로그램의 폭탄을 투하할 수 있는 능력을 갖춰가고 있음을 보여준다. 이 무인전투기는 2013년 이미 항공모함 이착륙 훈련에 성공한 바 있다.

미 해군이 이 사진을 공개한 날은 미국과 필리핀의 사상 최대의 연합 군사훈련이 끝나는 시점이었다. 이번 연례훈련은 양국 정부가 방위협력확대협정EDCA을 체결한 이후 처음 열린 것으로, 미군 2,500여 명과 필리핀군 3,000여 명 등 모두 5,500여 명이 참가해 양국의 지·해·공地·海·空 작전의 상호운용성 등 합동 군사작전 능력을 점검하는 것으로 되어 있었다. 이 협정으로 미국은 1991년까지 필리핀에서 운용하다가 철수한 바 있는 클라크 공군기지Clark Air Base와 수비크만 해군기지

Subic Bay Naval Base 등 총 8개의 필리핀 내 군사기지를 활용할 수 있게 되었다. 중국과 더 가까운 곳에서 항공모함을 운용할 수 있는 전진기지를 확보함으로써, 중국의 반접근거부전략을 무력화하는 전략적 기반을 마련한 셈이다.

미국과 중국이 아시아에서 서로 상대방에 대한 군사 전략적 공세를 강화하는 추세를 보면, 과거 어느 때에도 볼 수 없던 다급함이 느껴진다. 떠오르는 중국과 저지하려는 미국의 행보가 이제는 너무나 빨라져서, 동아시아 국가들이 적응하기가 여간 버겁지 않다. 상대방을 탐색하던 두 복서가 링의 어느 한구석에서 세게 한 번 충돌하려는 조짐이다. 두 복서는 주로 링 구석에서 붙는 경향이 있는데 그 첫 번째는 타이완해협에서, 두 번째는 남중국해 난사南沙 군도에서, 세 번째는 센카쿠 열도(댜오위섬)에서, 네 번째는 한국의 서해에서였다. 이 4개의 링 구석은 접근과 반접근이 충돌하는 주요 전략적 지점이며 단 한 번의 시합으로 승자가 결정되는 정치·군사 전쟁의 급소다.

중국은 일본을 가장 주목한다. 필리핀, 싱가포르, 베트남과 같은 동남아시아 국가들은 미국이 지원한다고 해도 객관적으로 중국을 위협할 상대가 되지 못한다. 그러나 미국이 지원하는 일본은 이와 달리 중국을 위협할 수 있는 객관적 위협이라는 게 중국 전략가들의 공통된 인식이다. 여기에 한국이 붙어 한·미·일 삼각 군사동맹이 완성되면 아시아에서 중국을 위협하는 가장 위협적인 세력권이 형성된다고 본다. 지금까지 중국은 미국이 주도하는 질서에 편승해 성장했지만, 미국이 중국에 대한 군사적 압박을 강화하게 되면 중국의 국가 전략이 달라질 수도 있다. 본격적인 지역패권 경쟁이 발화되는 것이다. 지금 링 중간에서 서로를 관망하던 두 파이터는 서서히 한구석으로 몰려가고 있다.

한반도는 위험한 '링의 한구석'

여기서 한반도 사드 배치가 미중 패권 경쟁에서 차지하는 전략적 의미를 발견할 수 있다. 중국의 가장 공격적인 현실주의자인 칭화대학의 옌쉐퉁閻學通 교수조차 나에게 "사드가 중국에 직접 위협적인 무기는 아니다"라는 점을 인정한다. 그러나 그것이 한반도에 배치되면 지금까지 유지되어온 동아시아에서 세력균형은 서서히 붕괴되면서 7:3 혹은 8:2로 미국이 우세해지는 전략적 불균형으로 갈 가능성이 높다. 사드는 중국의 둥펑東風 지대함 탄도미사일을 무력화하는 미국의 접근 전략을 수행하는 무기 체계이고, 한·미·일이 미사일방어로 융합되는 전략적 변환의 상징이다.

　미국은 일본을 앞세워 중국을 견제하고 압박하는 데 총력을 기울이는 21세기형 패권 전략을 강화하려는 의도를 표출한다. 이런 세력의 불균형을 보완하는 유일한 방법은 중국 역시 비동맹정책을 재검토해 우호세력을 확장하면서 국방비를 획기적으로 증대시키는 방법밖에 없다. 이렇게 본다면 분쟁 요인이 확대될 곳은 2개의 링 구석, 즉 댜오위섬과 서해가 될 것이다. 특히 한반도 사드 배치에 대해서는 시진핑 주석은 거칠다 못해 감정적이기까지 하다. 3년 전부터 중국은 미국과 비밀 막후 접촉으로 댜오위섬에서 미국의 체면을 고려하는 의미있는 양보 조치를 했다. 그 이면을 살펴보면 중국 인민해방군 고위층들에게 회람된 군사비밀보고서의 "댜오위섬에서 중·일 무력충돌이 일어난다면 중국이 불리하다"는 비관적 결론까지 고려된 조치였다. 그런데 한반도 사드 배치, 미일 안보 가이드라인 개정 등은 이런 중국의 뒤통수를 친 사건이자 미국의 접근 전략의 또 다른 변형이라고 본다. 이에 대해 중국은 "반드시 도전한다"는 입장이다.

이런 동아시아 정세에서 미국과 중국은 상대방과의 가상전쟁 시뮬레이션을 돌리는 데 여념이 없다. 여기서 미중 패권 경쟁은 양국의 경제적 상호의존과 인적·문화적 교류와 같은 평화공존의 이미지를 모두 삭제한 고도의 추상성을 드러낸다. 상상력의 산물이자 집단적 의지의 집합체라고 할 수 있는 국가를 국제관계의 유일한 행위자로 형상화하면서 패권을 향한 충돌을 기정사실화하는 추상적 모델이 떠오른다. 그인 과끼의 집단의지는 군사무기로 육화肉化됨으로써 구체적이고 실재성 있는 이미지를 획득한다. 이런 사상이 주류가 된 이상 당분간 동아시아 국가들은 분쟁에 말려들지 않기 위해 몸조심해야 할 것이다. 한국이 그중에서도 가장 조심해야 하는 나라다.

북한의 SLBM 발사는 '대성공 사기극'이다

공포로 번지는 북한의 뻥튀기

북한의 미사일에 대한 '영상편집기술 전쟁'이 진행중이다. 2015년 5월 8일 북한이 잠수함발사탄도미사일SLBM 시험에 성공했다며 공개한 사진 3장이 통상 『노동신문』에 공개하던 원판이 아닌 PDF 파일에서 사진을 오려낸 것으로 해상도가 떨어졌다. 사진의 진위에 대해 5월 19일 미국 합동참모본부 제임스 위너펠드James Winnefeld 차장은 미국 전략국제문제연구소CSIS 세미나에서 "몇 주 전에 우리는 북한이 자신들의 잠수함발사탄도미사일 시험을 격찬하는 것을 보았다. 다행스럽게도 북한의 시험은 그들이 영리한 영상 편집자만큼 가지 못했고 북한의 선전꾼들은 우리를 믿게 하고 싶었던 것 같다"며 영상조작설에 힘을 실었다.

　미국 정부 관리들과 북한 전문 매체들은 "잠수함이 아니라 바지선에서 쏜 것"이라며 그 의미를 폄훼하는 방향으로 몰아갔다. 그러자 5월 27일 북한은 대남선전용 홈페이지 '우리민족끼리'에 미사일이 발사되는 짧은 동영상을 공개했다. 2분 4초 분량의 동영상 후반부에는 수중에서 미사일이 사출射出되어 수면 위에서 점화되는 모습이 나온다. 그런데 이 역시 화질이 선명하지 않은데다 발사된 미사일의 자세를 제어하고 점화하는 데 모종의 부자연스러움이 발견되었다. 이것도 미사일 시험의 진위를 가늠하기 어려운 아주 모호한 영상이었다.

　북한이 잠수함발사탄도미사일을 보여주고 싶다면 더 선명한 영상을 제공해 상대방이 진위를 판단할 수 있도록 도와주면 된다. 적어도 신형 잠수함과 미사일의 위력을 상대방에게 확실히 인식시키고 싶다면 말이다. 실제로 북한은 김정은 시대 들어와서 서방에 선명한 원판 사진을 대량으로 공급해왔다. 그러나 유독 잠수함발사탄도미사일에 대해서만 진짜 같기도 하고 조작 같기도 한 '모호함'으로 접근했다. 바로 이 모호함에 북한의 진의가 숨어 있는 것은 아닐까? 아직은 신형 잠수함과 거기서 발사되는 미사일을 전격 공개할 시점이 아닌 상황에서 상대방이 혼란에 빠지도록 상황을 유도하려는 게 진짜 의도가 아니냐는 추론도 가능하다는 이야기다. 북한이 무엇을 슬쩍 보여주기만 해도 기겁을 하는 미국과 한국의 여론을 역으로 북한이 활용하려는 의도가 엿보인다.

왜 북한이 이런 식으로 접근하는지는 현재 우리 사회의 안보 전략 논의 구조를 살펴보면 자명해진다. 2014년 3월 동해에서 노동미사일 발사시험과 2015년 5월 신포 앞바다에서 실시한 잠수함발사탄도미사일 시험은 한국 안보론자들의 여론을 정확히 셋으로 쪼개버렸다. 첫째는 북한의 노동미사일 위협에 대비하기 위해서는 미국의 고고도 미사일방어체계인 '사드'가 시급히 필요하다는 언필칭 '사드파'의 주장이다. 둘째는 이미 북한은 잠수함으로 배후에서 미사일을 발사하므로 사드와 같은 방어무기는 실효성이 없고 수중 '킬 체인'으로 북한의 잠수함 기지를 선제타격하거나 잠수함 작전을 차단하는 게 더 시급하다는 '킬 체인파'의 주장이다. 셋째는 변화무쌍한 북한의 전략에 일일이 대응하는 사드나 킬 체인과 같은 무기 체계는 모두 소용이 없고, 북한의 핵미사일에 대한 궁극적인 억제력으로 한국이 핵무장을 선택하는 것 외에는 대안이 없다는 '핵무장파'의 주장이다.

적어도 2015년 초까지는 첫 번째가 가장 우세했고, 5월 초부터 두 번째가 부각되기 시작하다가, 최근에는 세 번째 주장에 힘이 실린다. 이렇게 한국 사회에서 어떤 군사 전략을 선택할 것인지로 갑론을박하면 북한은 중요한 전략적 이점을 얻는다. 먼저 혼란을 겪는 한국은 전쟁의 발상을 뒤집기 알 '결정적 작전decisive operation'에 국방의 에너지를 집중하지 못해 자원을 낭비하게 된다. 게다가 한국의 핵무장론은 미국이 제공하는 핵우산을 신뢰하지 못하는 한국이 독자적 핵무장의 길로 간다는 것인데, 이렇게 되면 한미 동맹에는 심각한 균열이 생긴다. 이것을 왜 북한이 마다하겠는가?

이런 추론은 북한이 공개한 동영상 서두에서 "송아지마냥 화들짝 놀라 초상난 집처럼 떠들어대는 미국과 괴뢰(남측)의 소동", "깨진 쪽박 쓰고 날벼락 막기"라는 육성에서도 드러난다. 사드, 킬 체인, 핵우산 어느 것도 신뢰하지 못해 우왕좌왕하는 한국 안보론자들의 혼란을 조장하고 즐기는 것 같은 메시지다. 북한의 새로운 위협이 나타날 때마다 군사 전략을 다시 짜야 한다고 목청을 높이던 국내 보수언론들은 이런 북한의 의도를 잘 구현해준 고마운 동업자일지도 모른다. 반면 북한의 미사일 시험에 대한 의구심을 표출하면서 신중한 대응을 주장하던 미군의 고위 인사들이나 한국의 진보는 북한에 걸림돌이었을 것이다. 투철한 안보의식이 결여되었다고 알려진 한국 내 진보세력은 북한의 의도에 잘 따라주지 않는다는 점에서 종북이라기보다 '배북背北'에 가까울 것이다.

'공포의 균형'이 최상의 안보 전략인가?

정체불명의 무기를 앞세운 북한의 위력시위는 국내 안보론자들에게 뜨거운 반향을 불러일으키며 그들을 분열로 이끌었다. 과연 무엇이 북한으로 하여금 공포를 체험하도록 할 수 있는 수단이냐를 선택하는 문제로 군사 전략에서 분화 현상이 나타났는가? 이들은 북한이 핵과 미사일로 위신을 높이는 데 반해 한국은 추락하고 있다고 본다. 그렇게 잃어버린 자아상, 즉 "우리는 끊임없이 협박을 당하지만 북한을 징벌할 수 없다"는 열등의식과 자괴감으로 이어질 수 있다. 이렇게 자존감에 상처를 입으면 무언가 새로운 권위를 향한 강렬한 욕구를 충족시킬 수 있는 수단이 필요하다. 그것이 어떨 때는 사드로, 킬 체인으로, 핵무장으로 몰려다니는 이유가 된다.

『조선일보』 양상훈 논설위원의 「김정은도 두렵게 해야 평화 지킨다」(2015년 5월 21일)라는 칼럼은 한국 안보 전략의 목표는 핵을 가진 북한과 '공포의 균형'을 달성하는 것이 최상의 안보 전략이라는 점을 천명한다. 북한은 우리에게 공포를 줄 수 있는데 우리가 북한에 그럴 수 없다면 전략적 균형은 무너진 것이다. 이럴 경우 일차적 대안은 북한 정권을 언제든지 제거할 수 있는 우리의 능력을 갖추는 것이고, 더 궁극적인 대안은 한국의 핵무장이 될 수밖에 없다. 그래야 공포의 총량이

균형을 달성하게 되는데, 이것이 최상의 안보라고 보는 것이다. 그 목표가 충족되는 순간이 북한에 대한 두려움이 자신감으로 전환되는 시점이 된다. 그렇다면 북한의 노동미사일이나 잠수함발사탄도미사일이 실재하는 것인지는 중요치 않다. 문제는 북한이 우리에게 공포의 이미지를 뿌려대고 있다는 사실 자체다.

여기서 사드, 킬 체인, 핵무장이라는 3가지 수단을 확보한다는 논리의 비현실성도 손쉽게 초월해버린다. 우리도 어느 정도 비이성적인 모습을 보여줄 필요가 있다. 북한이 공포로 다가오는 원천은 북한이라는 집단의 비정상성과 국가 이성이 사라진 것처럼 보이는 비합리성에 있을 것이다. 그렇다면 우리도 전혀 현실적일 것 같지 않은 대안을 주장함으로써 북한으로 하여금 한국도 비이성적인 면모가 있다는 것을 느끼게 해야 북한이 공포에 떨게 된다. 군사 전략이라는 게 정상인의 눈으로 볼 때 항상 기괴하면서도 현실과 동떨어진 추상적인 면모를 보여주는 이유가 여기에 있다.

한마디로 우리도 미칠 수 있다는 것, 아니 일정 부분은 벌써 미쳐 있다는 것을 상대방이 알아줄 때 공포의 상호거래가 성립한다. 이때 비로소 상처 입은 자존감이 회복될뿐더러 우리가 더 우월하다는 자기확신이 가능해진다. 더불어 국내 정치에서도 군 장성과 공안검사가 득세함으로써 민주주의의 합리성이 어느 정도 훼손되는 것이 국가안보에는 도움이 될 수 있다. 상대방으로 하여금 우리의 비이성적인 측면을 알리는 데 도움이 되기 때문이다.

여기서 북한이 2014년 3월 각도를 높여 발사한 노동미사일 시험, 2015년 5월 진위가 의심스러운 잠수함발사탄도미사일 시험이라는 두 사건은 비로소 그 전말을 드러낸다. 이 두 차례의 미사일 시험은 한국과 미국의 군사 전략을 송두리째 흔드는 '성공한 사기극'이다. 실제 북한이 군사 전략으로 채택될 가능성이 희박하지만, 검증이 불가능하기 때문에 진실로 믿어버리게 만드는 그 정체불명의 속성 때문에 대성공을 거둔 사례라고 할 수 있다.

그러나 시간이 경과함에 따라 우리도 북한에 대한 대응 사기극을 연출할 수 있다면, 예컨대 북한 정권 궤멸과 선제타격에서 핵무장에 이르는 일련의 연극이 현실화한다면, 북한은 다른 대안을 찾아야 한다. 아마도 재래식 무기에 의한 국지전을 노리거나 원자력잠수함 건조, 수소폭탄 개발과 같은 더 극단의 공포를 제공하는 수단에 북한은 주목하게 된다. 그러면서 북한 내 고위 인사에 대한 숙청이나 비정상적인 통치의 면모를 일부러 보여줄 필요도 있을 것이다.

두려움에 빠지지 않는 법

이런 변화가 예견되는 한반도 안보지형에서 어떤 군사 전략이 옳은지 논의하는 것은 의미가 없다. 북한은 한국의 군사 전략을 잘 관찰한 뒤 자신의 군사 전략을 바꾸어버리면 그만이다. 그러면 어제 옳았던 것이 오늘은 틀린 것이 되고 내일은 또 알 수 없는 상황이 된다. 이런 혼란을 초래하는 북한의 새로운 위협은 어느 날 갑자기 나타나야 한다. 또한 한국군에는 대책이 없어야 한다. 그래야 공포를 제공하는 쪽이나 수용하는 쪽이나 이야깃거리가 된다. 2015년 5월 일부 언론이 시속 50노트의 신형 '파도관통형 고속함정Very Slender Vessel'이 출현했다는 사실을 공개한 것이 대표적 사례다. 이 함정은 30밀리미터 함포와 공격용 어뢰까지 장착한 스텔스 함정이다. 전혀 알려지지 않은 낯선 위협의 출현을 극적인 방식으로 표현해야 상호거래가 성립한다.

2014년 북한의 조잡한 무인정찰기가 출현한 것도 그 낯섦 때문에 공포가 배가되었고, 갑작스러웠기 때문에 군사 전략적 가치가 있었다. 경기도 연평도 바로 앞 무인도인 갈도에 북한이 방사포 진지를 설치한 것 역시 한국 서북 해역에서 전쟁 양상이 획기적으로 바뀌는 모종의 메시지를 포함하는 것으로 표현되어야 한다. 이렇게 해서 상호거래는 또 성립한다.

여기서 초래되는 국가의 혼란과 스트레스는 잘못 관리될 경우 집단의 광기로 발전할 수 있다. 제2차 세계대전 당시에 일본군은 눈앞의 손쉬운 승리에 현혹되어 정치권력이 통제할 수 없는 수준으로 전쟁의 광기를 향해 치달았다. 그 과정에서 분출되는 잔인함과 야수성은 상대방에게 공포를 강요할 수 있는 위력적인 수단이었다. 공포를 선호하는 군사 전략은 그 스스로도 통제되기 어려운 비합리적인 충동을 내포하는데, 여기서 국가는 매우 높은 위험을 감수해야 한다.

순수한 의미의 군사 전략은 미세한 폭력의 파동을 극단으로 밀어붙이는 것이고, 여기에 전쟁의 과학과 전쟁의 본성이 있다. 군사사상가인 카를 폰 클라우제비츠Karl von Clausewitz에 의하면 그것은 우연과 도박을 감수하는 행위다. 모든 것이 불확실한 가운데 무엇이 진짜 위협인지 식별할 수 없는 안개와 같은 상황, 거기서 낯선 새로운 것이 끊임없이 등장하는 긴박함의 연속에서 극단의 선택으로 나아가게 되는 것이 바로 전쟁이다.

이런 전쟁의 그림자 속에서 합리와 이성으로 전쟁의 논리를 극복하기 위해서는 무엇보다 두려움에 빠지지 않아야 한다. 프랭클린 루스벨트 대통령은 "두려움에 빠지지 않는 것이 시민의 가장 큰 권리"라고 말한 적이 있다. 공포에 질린 대중처럼 통치하기 손쉬운 대상도 없다. 북한이 세공하는 공포를 수용하기를 거부하고 무시해버리는 전략은 전쟁의 광기를 통제하는 유일한 방법이라고 해도 과언이 아니다. 이런 의미에서 안보세력이 불만스러워하는 시민의 안보불감증이라는 것이 사실 이 나라 안보의 가장 큰 자산이다. 북한이 강요하는 공포를 무시할 수 있는 자신감이 시민들 사이에 형성되어 있다는 의미에서 그렇다. 북한이 두렵지 않기 때문에 그나마 국가가 이 정도 안정을 유지하고 민주주의 기본 틀이 유지된다는 안보의 역발상으로 이해될 만하다.

한반도 북단에 '군사 강대국'이 출현했는가?

사드와 북한 핵공포론

한국의 사드 배치 문제가 공론화되기까지 북한 핵 능력에 대한 미국과 한국 정부의 말이 어떻게 바뀌는지 살펴보자. 먼저 2014년 10월 25일 커티스 스캐퍼로티Curtis Scaparrotti 주한미군사령관이 미국에서 한 기자 회견 발언이다. "북한이 핵탄두 소형화 기술을 갖고 있는 것으로 믿고 있다." 이게 무슨 말인가? 소형화했다는 건가, 하지 않았다는 건가? 그는 "북한이 실제로 핵탄두 소형화에 성공했는지는 알 수 없다"며, "이번 분석이 사실관계에 근거한 것은 아닌" 것이라며 '추정'이라고 했다.

한마디로 아는 게 없다는 건데, 그렇다면 왜 이 말을 했는지 더 아리송하다. 그러나 이틀 뒤에 한민구 국방부 장관은 국정감사에서 "확인된 첩보는 없지만 소형화 기술이 상당한 수준에 이르렀을 것"이라며 스캐퍼로티 사령관의 주장에 맞장구쳤다. 이렇게 한미 국방 당국자는 북한 핵이 소형화되었다고 단정짓지 않는 기묘한 화법만으로 북한 핵이 소형화가 된 것이나 다름없다는 이미지를 만들어냈다. "당신이 노년에 비참해질 수 있다"는 가능성을 암시하는 보험회사 직원의 영업 화법과 유사하다.

여기서 말하는 핵탄두 소형화란 그 무게가 1톤 미만, 크기는 90센티미터 미만으로 북한이 사정거리 300~500킬로미터의 스커드 미사일에 핵탄두가 장착될 수 있음을 의미한다. 북한이 보유한 800여 발의 단거리 미사일에 핵을 탑재한다면 그 공포의 무게가 달라진다. 한미 정보 당국은 2013년 2월 북한의 3차 핵실험 당시만 해도 "핵이 소형화, 경량화, 나송화되었다"는 북한의 주장을 인정하지 않았다. 그러나 2014년이 되자 한미 양국 정부는 북한 핵 능력이 계속 진화해 사실상의 핵 위협이 현실화된 국가로 평가를 바꾸려는 조짐을 보였다. 문제는 2014년 북한이 4차 핵실험을 단행해 이를 확인시켜주어야 했는데, 그토록 기다리는 핵실험을 하지 않은 것이다(북한은 2016년 1월 4차 핵실험을 단행했다).

한국 정부가 북한의 핵실험에 대한 집착이 얼마나 강했는지는 2014년 4월에 나온 정부 당국자 발언만 보아도 쉽게 확인된다. 국정원이 서울시 공무원의 간첩 증거를 조작한 것으로 밝혀지자, 남재준 당시 국정원장이 4월 중순에 대국민 사과 성명을 발표하면서 엉뚱하게 그 말미에 "북한의 4차 핵실험으로 조성된 엄중한 안보 상황"이라는 표현을 넣었다. 사실 이것은 간첩 증거 조작에 이은 북한 정보에 대한 또 다른 조작이었다. 이 말이 나오자 김민석 국방부 대변인은 "북한이 4월 30일 이전에 큰 거 한 방 터뜨릴 것"이라며 아예 북한 핵실험을 예고하는 분위기를 띄웠다. 그 여파는 박근혜 대통령의 5월 초 '부처님 오신 날' 법요식에서 "북한은 4차 핵실험 위협 등으로 끊임없이 한반도의 긴장을 고조시키고 있다"는 발언으로 이어졌다.

이제껏 북한의 핵실험 징후가 보이면 빈틈없는 정보자산으로 정확히 예측해온 한미 정보 당국이 엄연히 있다. 훗날 확인되었지만 이 무렵 북한이 핵실험을 한다는 어떤 징후도 없었다. 그런데도 이런 발언이 나온 배경을 짐작하기는 어렵지 않다. 당시 나를 만난 국정원 요원은 "남재준 원장의 '4차 핵실험' 발언은 국정원에 정보가 있어서가 아니라 그 대목을 넣으라는 청와대 지침에 의해서였다"고 솔직하게 사정을 밝혔다. 이 당시 정부 당국자들의 발언을 보면 북한의 4차 핵실험에 대해 기정사실화하고자 하는 정치권력의 집요한 의지가 읽힌다. 북한이 제대로 핵실험만 해준다면 아무런 의심 없이 북한의 핵탄두 소형화가 이루어졌다는 정부판단이 가능해지고, 세월호 정국도 안보정국으로 전환

할 수 있는데 말이다. 참으로 북한도 야속한 것이 남한 정부가 이토록 기다리는데 왜 핵 한 방을 터뜨려주지 않는단 말인가?

상상력의 공장에서 만들어진 이미지

북한은 2014년 한 해에만 19차례에 걸쳐 111발의 중단거리 발사체를 쏘아올리는 시험을 했다. 특히 3월에는 동해를 향해 노동미사일 2기를 발사하면서 통상 발사각도인 45도 정도를 70도 정도로 높게 해서 사거리를 절반 정도인 650킬로미터로 줄이는 이상한 발사시험을 했다. 이어 8월과 9월에는 신형 미사일 발사시험을 했다. 어쩌면 소형화되었을지도 모르는 핵탄두를 탑재하기 위한 마지막 실험으로 인식될 만했다. 지금까지의 핵실험만으로 북한이 핵탄두의 소형화에 성공했다고 단정할 수는 없다. 그러나 북한이 미사일 시험을 했다는 것은 무언가를 탄두에 실어 운반하기 위한 능력을 갖기 위함이다.

2014년 유독 발사시험이 많았다는 것은 운반해야 할 중요한 물건이 있다는 것, 즉 핵탄두 소형화가 임박했다는 합리적 추론이 가능한 것 아닐까? 그렇다면 굳이 북한의 핵실험을 지켜보지 않아도 북한의 핵능력을 한 단계 건너뛰는 것으로 일단 정보를 수정하기로 하고 여기에다 보너스로 또 한 가지 시나리오를 추가한다. 북한의 핵탄두가 1톤 미만으로 소형화되지 않았더라도 상관없다. 2톤에 달하는 무거운 핵탄두라도 노동미사일에 탑재해 사거리를 짧게 하면 이것도 핵무기가 된다. 노동미사일을 고각高角을 높여 짧게 발사한 목적이 바로 이것이라는 참으로 기발하고 창의적인 해석이다.

어떤가? 한편으로는 핵탄두 소형화로, 또 한편으로는 노동미사일로, 그리고 잠수함발사탄도미사일로 다양하게 쏟아내니까 한반도 핵전쟁의 구체적 가능성이 그럴듯하게 체감되지 않는가? 이것을 구체적으로 따지고 들면 대다수 안보주의자는 "통상 3~4번 핵실험하면 소형화에 성공한 것으로 보아야 한다"며 얼버무린다. 어쩌면 맞는 말일 수도 있다. 북한이 그렇게 하고 싶어 한다는 사실만큼은 분명하기 때문이다. 이렇게 되면 주한미군사령관이 본국에 사드 요격 체계를 요청할 수 있는 논리적 명분도 생긴다. 전 세계 육군 4성 장군이 지휘하는 야전사령부 중에 아파치 공격헬기 대대가 없는 곳은 주한미군사령부가 유일하다.

전시작전권이 한국으로 전환될지 모르는 2014년 상황에서 보면 주한미군사령부는 변변한 전략자산이 없는 식물사령부 또는 기획사령부로 전락할지 모르는 조직의 위기 상황이었다. 4성 장군의 자리도 위태로워진다. 그러나 사드가 배치되면 미국의 핵심 전략자산을 보유한 주한미군사령부는 본국의 정보와 첨단기술과 예산이 최우선적으로 지원되는 태평양사령부의 핵심 부대가 된다. 그러니 북한의 핵탄두 소형화가 되건 말건 일단 정보평가부터 바꿔야 했다. 고사 상태의 주한미군이 갑자기 일류 첨단군대로 도약하는 명백한 이익이 있는데, 이것을 바라보는 한국 정부의 심경이 왜 즐겁지 않겠는가?

그러므로 한반도에서는 북한이 남한을 핵무기로 협박할 필요가 없다. 그런 협박을 한국 정부와 주한미군사령부가 대신 해주기 때문이다. 더 부풀려서 효과를 극대화한다. 북한 공작원이 남파되어 서울에서 이 현상을 본다면 "핵무기를 앞세운 우리의 대남 심리전이 엄청난 성공을 거두었다"고 상부에 보고할 만하다. 이왕 내친김에 미국 국방부는 계속 앞으로 나아간다. 2015년 3월 19일 세실 헤이니Cecil Haney 미국 전략사령관은 북한의 핵 능력과 관련해서 "그들이 이미 핵 능력의 일부를 소형화했다고 생각한다"며 한층 북한의 핵 능력을 상향 평가했다. 물론 여기서도 새로운 판단의 근거가 되는 정보에 대해서는 밝히지 않았다. 여기에다 그는 북한이 "잠수함발사탄두미사일을 개발하고 있다"고 덧붙였다. 이것은 또 무슨 말인가? 사연은 이러하다.

북한이 중형 잠수함 도입을 추진한다는 '소문'을 듣고 있던 얼마 전 잠수함 기지 주변에 못 보던 건물이 시어졌다는 영상 사진이 확보되었다는 것이다. 이것을 잠수함에 탄도미사일 발사대를 장착하는 공정을 수행하는 건물이 아니겠냐고 '억지 해석'을 덧붙인 것이다. 전 세계에서 미국, 러시아, 영국, 중국 정도만 보유한 최고 수준의 기술을 북한이 확보했다는 이 믿지 못할 주장의 근거는 이것 외에 없다. 그런데 이 주장은 명백한 미국의 실수다. 북한의 미사일기지에서 날아오는 중거리 미사일을 막기 위해 사드가 필요한 것인데, 잠수함으로 싣고 내려와서 우리 뒤통수에서 핵미사일을 발사한다면 전방을 주시하는 사드 요격 체계는 필요없다. 기존의 미사일방어는 아예 쓸모가 없는 것이니 공연히 돈을 들일 필요가 없는 것 아닌가?

미국보다 미국을 더 믿는 세력

미국 존스홉킨스대학 국제관계대학원 조엘 위트Joel Wit 연구원과 미국 과학국제안보연구소ISIS 데이비드 올브라이트David Albright 소장도 북한 전문 웹사이트 '38노스(http://38north.org/)'에 게재한 글에서 "북한이 2020년까지 최대 100개의 핵무기를 보유할 수 있다"는 주장을 내놓아 또 우리를 놀라게 했다. 물론 전 국제원자력기구IAEA 사무처장의 "많아야 1년에 3~5개 핵무기 추가"라는 주장과는 판이하게 다른 상향된 평가다.

그런데 곧이어 3월 25일에 미국 국가정보국DNI 제임스 클래퍼 James Clapper 국장이 하원 세출위원회 국방분과위원회에 제출한 서면증 인세서 "북한이 대륙간탄도미사일인 KN-08의 배치를 위한 초기 수순을 이미 밟고 있다고 평가한다"고 밝혔다. 2015년 초까시만 해도 미국의 주장이 진짜 그런가 하고 생각하게 했나면, 지금은 콩으로 메주를 쑨다고 해도 이제는 곧이들리지 않는다.

불과 몇 달 전에는 북한 핵탄두가 소형화되었다는 증거도 없이 조심스럽게 말하던 그들이 이제는 북한 핵무기가 실전 배치된 것으로 말을 바꾸었다. 이런 주장이 사실이라면 북한은 중장거리 미사일의 대기권 재진입과 유도·제어 기술이 어느 날 갑자기 완성된 것으로 보아야 한다. 우주궤도에 로켓을 올려놓는 데 딱 한 번 성공한 북한이 그것보다 어려운 핵탄두가 대기권에 재진입하는 완성된 기술을 어떻게 확보한 것일까? 재진입 때 3000도가 넘는 고열을 견디는 흑연으로 구성된 특수합금을 삭마제削磨劑라고 하는데, 이것이 없으면 핵탄두는 증발해버리고 만다. 여기에다가 핵탄두가 초속 7킬로미터로 자유낙하해 표적票的을 파괴할 수 있는 탄두의 비행제어, 소재, 유도기술 등을 북한이 시험해보기라도 한 것인가?

그러나 미 국방부는 북한이 그런 과정 자체를 완성한 것으로 기정사실화하고자 한다. 바로 미사일방어 예산을 증액해야 하기 때문이다. 이를 위해 그들은 한반도 북단에 인류가 이제껏 알지 못했던 새로운 '군사 강대국'이 출현했다는 사실을 천연덕스럽게 이야기한다. 어쩌면 물리학의 법칙마저 초월한 것 같은 한반도 북단의 강대국은 상상의 공간에 존재하는 가상의 국가다. 이러니 새누리당 김무성 대표가 "북한은 핵보유국"이라고 발언을 해도 이상할 것이 없는 상황이 되었다. 먼 미래의 어느 날 서울과 뉴욕과 도쿄에서 동시에 거대한 버섯구름이 피어오르는 파국의 이미지는 그들이 가장 열광하는 짜릿한 공포의 향연이다. 공교롭게도 미국 고위 장성은 "버튼만 누르면 핵전쟁"이라고 허풍을 늘어놓는 북한군 장성들과 짝이 잘 맞는 한패가 되었다.

이런 일련의 현상은 정확한 위협평가로 북한에 대한 군사 전략戰略을 변화시키려는 것이 아니라 미사일방어 예산을 늘리려는 군사 조직의 정략政略이 변화한 것이다. 그 자연스러운 결과로 미국의 사드에 대한 신격화된 권위의 부여와 맹목적 추종이 뒤를 잇는다. 2015년 3월 말 마이클 길모어Michael Gilmore 미국 국방부 미사일운용시험평가국장은 "사드 시스템의 구성 요소들은 지속적이고 꾸준한 신뢰성 향상을 보여주지 못하고 있다"는 양심적인(?) 보고서를 의회에 제출했다.

이 보고서에서 지적한 사드의 문제점 때문에 미국 내에서조차 "사드의 한반도 배치는 예산 낭비가 될 것"이라는 비판까지 나오고 있는데, 미국의 야전사령관과 전략사령관, 여당 지도부는 "미군이 실전 배치한 무기"라며 묻지도 따지지도 않는다. 도대체 이 광기와 열풍을 어떻게 이해해야 할 것인지 난감하기만 하다. 사드 요격 체계 한반도 배시는 미간 6여 년간 한미 국방부 간의 확장억제정책위원회EDPC에서 한 번도 검토된 바 없는 전혀 새로운 군사정책이다. 이린 식으로 국가 안보를 뿌리째 뒤흔드는 접근을 정치가 주도하게 되면 안보가 불안해서 도대체 밤에 잠을 잘 수가 없다.

한 손에는 핵무기, 한 손에는 농기구

'동시전장화'와 '속전속결'이라는 새로운 전쟁 전략

북한군이 대대적인 구조조정에 착수했다는 소식이 북한을 탈출한 인사들에게서 전해진다. 북한군은 군단마다 우리 군악대와 유사한 협주단 또는 선전대를 보유하고 있는데, 최근에는 비용이 많이 소요되는 이 조직을 없애고, 그 절감된 비용을 군단의 전투력 강화로 전환한다는 것이다. 위기를 느낀 협주단 구성원들은 각종 건설사업 현장으로 달려가 삽질을 했다고 한다. 무슨 일이든 노동으로 성과를 보여주어야만 조직이 무사할 수 있다는 인식 때문이다. 군사 조직을 유지하는데도 일종의 경쟁 논리가 작동한다는 것을 보여준다.

김정은 시대에 와서 북한군은 부대 운영비 집행 시스템을 예진의 현금 집행 방식이 아닌 카드 결제로 바꾸었다. 이로 인해 공금 유용이나 횡령의 가능성이 크게 줄어들고 부대 운영의 투명성은 높아졌다. 이런 카드 결제 방식은 사실 우리 군도 도입한 지 10년이 채 되지 않는다. 군이 '성역'이라는 인식은 북한에서도 해체되고 있다.

2013년 3월 초에 북한이 '정전협정 백지화'를 선언해 남북한의 긴장이 몹시 고조된 일이 있었다. 이런 선언이 있으면 으레 북한이 지상에서 군사행동을 할 것이라는 관측에 힘이 실린다. 그런데 언론은 우리군 장성들이 평소와 같이 주말에 골프를 쳤다고 대대적으로 보도했다. 이 무렵 언론에 발표되지 않은 사실이 있다. 정전협정 백지화를 선언하고 난 직후 북한은 휴전선 비무장지대DMZ에 처음에는 수백 명, 며칠 후에는 수천 명 단위로 무장병력을 투입했다.

우리 군은 이를 새로운 위협이나 도발이 아니라고 판단하고 평소처럼 골프를 쳤다. 그 이유가 무엇일까? 비무장지대에 들어온 북한군이 전투를 준비하는 것이 아니라 영농활동을 했기 때문이다. 화전을 일구고 밭을 가는 농사짓는 군인들은 수천 명이 목격되어도 위협이 아니라고 본 것이다. 이렇듯 남북한의 정치적 상황은 전쟁이 일어날 것처럼 일촉즉발이지만, 현장의 군인들은 서로 무언의 평화협정을 체결한 것처럼 보인다.

전투보다는 밥벌이에 민감한 북한군은 우리를 혼란스럽게 한다. 분명히 김정은 시대에 와서 북한군은 서방 세계의 전략을 학습한 것처럼 제법 세련된 정치군사 행동을 보여주었다. 미사일 발사와 핵실험 외에도 '제1호 전투근무태세', '전략 로켓군', '우리식 전면전 준비' 등 무언가 현대화된 군사 전략과 시스템을 형형색색으로 선보이면서 군사강국임을 뽐내는 것 같다. 언제 개발했는지도 모르는 신형 무기와 신형 군사력도 신출귀몰하게 나타난다. 우리도 개발에 성공하지 못해 성능 부실 논란을 빚는 중어뢰를 북한이 무슨 방법으로 개발해서 천안함을 격침하는 데 사용했다는 것인지, 그 과정은 아직 베일에 싸여 있다.

게다가 미사일을 발사하는 신형 전차와 장갑차가 이미 수백 대나 실전에 배치되었다는데, 이것은 우리도 엄두를 못 내는 괄목할 만한 변화다. 또한 일순간에 2만 명의 특수부대를 해상을 통해 수도권에 침투시킨다는 공기부양정을, 서해에 새로운 기지를 건설해 배치했다는 사실도 충격적이다. 우리도 돈이 없어 2만여 명밖에 보유하지 못한 특수부대를 북한은 20만 명이나 보유하고 있다고 한다. 각종 GPS 교란과 무인공격기로 남한을 정밀타격한다는 소식도 들린다. 경기도 평택까지 타격하는 신형 장사정 무기는 또 어떠한가? 수천 명 규모로 추정되는 세계 최고 수준과 최대 규모의 사이버 심리전, 해커부대는 미국도 위협이라고 말한다. 군사적인 측면에서만 보자면 갑자기 이전에 없었던 군

국주의 국가가 새로 생겨난 것처럼 보일 정도다.

모두가 김정은 시대 출범을 전후해 어디에선가 갑자기 나타난 군사력이다. 2013년 3월에 '우리민족끼리'에서 공개한 "3일 전쟁 계획", 그 직후 김정은이 서해 군부대 시찰에서 "우리식 전면전 준비가 끝났다"고 선언한 것 등 북한은 새로운 전쟁 전략을 완성했다고 스스로 공언하고 있다. 그 내용은 2가지다. 첫째는 6·25 전쟁 당시 대전에서 인민군이 지체했다가 부산을 점령하지 못한 것을 반성해 이제는 한반도 전역에서 한꺼번에 전쟁을 한다는 '동시전장화 전략'이다.

둘째 역시 과거 전쟁의 교훈에서 나온 '속전속결 전략'이다. 북한식으로 말하자면 '판갈이 전략'이다. 이러한 전략 구현을 위해 북한은 휴전선 인근에 밀집한 전방 제대梯隊뿐만 아니라 남한 후방을 타격할 수 있는 미사일 전력, 특수부대 침투 등 제반 수단까지 구비했다고 말한다. 이를 뒷받침하는 것 중 하나가 전방부대 개편이다. 과거 후방에 있던 기계화부대와 경보병부대를 전방 제대로 통합해 제1제대와 제2제대로 단순화한 것이다.

"우리의 심리전이 200퍼센트 성공했다"?

이렇게 변화된 군사력이 최근 몇 년 사이에 어디서 갑자기 나타났느냐는 의문이 제기된다. 물론 하루아침에 이루어지지 않았다. 북한이 1990년대 중반부터 꾸준히 준비해온 전략이고, 다만 김정은 시대에는 그런 전략이 "완성되었다"고 선언한 점이 다르다. 이를 입증하기 위해서라도 북한은 신형 군사력을 속속 공개하면서 우리에게 이를 "믿어달라"는 식의 행보를 보여왔다. 이것을 '위협의 신뢰성 게임'이라고 하는 것인데, 우리의 위협을 상대방이 믿도록 함으로써 군사적 주도권을 확보한다는 의미다. 여기에는 2가지 요인이 있다.

첫째는 군사적으로 승리할 수 있다는 인식이 북한 내부의 권력통치에서 요구된다는 점이다. 1997년에 황장엽이 망명 당시에 통째로 들고나온 김정일의 연설문에 나와 있는 내용이다. 이미 1990년대 초에 김일성은 전쟁을 막는 외교에 치중하고 김정일은 대남 군사적 우위를 달성하는 군사 분야의 전략과 전술 개발로 역할 분담이 되어 있었다. 황장엽의 증언에 따르면, 1990년대 초에 김정일이 "승전을 보장하는 한반도 전쟁 전략을 준비했다"며 이를 "주석님께도 잘 말해달라"고 자신에게 부탁했다고 한다. 그 내용이 바로 한반도 동시전장화와 속전속결 전략이다. 김정은 시대에는 이것을 비로소 자신이 완성했다고 함으로써 대내적으로 군사지도자로서 위상을 재확립하려는 의도다.

둘째는 미국과 남한이 이런 북한의 전쟁 의지를 믿어주어야 한다는 점이다. 이를 위해 북한은 자신들의 특급 비밀에 해당될 만한 군사

기밀을 공개하는 데 거리낌이 없다. 2010년에 우라늄 농축 시설을 미국의 시그프리드 헤커Siegfried S. Hecker 박사에게 공개한 일이 대표적이다. 김정은은 군부대 방문 소식을 소상하게 전하면서 군사력의 면면이 남한 언론에 공개되도록 하는 세심한 배려를 잊지 않았다. 남한의 보수언론과 국방 당국은 이를 믿어줌으로써 보답했다.

2013년에 조보근 국방부 국방정보본부장이 국회에서 "북한과 일대일로 싸우면 우리가 진다"고 했다. 이 무렵 국방부는 지난 20년 가까이 간직해왔던 하나의 믿음을 버렸다. 북한이 경제난으로 대규모 전면전을 수행하는 것은 불가능하고 소규모 국지전으로 도발한다는 믿음이다. 다시 "북한은 대규모 전면전을 수행할 수 있으며, 이것이 최대 안보위협"이라고 북한 군사력에 대한 평가를 수정한 것이다. 2013년 2월 북한 핵실험 당시 한국을 방문한 미국 매사추세츠공대MIT 안보전략센터의 짐 월시Jim Walsh 박사는 이 점을 주목했다. 그는 남한 내 핵무장론자들의 토론을 보고 크게 놀라 "만일 남파간첩이 한국 내에서 벌어지는 토론을 본다면 자신들의 상부에 '우리의 심리전이 200퍼센트 성공했다'고 보고할 것 같다"고 말했다.

겉으로 보이는 북한의 일련의 군사행동은 '한반도 전역에서 혁명'이라는 포기하기 어려운 이상을 보여준다고 할 수 있다. 그러나 어디까지나 '이상'이다. 막상 구체적인 면면을 뜯어보면 날로 노쇠해져가는 북한 재래식 전력의 실태와 밥벌이에 급급한 북한군의 다른 면도 드러나기 때문이다.

전쟁 준비보다 이권에 민감한 군대

그러면 김정은 시대의 군이 과거와 다른 점은 무엇인가? 우선 세대교체의 가속화다. 2011년 12월 김정은이 북한 인민군 최고사령관에 추대되고, 2012년 4월 국방위원회 제1위원장으로 선출된 뒤 북한은 군의 주요 간부들을 젊은 3세대로 교체했다. 최룡해 차수(1950년생)가 군의 최고 간부인 총정치국장이 됨으로써 그보다 나이가 많은 군 간부들은 전원 일선에서 물러나거나 군복을 벗었다. 국민대학교 정창현 교수에 따르면, 김정은이 최고사령관으로 추대된 뒤 200여 명의 60대 장성급이 전역했다고 한다. 인민무력부장인 70대 후반의 김영춘 차수가 물러나고 김정각 대장, 김격식 대장을 거쳐 50대의 1군단장 출신 장정남 상장이 임명되었다.

총참모장에는 70대의 리영호 차수가 물러난 다음 현영철 대장, 김격식 대장을 거쳐 작전국장이었던 50대의 리영길이 승진했다. 총참모부 작전국장에도 70대의 김명국이 물러난 뒤 최부일, 리영길을 거쳐 60대 소번의 군단장 출신 변인선이 임명되었다. 총정치국, 인민무력부, 총참모부 등 북한군의 핵심 부서 책임자가 모두 50~60대 초반으로 세대교체된 셈이다. 일선 군단장도 대다수 교체되었나. 사단장들은 40대로 교체되었다. 총정치국의 핵심 부서인 조직국도 2013년 하반기에 손철주 부국장(상장)이 물러나고 김수길 중장이 부국장으로 새로 임명되었고, 총정치국 선전국도 한동근 상장에서 렴철성 중장으로 부국장이 교체되었다.

새로운 세대의 등장과 함께 북한군의 전략과 전술도 핵무기와 미사일 중심으로 군사 교리를 변경한 것으로 보인다. 북한은 장거리 탄도미사일, 선군호·폭풍호 등 신형 전차, KN-06 미사일, 단거리 지대공미사일 등을 개발하고 실전 배치했다. 정창현 교수는 "북한은 핵과 대륙간탄도미사일ICBM을 보유한 결과 미국의 양적 우세, 군사기술적 우세가 이제는 무의미하게 되었다고 판단하고 있으며, 핵에는 핵으로, 정밀타격에는 전자전으로 맞서는 전략을 마련한 것으로 보인다"고 평가했다.

이와 더불어 2013년 3월에 미사일지도국을 전략로켓군사령부(사령관 김락겸 중장)로 확대 개편한 것이 눈에 띈다. 이는 대륙간탄도미사일과 중단거리 미사일 개발에 주력하고, 미사일 중심으로 군 전략을 새로 짜겠다는 것으로 보인다. 북한군의 배치와 관련해서는 한미 합동 군사훈련 강화에 대응해 휴전선 인근에 군 역량을 전진배치하고 공격형 형태를 띠고 있는 것으로 파악된다. 특히 서해 5도와 대치하는 4군단의 전력을 강화한 것으로 나타나고 있다.

　가장 주목할 만한 변화는 군부대가 운영하던 무역회사(외화벌이 기관) 등을 내각 산하로 이관하는 한편, 군이 갖고 있던 어업권(군 산하 수산사업소)은 인정해 군이 자체적으로 후방사업(군의 의식주 담당)을 계속할 수 있도록 한 점이다. 2013년 장성택 사건의 도화선이 된 남포수산사업소 총격전도 당 행정부로 넘어갔던 수산사업소를 군대로 다시 이관하는 과정에서 발생했다. 김정은 시대에 들어와 북한은 군이 자체적으로 군인들의 의식주 문제를 개선하기 위한 후방사업을 강조했다. 2014년 신년사에서도 "수산 부문을 추켜세우기 위한 국가적 대책을 세워야 한다"며 군이 수산업 발전의 선두에 설 것을 강조했고, 2013년 12월 26일에는 건군 사상 처음으로 평양에서 '인민군 수산 부문 열성자 회의'를 개최해 군인들에게 많은 수산물을 공급하려는 의지를 보였다. 군대는 전투에 전념해야 하는데, 역시 밥벌이가 중요하다는 점이 드러난 것이다.

　권력 내부의 피바람을 몰고 올 만한 사안은 역시 전쟁 준비보다는 누가 이권을 차지하느냐의 문제였다. 여기에 이르면 그동안 곧바로 남한을 침공하려는 북한군과는 다른 면모가 드러난다. 게다가 군에 대한 당의 통제, 즉 '북한식 문민통제'도 두드러진다. 정창현 교수의 분석에 따르면, 김정은 시대에 들어와 당중앙군사위원회 회의나 당중앙군사위원회 확대회의, '국가안전 및 대외부문 일꾼 협의회' 등 공식회의를 통해 군의 전략과 대응 방침 등을 논의하고 결정하는 행태를 보였다고 한다. 집단적 협의와 공식 당 기구를 통한 논의가 정착된 것으로 보아도 무방하다고 한다.

정창현 교수의 분석에 따르면 지금은 김정일 시대 선군先軍정치로 인한 군의 위상 강화와 비대화라는 폐단을 개선해 군에 대한 당의 영도·지도를 강화하는 중이다. 당 조직지도부의 김경옥 제1부부장, 황병서 부부장(현재 조선노동당 정치국장) 등이 김정은 위원장의 현지지도에 자주 동행하는 것도 군에 대한 당의 지도를 강화하기 위한 것으로 파악된다는 주장이다. '한반도 혁명'이라는 국가 이상적인 면과 당의 지도와 경제 우선이라는 현실적 요구 사이의 거리가 아직은 요원한 가운데, 표면적으로는 전쟁을 준비하면서도 내부적으로는 실속을 추구하는 '생활하는 군대'다.

주한미군은 왜 탄저균을 반입했을까?

탄저균 포자가 퍼지면

지식엔진연구소에서 펴낸 『시사상식사전』에는 탄저균Bacillus anthracis에 대해 "호흡기를 통해서도 감염되기 때문에 생물학 무기로도 활용된다. 탄저균은 생물무기로 사용될 경우 그 위력이 수소폭탄을 능가한다는 평가가 있다. 설탕 한 봉지만큼의 탄저균은 미국 전역을 파괴할 수 있는 것으로 알려졌다. 포자는 기초적인 생물학적 생산기술만 있어도 많은 양을 생산할 수 있고 오랫동안 저장 가능하며 미사일이나 로켓, 대포, 비행기를 이용한 대량 살포가 가능하다. 또 탄저균은 노출이 됐을 때 무색, 무취, 무미의 특징을 갖고 있기 때문에 공기를 통한 공격이 있을 때 감시 및 추적을 피할 수 있다. 1980년대 들어 미국 조사단은 이라크가 8,000리터의 탄저 포자를 생산한 것을 밝혀내게 되는데 이 양은 지구상의 인류를 모두 살상시킬 수 있는 양"이라고 설명한다.

이 설명만 보면 탄저균은 핵무기보다 위력적인 재앙의 씨앗이다. 그러나 서울대학교 수의학과 우희종 교수가 2015년 12월 22일 참여연대에서 개최된 기자간담회에서 밝힌 바에 따르면 "자연 상태의 탄저균은 그처럼 위험하지 않다. 다만 그 독성을 증가시키는 인공적 배양을 통해서만 위험한 무기가 된다"고 말했다. 그에 따르면 한국에도 가축에게 탄저병이 발생한 사례가 보고된 바 있지만, 그 피해는 미미했다. 자연 상태로 사람에게 전염된 사례가 없기 때문에 한국은 백신 개발도 하지 않는다. 주로 수목樹木을 통해 소나 양과 같은 가축에게 전염될 뿐이지 잡식동물이나 육식동물은 감염되지 않기 때문이다.

그러나 호흡기나 피부를 통해 감염되도록 인공적 변형을 가하게 되면 문제는 전혀 달라진다. 이때부터는 사람에 대해서 치명적인 탄저를 발생시키는 무서운 독성을 발휘하는 생물병기로 돌변한다. 탄저균의 포자에서 생성되는 독소가 혈액 내의 면역세포를 파괴하면서 급성 쇼크가 일어나고 정도가 심해지면 사망에 이른다. 사망률도 일부 연구에 따르면 95퍼센트에 달해 치사율이 높다는 천연두의 30퍼센트보다 월등하게 높다. 인간이 그렇게 위험하도록 만들었기 때문이다.

제1차 세계대전부터 인류는 탄저균이 아주 효율적인 생물병기라는 점을 알아차리고 무기로 사용할 수 있는 다양한 변종의 탄저균을 만드는 실험을 진행해왔다. 미국, 일본, 독일, 소련, 영국은 제2차 세계대전 때부터 경쟁적으로 탄저균을 실험했다. 영국이 그뤼나드Gruinard섬에서 탄저균 폭탄을 투하한 실험이나 일본 731부대의 악명 높은 생체실험이 대표적이다. 현대에 올수록 탄저균이 더욱 생물무기로 각광을받는 것은 분말 형태로 운송과 보관이 편리해 전쟁 아닌 상황에서도 얼마든지 테러에 활용될 수 있다는 점 때문이다.

선진국들은 탄저균 테러에 대비하기 위해 수천 종류에 이르는 다양한 항체와 백신 개발에 더욱더 매달리게 되었는데, 역설적으로 이것이 탄저균의 위험을 더 고조시키는 결과를 낳았다. 1979년 옛 소련 시절, 스베르들롭스크Sverdlovsk에서 약 2,000명의 주민이 갑자기 초기 감기 증상과 유사한 고열과 기침 증상을 보이다가 63명이 숨지는 사건이일어났다. 사건 초기 탄저병에 걸린 소에서 전염병이 발생한 것이라는소련 당국의 설명과 달리 이후 조사 과정에서 인근의 탄저균 실험실에서 공기를 통해 탄저균 포자가 유포된 것으로 밝혀졌다.

2001년 9·11 테러 직후에는 미국 정부기관과 언론사에 5개의 탄저균 분말이 담긴 우편봉투가 배달되어 우편물을 취급하는 직원 등 5명이 숨졌다. 사건 초기에 알카에다가 테러의 배후라는 의심이 고조되었으나, 편지에 사용된 탄저균은 '에임스'라는 이름의 변종으로 미 육군 전염병연구소USAMRIID가 보관한 탄저균과 유전적으로 같다는 사실이 밝혀졌다. 이 연구소는 미국 농무부에서 '에임스' 탄저균을 받아 보관하다가 영국, 캐나다와 같은 우방국의 5개 연구소에도 나누어주었던 것이다. 이렇듯 적대세력이 탄저균으로 공격할지 모른다는 우려에서 시작된 군 당국의 연구와 실험이 더 높은 위험을 초래하는 역설은 세균전에서 공격용과 방어용이라는 구분 자체를 무의미하게 한다.

무허가 불법시설에서 탄저균을 취급하다

'민주사회를 위한 변호사모임' 미군문제연구위원장인 하주희 변호사는 "예방적, 방어적 혹은 다른 평화적 목적으로 탄저균을 보유하고 있다는 주장이 어불성설"이라고 말했다. 국제협약인 생물무기금지협약 BWC 제1조에서도 "질병 예방, 보호 또는 기타 평화적 목적으로도 정당화되지 아니하는 미생물, 기타 세균 또는 독소"에 대해서는 "어떠한 경우에도 개발, 생산, 비축 또는 기타 방법으로 획득하거나 보유하지 아니한다"고 규정한다. 지금까지 적대세력에 의한 세균전에 대비한다는 명목으로 미군이 주도하는 생물학 연구는 테러세력보다 훨씬 더 다양하고 압도적으로 많은 세균을 보유하는 결과를 초래했다. 여기서 생물

무기금지협약은 간단하게 무력화된다.

탄저균만 하더라도 그 다양한 유전자 변종을 만들고 실험을 하다 보면 더 새로운 항체와 백신 개발의 요구를 낳게 마련이다. 여기서 미국 본토의 군 연구소만이 아니라 전 세계 수십 곳의 연구소에 새로운 변종의 탄저균을 신상품으로 출시하고, 그에 부합되는 새로운 대응 시스템 개발에 대한 연구로 이어지는 거대한 네트워크를 형성하게 된다. 여기서 유통되는 신종 유전자 변형 세균들은 자연 상태로 존재하지 않는 인공적인 독성물질이다. 일단 이런 악마를 만들었으면 이에 대응하는 천사도 만들어야 한다는 내적 논리가 작동한다. 이것이 더 많은 연구와 실험, 더 많은 훈련에 대한 요구로 이어진다.

정작 심각한 역설은 이러한 생물학 실험들이 실제 우리에게 위협을 가하는 북한의 생물무기 보유에 대한 객관적인 사실과 괴리되어 있다는 점이다. 2015년 12월 17일 장경수 국방부 정책기획관과 로버트 헤들룬드Robert Hedelund 주한미군사령부 기획참모부장은 주한미군 용산기지에서 발표한 공동성명에서 "북한은 탄저균, 페스트균 등 총 13종의 생물학 작용제를 보유한 것으로 추정되며 테러 또는 전면전에서 사용할 가능성이 있다"고 경고했다. 여기서 '추정'이라는 말의 뜻 그대로 북한의 생물무기 수준에 대해 "정확히 모른다"면 더 많은 연구와 실험을 거닥하하는 다음의 말은 당연한 귀결이다. "주한미군과 한국 정부

인원의 장비시험 및 훈련을 위해서는 앞으로도 생물학 작용제 검사용 샘플이 한국으로 반입되어야 할 것이다. 여기에는 주한미군과 미국 질병관리본부의 실험실 대응 네트워크LRN에 등록된 한국 질병관리본부의 실험실을 지원하기 위한 샘플 반입도 포함된다."

이날 발표된 '주한미군 오산기지 탄저균 배달사고 관련 한미합동 실무단 운영 결과 보고서'에 따르면, 주한미군은 2009년부터 2015년 4월까지 모두 15차례에 걸쳐 사균화된 탄저균과 페스트균 검사용 표본을 국내에 반입해 실험한 것으로 확인되었다. 2015년 5월 오산에서 탄저균 반입 사건이 난 직후 "단 한 차례 처음으로 반입한 것"이라는 주한미군의 설명은 거짓이었던 셈이다. 이 중 오산기지에서 이번에 문제가 된 배달사고에 앞선 15차례의 실험은 용산기지 내 한 '간이병원'에서 이루어졌으며, 그 수량·반입 목적·사후 처리에 대해서는 "규정에 따라 안전하게 이루어졌다"는 짧막한 설명 외에 그 내용이 일절 공개되지 않았다.

또 한 가지 경악할 만한 사실은 용산 내 한 병원시설의 정체다. 탄저균은 2009년부터 용산기지로 반입되었는데, 이를 실험한 용산기지 내 '106식품안전연구소'는 2013년 여름에야 생물안전등급BSL 2등급으로 업그레이드하기 위한 조처가 이루어졌다. 비활성화된 탄저균은 2등급에 실험할 수 있다는 설명을 그대로 수용한다고 하더라도 2013년 이전에는 일종의 무허가 불법시설에서 탄저균을 취급했다는 이야기가 된다.

우희종 교수는 "간이 병원시설은 보건의료 분야의 어떤 법령과 제도와 학술서에도 없는 정체불명의 개념이다. 이러한 미군의 설명을 절대 수용해서는 안 된다"며 진상 규명의 목소리를 높였다. 경기도의회 도시환경위원회 양근서 의원에 따르면 이런 시설은 "음압장치가 없고, 이중출입문에 헤파필터HEPA filter(공기에서 미세한 입자를 제거하는 장치)를 통해 내부 공기를 밖으로 환기시키는 설비만 갖추고 있어 보건소 수준"에 불과하다며, 이런 시설에서 과거에도 여러 차례 유사한 실험이 있었다는 사실을 밝혀냈다.

왜 미군은 비밀시설에서 세균전에 대비하는가?

북한의 생물무기 위협에 대한 조기경보체계를 갖춘다는 미군의 '주피터JUPITR 프로그램'의 선의의 목적을 그대로 인정한다고 하더라도 한국 정부의 검역 주권을 무시하고 주한미군이 독단적으로 이렇게 허술한 시스템으로 고위험 병원균을 관리해왔다는 사실은 충격이다. 북한의 생물무기가 그토록 무섭다고 하면서 그 못지않게 무서운 미군이 보유한 세균 샘플은 안전이 저절로 보장되는 것처럼 묘사된다.

이때 관련된 한미합동실무단 보고서의 핵심 내용은 첫째, 한미행

정협정SOFA에 주한미군의 위험물질 반입에 관한 규정이 없기 때문에 반입에 문제는 없다. 둘째, 한국 '감염병 예방 및 관리에 관한 법률'은 사균화된 세균 샘플에 대한 독성 여부를 규정하지 않고 있기 때문에 용산과 오산에 반입된 샘플은 '고위험 병원체'에 해당되지 않는다. 셋째, 앞으로도 생물학 작용제 검사용 샘플은 지속적으로 한국에 반입되어야한다는 것으로 요약된다. 그러나 세균의 독성은 그 국적이 북한이냐 미군이냐를 가리지 않고 분자생물학적 차원에서 벌어지는 임상의 문제일 뿐이다.

불활성화되지 않는 살아 있을 수도 있는 탄저균이 민간 택배회사의 화물로 한국에 도착해 '군사화물'이라는 이유로 어떠한 검역 절차 없이 주한미군에 반입되었다면, 그 자체가 바로 생물 테러와 크게 다르지 않은 위협적 행동이다. 미국 정부도 이런 세균 유통 실태를 '중대한 실수'로 인정한 상황이다. 그런데 한미합동 실무단이 이런 명백한 위험성에 대해 단지 협정이나 법률에 근거가 없다는 이유로 정당화하는 것은 북한의 생물 테러 위협이나 크게 다를 바 없는 행태라고 비난받을 만하지 않은가?

국민의 상식으로 이해하기 어려운 점은 한국 정부가 오산기지에서 탄저균 배달사고가 발생한 2015년 5월 말부터 미국에 어떠한 진상 규명, 사과, 재발 방지 요구를 적극적으로 전달하지 않고 여론의 질타를 묵묵히 견디며 소극적인 조처로 일관했다는 점이다. 형식적인 조사와 간단한 사실 확인 외에 적극적인 진상 규명과 개선의 노력도 보이지 않았다. 급기야 5월 30일에 애슈턴 카터 미국 국방부 장관이 한민구 국방부 장관에게 "사고 관련자에 대해 책임있는 조처를 취하고, 재발 방지를 위해 노력하겠다"며 사과를 자청해서 했다. 이 당시 국방부 태도를 보면 '뭐, 그런 문제를 갖고 사과까지 하시느냐'는 황송한 태도로 몸둘 바를 몰라 했다.

이런 태도의 이면에는 어차피 북한의 위협에 노출된 마당에 한국이 미국의 생물무기 시험장이 되는 게 뭐 그리 큰 문제냐는 투의 굴절된 안보의식이 도사리고 있다. 우희종 교수에 따르면 정말로 북한의 생물무기 위협에 대비한 "평화적 실험이 목적이었다면 서울대학교에 위치한 유엔 산하 국제백신연구소IVI 등을 거치거나 반입 등을 숨길 이유가 없었을 것"이라며 "어떤 실험을 했는지조차 밝히지 않는 상황에서 이는 한국이 생물무기 실험장이 됐다는 것을 암시하고 있다"고 강조했다.

2014년 서아프리카에서 에볼라 바이러스가 창궐해 1만 2,000명이 숨지는 대형재난에서도 국제사회는 민간 과학자와 연구소의 협업으로 극복한 전례가 있다. 정말 북한의 탄저균이 무섭다면 주한미군이 연구를 독점하는 대응 체계야말로 가장 위험하고 부실하다. 여기에는 한국의 연구소와 정부기관, 기업과 시민사회가 참여하고 협력하는 거버

넌스가 고위험성 세균에 맞서는 가장 효율적인 대응력을 창출할 것이다. 2015년 메르스 사태 역시 박근혜 정무와 특정 재벌 계열의 병원이 사태를 독점하고 통제만 하려다가 벌어진 참사라는 점을 고려한다면 더더욱 그렇다. 주한미군의 비밀시설에서 독점하는 세균전 대응 체계라는 것은 우리에게는 주권 바깥에 있는 또 하나의 위협으로 돌변할 수도 있다.

한국군은 누구의 지휘를 받는가?

여러 개의 모자를 쓴 커티스 스캐퍼로티

내가 대학에서 위기관리론을 강의하면서 한국의 위기관리와 전쟁 수행 체제의 복잡한 실태를 학생들에게 설명하면 그 대부분이 놀란다. 한국의 안보 운영 체제가 이렇게 복잡한 데 놀라고, 그렇게 비효율적인 체제를 전혀 개선하지 않고 최고의 시스템인 양 숭배하는 풍조에 놀란다. 한국 정부가 독자적으로 할 수 있는 것과 미국과 협조해야만 하는 것의 경계선이 흐릿해서 한국 안보의 책임자가 누구인지도 헷갈린다.

한국만 복잡한 게 아니다. 한국에 주둔하는 미군 내부로 들어가면 한미연합사령관이 직접 지휘하는 부대와 미국 태평양사령부의 지휘를 받지만 한미연합사령관에게 배속되어 있는 미7공군 같은 부대와 또 나누어진다. 그런가 하면 한미연합사령관이 유엔군사령관 자격으로 일본의 유엔군사령부 후방기지 8곳을 통제한다는 설명까지 덧붙여지면 군사 지휘선상에서 국경의 개념도 모호해진다.

직업군인인 학생들은 더 놀란다. 자신이 몸담은 한국의 안보 체제가 완벽한 것인 줄 알고 현재 한미 동맹만 유지되면 국가안보는 저절로 되는 것이라고 믿는다. 그런데 한국의 전쟁 수행 체제에서는 도대체 몇 개의 정부가 있는 것인가? 이렇게 복잡하고 의사소통이 쉽지 않은 복잡한 체제에서 만에 하나 실수가 난다면 그것이 얼마나 치명적인지를 깨닫고 몸서리친다. 이것을 제법 잘 설명할 수 있다고 자신하던 나도 2015년 8월 위기에서 한미 간의 위기관리 행태를 이해하는 데는 머리를 쥐어뜯고 말았다. 몇 가지 사례를 보자.

한국에 와 있는 커티스 스캐퍼로티 미국 육군 대장은 2014년부터 2015년까지 미국의 고고도 미사일방어체계, 일명 사드 시스템을 한국에 배치하고 싶다는 말을 연이어 남발했다. 그의 발언은 한국 정부와 아무런 사전 상의도 없이 독단으로 나온 것이다. 이로 인해 파란이 일자 그 뒷수습을 하느라고 한국 정부가 곤욕을 치렀다. 이런 말은 한국 정부의 통제를 받지 않는 미군 장성, 즉 주한미군사령관의 자격으로 한 것이다. 그리고 2015년 8월 10일에 스캐퍼로티 대장은 북한에 지뢰 사건을 다루기 위한 장성급 회담을 하자고 제안했다.

그는 청와대와 국방부에 지뢰 사건에 대한 유엔군사령부 조사가 끝나기 전까지는 언론에 한국 정부 입장이 발표되지 않도록 요청했다. 그래서 지뢰 사건이 발생한 8월 4일부터 8월 10일까지 한국의 위기관리가 마비되었다. 이것은 유엔군사령관의 자격으로 한 것이다. 8월 25일 판문점에서 합의문이 체결되고 난 뒤에 북한을 선제공격한다는 내용이 담긴 한미연합사령부 '작전계획 5015'가 국방부에 의해 언론에 누설되었다. 그러자 스캐퍼로티 대장은 누가 이를 언론에 누설했는지 "조사를 해달라"고 국방부에 요청했다. 이것은 연합작전계획 수립의 책임자인 한미연합사령관의 자격으로 한 것이다.

또한 그는 평택의 미군기지 건설과 오산·대구 등에 산재한 미군의 주둔 여건을 보장하기 위해 한국 정부와 방위비 분담금 협상을 하기도 했다. 이것은 주한미군 선임장교의 자격으로 하는 것이다. 이 미국의 육군 대장은 가진 자격이 하도 많아서 어떤 때는 외교관이 되기도 하고 어떤 때는 군인이 되기도 하며 어떤 때는 사업가가 되는 여러 개의 모자를 쓰고 있다. 어떤 때는 한국의 대통령과 국방부 장관의 지휘를 받는 부하로 한미연합사령관의 위치에 국한되지만, 어떤 때는 대통령과 국방부 장관에게 국제법과 유엔군사령부 규범 준수를 요구하는 소위 사미 존재인 유엔군사령관으로 돌변하기도 한다.

'작전계획 5015' 누설을 조사하라

한국군이 비무장지대에서 북한에 단호한 조치를 취하기라도 하면 유엔군사령부는 교전규칙을 위반했는지 우리 군을 조사하는 상전이다. 그런데 그 유엔군사령부 교전규칙은 1994년에 평시작전통제권을 한국이 미국에서 반환받았기 때문에 우리 합동참모본부의 권한과 책임이 명기되어 있어야 한다. 그런데 그 이전에 정한 교전규칙을 그대로 적용하다 보니 우리 합참의장이 평시 방어에서 어디까지 책임이 있는지도 명확하지 않다.

이 때문에 2010년 11월 연평도 포격 사건 당시에는 한민구 합참의장이 당시 월터 샤프Walter Sharp 유엔군사령관에게 "전투기로 북한을 응징해도 되느냐"고 문의하자, 월터 샤프는 "그것을 왜 나한테 묻냐", "한국 정부가 자위권 행사 차원에서 알아서 결정하라"고 말한 다음 아예 이튿날에는 이를 문서로 작성해 국방부 장관 앞으로 보냈다. 월터 샤프는 유엔군사령관으로서 한국 정부의 문의에 책임있게 답변할 의무가 있다. 유엔군사령부 교전규칙에는 항공작전은 미7공군 사령관이 통제하도록 되어 있기 때문이다.

이런 유엔군사령관의 책임을 외면하고 태평양사령부 예하의 일개 야전사령관인 주한미군사령관의 입장으로 보면 전쟁이 일어날지도 모르는 전투기 출동과 같은 중대한 결정을 본국 대통령, 국방부 장관, 합참의장과 상의 없이 자신이 이래라저래라 결정할 일은 더욱더 아니다. 이쯤 되면 도대체 우리 땅에 와 있는 미 육군 대장이 뭐 하는 자리인지 알기가 더욱 어려워진다. 이 때문에 2010년 당시에도 합참은 극심한 혼란을 겪었다. 합참의 장군들마저 항공기 출격을 "미군에 물어봐야 된다", "아니다"로 양분되어 갈피를 잡지 못했다. 논쟁이 지루하게 이어지자 국방부 대변인은 "항공기 출격이 유엔군사령부 교전규칙에 의해야 하는지, 자위권 차원에서 우리 정부가 결정할지 국제법 학자에게 연구용역을 주기로 했다"고 발표했다.

더 황당한 것은 한미연합사령관의 유사시 작전통제 권한은 유엔군사령부의 위임에 의해 행사된다는 점이다. 한국의 유엔군사령부는 1970년대에 공산권과 서방 측이 각기 해체 결의안을 유엔 총회에 제출해 둘 다 통과시켰다. 그래서 유엔군사령부가 해체될 전망이 유력해지자 한국과 미국이 1978년에 현재의 한미연합사령부를 창설했다. 이로인해 사실상 거의 유명무실해진 상징적 위치에 지나지 않는 유엔군사령부가 그 이후에도 없어지지 않고 남아 있다가 갑자기 남북 간에 중요한 순간에는 또 등장해서 한반도 위기를 관리한다.

스캐퍼로티 대장은 유엔군사령관 자격으로 북한에 장성급 대화를 제의하두록 했으나, 북한의 전통문 접수 거부로 보기 좋게 거절당했다.

그것도 한 번이 아니었다. 언론에서 밝혀진 바로는 남북 간에 포격진이 벌어신 8월 20일에도 유엔군사령부 전통문이 북한에 보내졌는데 또 거절당했다. 그동안 북한은 상종할 수 없다던 박근혜 정부를 대화 상대방으로 선택해 판문점에서 8월 25일에 합의문을 만들어버리자, 유엔군사령부는 대화의 주도권을 한국 정부에 완전히 내주고 말았다.

이제껏 북한은 '정전협정 백지화'를 선언하고 미국과 평화협정 담판을 짓겠다는 게 핵심 목표였는데, 그렇다면 대화 상대는 한국 정부가 아닌 정전협정의 주체인 유엔군사령부여야 했다. 그런데 거꾸로 된 결과가 나오자 미국 대사관과 주한미군은 연일 대책회의를 했다는 소문도 들린다. 이런 북한의 예상치 못한 행보는 2015년 8월 전쟁위기에서 최대 미스터리다.

유엔군사령관으로서 스타일을 구긴 스캐퍼로티 대장은 국방부가 연일 군사기밀을 언론에 공개하며 합의문 이후 정국을 주도하는 데 제동을 걸기 시작했다. 이번에는 유엔군사령관이 아닌 한미연합사령관의 자격으로 행동했다. 한국에서 대북 정보감시태세 워치콘Watchcon과 방어준비태세 데프콘Defcon을 선포하는 권한은 한미연합사령관에게 있다. 워치콘을 두 단계나 격상하고 미국의 정보자산을 증강·투입한 것은 한미연합사령관의 조처였다. 이를 통해 북한 잠수함이 기지에서 사라진 것을 포착해 추적하고, 북한 미사일 부대가 전방으로 이동하는 것을 감시할 수 있게 된다.

이렇게 워치콘을 격상하는 데는 값비싼 정보자산 운영에 많은 비용이 들어간다. 그렇게 수집된 정보를 국방부가 언론에 무분별하게 뿌리는가 하면 심지어 한미연합사령부 작전계획까지 언론에 누설한 데 대해 위기관리 책임자로서 한미연합사령관은 이를 좌시할 수 없다고 보았다. 이것이 한미연합사령관이 국방부에 "작전계획 5015가 누설된 경위를 조사해달라"는 배경이다.

세계에서 하나밖에 없는 이상한 시스템

2015년 8월 지뢰 사건 직후에 북한과 대화를 하자는 제안에는 유엔군사령부, 미국 국무부가 총동원되었다고 해도 과언이 아니다. 여기에다 반기문 유엔 사무총장까지 가세했다. 그런데 왜 북한은 이를 다 뿌리치고 박근혜 대통령을 선택한 것일까? 그 이유에 대해 국방부는 군의 단호한 대응이 북한을 대화의 장으로 이끌어냈다고 믿는다. 이런 군사적 강압정책이 북한의 지뢰 도발에 대한 유감 표명으로 이어진 것이라면서 북한을 군사적으로 더 압박할수록 결과는 좋아진다는 집단사고group thinking로 국방부는 똘똘 뭉쳐 있다. 그렇다면 우리 정부가 주도권을 쥐고 유리한 대화를 하기 위해서는 앞으로 북한을 압박할 수 있는 더 많은 군사정보를 언론에 공개해야 한다. 그럴수록 북한은 고분고분해질 것이라는 '희망적 사고'가 있기 때문에 무엇을 공개해도 되고 안 되는지 분별력과 자제심이 무너진 것이다.

한미 간에 2015년 6월에 서명된 '작전계획 5015'를 언론에 누설해 미군의 반발을 초래한 것이 전부가 아니다. 유사시 북한 김정은 국방위원회 제1위원장을 제거하는 '참수 전략'까지 공개해버렸다. 이것은 매우 심각한 문제를 불러온다. 2003년 3월에 이라크를 완전히 장악한 미군도 사담 후세인을 체포하는 데 8개월이 더 걸렸다. 2001년 9·11 테러 주범인 오사마 빈 라덴이 제거된 것은 테러가 일어난 지 9년 8개월 후인 2011년 5월이었다. 그런데 국방부가 말하는 참수 전략에 따르면, 북한이 핵미사일 발사를 하려는 징후가 있을 때 발사하지 못하도록 하기 위해서 한국형 '킬 체인' 개념으로 대응해 적어도 25분 안에 선제공격으로 김정은 위원장을 제거해야 한다. 이것이 가능한 일일까? 이런 계획을 실행하겠다고 한다면 유사시 김정은 위원장은 남한의 작은 공격 징후만 있어도 자신에 대한 제거 움직임으로 인식하고 망설임 없이 핵미사일 발사를 강행하려고 할 것이다.

이런 위험을 감수하는 발언이 나온 것은 당장 북한을 압박하는 효과가 있기 때문이다. 국방부는 판문점 협상이 진행되는 동안 북한의 잠수함 50척이 사라져 추적하지 못하고 있다는 언론 보도도 내보냈다. 술한 논란을 일으킨 이 브리핑은 우선 '50척'이라는 숫자가 사실이 아니라는 점이 나중에 확인되었고 부정확한 브리핑을 한 책임자에 대한 문책론까지 불거졌다. 이 역시 북한을 압박하려는 의도에서 나온 발언이지만 사실과도 동떨어져 있고 적절한 정보 공개도 아니었다. 당연히 미군과 충돌할 수 있는 사안이다.

한미연합사령관이 한국 정부에 사사건건 불쾌한 감정을 드러내는 이유가 여기에 있다. 군사적 강압정책보다 북한에 대한 유화정책을 내놓았던 미국 정부가 북한은 물론 한국 정부에 의해서도 무시당했다고 생각할 가능성이 높다는 이야기다. 그런데 여기에는 의문이 있다. 과연 한국 정부가 동맹에 의존하지 않고 북한에 대한 억지와 강압이라는 군사정책을 구현할 능력이 있느냐의 문제다. 억지란 상대방이 도발하지 못하도록 만드는 힘이고 국제정치에서는 억지력을 핵무기로 인식한다. 억지가 적대국에 무엇을 못하게 만드는 힘이라면, 강압은 무엇을 하게 만드는 힘이다. 상대방으로 하여금 항복선언을 하게 만들거나 굴욕적인 대화에 임하도록 하거나 공격무기를 철수하게 만드는 힘을 발휘하는 군사정책을 지칭한다.

지금 국방부는 자신들이 주도해 북한이 준전시 체제를 해제하고 지뢰 사건에 대해 유감을 표명하는 성과를 거두었다고 도취되었을 수 있다. 미국은 2015년 8월의 위기에서 한국에 스텔스 폭격기나 스텔스 전투기, 항공모함을 지원해주지 않았다. 전방에 배치된 한국의 군사력이 핵심 역할을 했다고 인식하려는 경향이다.

그러나 막상 북한은 남한이 단독으로 북한에 대한 억지나 강압을 구사할 수 있는 능력이 있다고 인정할지 의문시된다. 핵심 정보와 작전 능력을 대부분 미국에 의존하는 남한군의 능력을 북한이 잘 알고 있는 터에 "박근혜 대통령의 단호함에 김정은 위원장이 겁에 질려 대화를 수용하게 되었다"는 우리의 시각이 과연 북한에서도 통하겠느냐는 말이다. 여기에다 권한과 책임이 모호하기 짝이 없는 우리 국군 통수 체제는 유엔군사령관의 통제가 미치지 못하는 정전협정 밖에서 단독으로 위기를 관리할 수 있는 수단, 방법, 권한이 명확하게 식별되지 않는다. 심지어는 군도 헷갈려한다. 복잡한 미로처럼 얽힌 이런 위기관리 체제는 세계에서 하나밖에 없는 이상한 시스템이다.

그래서 위기만 벌어지면 한미 간에 감정적 앙금이 남고 우리 내부에서도 책임 논란이 어김없이 불거진다. 도대체 이것을 무슨 수로 이해할 것이며, 이런 체제가 한국 안보의 유일한 대안이라고 신처럼 떠받드는 이 이상한 집단심리는 또 어떻게 해석할 것인가? 여기에다 날로 규모가 감축되는 주한미군은 유엔군사령부 기능 강화에 더욱 집착하며 과거 6·25 전쟁 당시 유엔군사령부 참여 국가들에 인력을 파견해달라고 요청하고 있다. 그러면 당시 참전국 16개국이 또 들어오게 되는데,

이들은 2013년 을지 프리덤가디언 군사연습 때에 한국 국방부의 '적극적 억제 전략'에 대해 "국제법을 위반하는 선제공격 개념"이라고 비판하고 나섰다. 이것은 뭐 한마디로 돌아버릴 지경 아닌가?

사이버전쟁은 누가, 왜 일으키는가?

미국과 북한의 사이버전쟁

월드와이드웹www이 처음 선보이던 20여 년 전. 언론에는 '이제 지구 대통령은 인터넷'이라는 당시로서는 이해하기 어려운 제목의 기사가 실리는가 하면, 전쟁에서 상대방의 네트워크를 마비시키는 '논리폭탄'이 등장할 것이라는 도발적인 기사도 발견된다. 이런 시대적 조류에 민감했던 당시 새정치국민회의 김대중 총재가 하루는 서울 용산 전자상가의 한 정보통신업체를 방문해 인터넷이 뭔지 설명을 받고 간단한 실습까지 했다.

갑자기 설명을 듣던 김대중 총재가 "이게 전쟁의 양상까지 바꿔놓을 것인가?'라고 질문하자, 업체 관계자는 난감한 표정을 지으며 "잘 모르겠다"고 했다. 지금 똑같은 질문을 한다면 "인터넷은 전쟁의 양상을 이미 변화시켰을 뿐만 아니라 우리가 알고 있는 전쟁 개념 그 자체를 붕괴시키고 있다"는 답변이 가능할 것이다. 2014년 11월 미국 소니사에 대한 해킹과 그 뒤 벌어진 북한과 미국의 사이버전쟁은 그런 가능성을 구체적으로 확인해준다.

먼저 이 전쟁은 파괴가 아닌 '모욕의 전쟁'이었다. 먼저 소니사가 북한의 최고 존엄을 모욕하는 영화 〈인터뷰〉를 제작하자 곧바로 북한의 거센 반발이 있었고 소니사의 중요한 재산이 외부로 유출되는 정체불명의 응징이 있었다. 이것을 버락 오바마 대통령은 미국의 표현의 자유에 대한 북한의 모욕이라고 단정하고, 이에 대한 '비례적 대응'으로 북한의 인터넷을 마비시켜버렸다. 오바마 대통령이 분노한 것은 북한의 협박 그 자체만이 아니라 이에 굴복해 소니사가 영화 개봉을 하지 않기로 한 굴욕적 처사였다. 그래서 오바마 대통령이 영화의 마케팅까지 떠맡는 이상현상이 벌어져 영화가 개봉된 첫날 B급 코미디영화에 불과한 이 영화가 흥행에 성공하는 뜻밖의 결과로 이어졌다.

여기에 국내 탈북자들이 이 영화를 USB로 북한에 뿌리면 북한 체제를 효과적으로 모욕할 수 있다고 주장하고 나서는 현상이 벌어졌다. "신예빙을 얼마나 창의적으로 모욕할 수 있느냐"로 승부가 결정되는 모욕의 전쟁에 이 영화가 중요한 무기가 되어버린 것이다. 여기에 또 북한이 상당한 모욕감을 느끼며 보복을 다짐하는 응징과 보복의 열전으로 비화할 조짐이다.

또한 이 전쟁은 철저하게 '게릴라 전쟁'이다. 상대방을 모욕하고 조롱하는 전쟁을 국가기관의 이름으로 자행하기에는 격이 맞지 않는다. 설령 국가가 개입을 하더라도 그 실체는 배후에 숨기고 개인들이 그 역할을 떠맡는 비정규전의 양상으로 진행된다. 국가기관이 전면에 나서지 않으니 분쟁을 조정할 마땅한 수단도 없다. 사이버 평화협정을 체결하거나 분쟁 감시기구도 둘 수 없는 무정부 상태에서 국가는 전쟁수행의 당사자로서 역할을 포기하고 배후 조종자로서 역할에 머무른다. 따라서 이 전쟁은 국가를 단위로 하는 전통적인 전쟁이 아니라 국가의 통제 범위 밖에서 카우보이들과 같은 개인이 전쟁을 주도한다. 잘 조직된 정규군보다 형체가 없는 게릴라들이 이 전쟁을 수행하는 데 더 적합한 당사자가 된다.

소니사 해킹 사태에서도 북한과 미국이라는 국가간 갈등이 고조된 것처럼 보이지만, 실제 전쟁은 형체가 없는 게릴라들끼리의 전쟁으로 이어졌다. 2006년에 국가랄 것도 없고 하나의 무장단체에 불과한 헤즈볼라Hezbollah가 중동의 최강국이며 한 번도 전쟁에서 패배한 적이 없는 이스라엘 공군의 공습을 사이버전쟁만으로 굴복시킨 사례가 있다. 당시 헤즈볼라는 텍사스, 플로리다 등에 있는 미국 기업의 서버를 이용해 이스라엘 공군 작전을 완벽하게 마비시켰을 뿐만 아니라 거꾸로 볼트와 너트를 잔뜩 실은 조잡한 무인비행기를 텔아비브 상공에서 폭발시켜 다수의 시민을 공포로 몰아넣은 반격 작전까지 완벽하게 성공시켰다.

이스라엘로서는 건국 이래 이렇게 확실하게 패배한 적은 이 전투밖에 없었다. 여기서도 게릴라들이 국가를 더 효과적으로 제압하는 현대전의 새로운 면모가 나타났다. 이를 두고 미국의 전쟁학자 피터 싱어Peter Singer는 군사적 강국과 약소국의 구분이 무의미해지는 사이버전쟁의 기술이 전지구적으로 확산되었다며 이를 "전쟁기술의 평등화"라고 불렀다. 일찍이 헨리 키신저Henry Kissinger는 "게릴라는 지지만 않으면 무조건 이긴다"고 말한 적이 있지만, 사이버전쟁만큼 이 말이 들어맞는 분야도 없다.

이 전쟁은 내부로 성장하는 '지식의 전쟁'이기도 하다. 물리적 세계에서 전쟁은 상대방을 점령하고 영토를 확장하고 정부를 세우거나 전복시키는 국가의 외형적 확장을 목적으로 하며 그 한계도 정해져 있다. 그러나 가상세계에서 사이버전쟁은 그게 아니다. 이런 인식은 미국 소설가인 윌리엄 깁슨William Gibson이 1984년에 쓴 『뉴로맨서』라는 소설에서 '사이버스페이스'라는 개념을 처음으로 제시하면서부터였다. 이 개념의 소설에서 제시하는 공간은 내면적으로 무한히 자신을 반복하며 성장해간다. 가상공간의 확장성은 급기야 물리적 한계를 초월한 영역에 도달한다. 물리적 세계와는 전혀 다른 현실감각이 나타나는데, 이는 영화 〈인터스텔라〉에서 보여주는 이미지와 유사하다.

만약 소니 해고자들의 소행이었다면

영토의 제한 없이 무한히 확장되는 것은 곧 지식의 전쟁이기도 하다. 기업의 비밀을 빼내거나 금융과 통신망을 무력화하고 GPS를 마비시키는 등의 공격 행위는 상대방의 지식을 무력화한다는 뜻이다. 예컨대 한국수력원자력의 원자력발전소 정보를 탈취했다는 것은 상대방의 핵심 지식을 도둑질했다는 것과 다름없다. 공격의 표적은 상대방이 가장 감추고 싶어 하는 핵심 지식이나 기밀이다. 그 보안장치를 해제함으로써 상대방이 녹점하는 지식은 이제 모두의 지식이 되기도 하며 공유가 가능한 공공재로 성격이 변환된다. 결국 돈이 되고 권력이 될 수 있는 지식과 정보의 위계질서가 허물어지는 것이다.

사이버공격의 목적은 바로 이것을 노린 것이다. 2009년 7월 청와대를 표적으로 한 디도스 공격이나 2011년 4월 농협 전산망 장애, 2013년 3월 KBS, MBC, YTN 등 언론사와 신한은행 등 금융기관의 전산망 마비 사건 등은 돈과 권력으로 형성된 영향력 자체에 대한 공격이다. 이

공격을 통해 위계질서를 유지하려면 더욱더 많은 비용을 지불하라고 촉구하고, 그렇지 않으면 그 질서가 붕괴될 수 있다는 경고가 나타난 셈이다.

이런 특징과 더불어 우리가 주목해야 할 것은 사이버전쟁이 가상 공간에 머무르지 않고 물리적 영역의 전쟁으로 구체화할 가능성이다. 지금까지 미국에서 사이버전쟁은 전력·전산망 등 국가기간시설 마비를 노린 공격을 의미하는 것이었으나, 이번 사태로 오바마 대통령은 사기업의 이메일 유출, 데이터 삭제, 데이터 탈취 등까지 사이버전쟁의 범주에 포함시키는 인식의 변화를 보여주었다. 오바마 대통령은 CNN 인터뷰에서 북한의 행동을 "매우 값비싼 피해를 입히는 사이버 반달리즘(문화 파괴)"이라며 북한을 테러지원국으로 재지정하겠다는 점을 시사했다. 비록 오바마 대통령이 미국인 인명 피해가 발생하지 않았다는 점을 들어 "전쟁 행위라고는 생각지 않는다"고 단서를 달기는 했지만, 사이버전쟁이 국가 관계를 바꾸는 사안임을 천명한 첫 사례이기도 하다.

이에 대해 존 매케인 공화당 상원의원은 오바마 대통령의 조치가 미온적이라고 비판하면서 "(북한이) 미국 경제를 파괴하고 영화 검열 권한을 행사한다면, 그것은 반달리즘이란 말로는 모자란다"며 더욱 강력한 조치를 촉구했다. 다른 공화당 의원들 역시 아예 "북한은 없어져야 할 나라", "인터넷 자체가 불가능하도록 원천적·물리적으로 고립시켜야 할 나라", "북한 정권에 책임을 물어야 할 사안", "북한의 금융을 동결시켜야 한다"는 고강도 발언을 쏟아냈다.

이런 분위기가 지속된다면 북한 인권에 대한 안건이 유엔안전보장이사회에 상정된 2014년 말 분위기와 맞물려 북한의 극렬한 반발을 초래하고, 이것이 다시 북한과 미국 사이의 물밑 대화를 파탄으로 몰고 가면서 한반도 정세에 상당한 긴장 국면을 조성할 수 있다. 소니사 해킹 공격의 배후가 북한이라는 것을 특정할 수 없는데도 단지 "북한이 했을 것"이라는 추정만으로도 북미 관계가 이처럼 악화될 수 있다는 것은 우리에게 매우 중대한 사태다.

북한이 사이버공격을 했다는 특별한 증거가 없는데, 북한에 대한 고강도 발언을 쏟아내기로는 한국 사회도 다르지 않다. 사이버공격이 있고 불과 9일 만에 미국 연방수사국FBI이 북한을 지목하고 나서자 한국 정부도 이에 보조를 맞추는 행보를 보였다. 2014년 12월 한국수력원자력에 대한 대량 해킹 사태가 벌어지자 보수언론을 중심으로 북한 소행설이 확산되더니 당시 황교안 법무부 장관까지 "북한이 연루되었을 가능성을 배제하지 않는다"며 사실상 북한이 주범인 것처럼 사태를 몰고 갔다.

여기서 의문이 제기된다. 사건 조사가 마무리되지도 않았는데 왜 이렇게 북한에 대해 흥분하느냐는 것이다. 지금 급한 것은 아직도 계속

되고 있는 사이버공격에 대한 방어 대책을 서두르는 것이어야 하는데, 그보다는 북한 비난에 더 치중하는 모습을 보이는 이유가 과연 무엇이냐는 의문이다. 파악하기도 어려운 북한의 사이버전쟁 요원 수가 3년 전에는 1,900명이라고 했다가 한국수력원자력 해킹 사태 이후에는 5,900명으로 3배 이상 늘어나 언론에 보도되었다. 왜 이런 현상이 벌어지는지는 명확하다.

믿기지 않을 정도로 허술한 원자력발전소의 보안실태, 무능하기 짝이 없는 기업의 보안시스템, 개념조차 없는 국가 사이버전쟁에 대한 문제가 부각되는 것보다는 북한이라는 존재를 부각시키는 게 더 간편하기 때문이 아닐까? 북한의 사이버전쟁 수행 능력이 그처럼 가공할 만한 것이라면 왜 우리 기업이나 정부는 이처럼 허술한지에 대해서도 마땅히 해명이 있어야 한다. 그러나 북한의 해킹 능력을 필요 이상으로 더 부풀림으로써 우리의 보안 능력에 대한 문제를 가리는 수준까지 나아가는 것이라면, 이는 매우 정치적인 의도가 내포되어 있다고밖에 볼 수 없다.

이런 북한 때리기는 앞으로 전개될 사이버전쟁에서 매우 심각한 인식의 혼란을 준다. 우선 사이버공간에서는 우리가 알고 있던 적과 동지의 개념이 명확하지 않다. 어떤 사이버공격 세력이 마음껏 범죄를 저질러도 언제든지 그 누명을 뒤집어쓸 북한이라는 알맞은 존재가 있기 때문에 범죄가 더 확산될 가능성이 크다. 예컨대 소니사 해킹이 북한이 아니라 해직된 직원들 소행이라면(미국의 민간 사이버보안업체 '노스'는 소니의 해고에 불만을 품은 전직 직원들과 관련 있을 것이라는 조사결과를 미국 연방수사국에 전달했다), 한국수력원자력 해커가 한국수력원자력 퇴직자와 관계된 세력이라면, 그들에게는 북한이 누명을 다 뒤집어쓰는 것보다 행복한 결말이 어디 있겠는가?

사이버전쟁은 정치전쟁이다

북한이 배후에 있다고 해도 마찬가지다. 북한의 사이버 공작원이 직접 해킹을 주도한 것이 아니라 외국의 해커를 고용해서 공격을 했다면 우리가 북한의 사이버전쟁 능력을 거론하는 것 자체가 무의미해진다. 북한으로서는 단돈 몇 푼이면 가능한 해킹을 왜 대규모 정부 인력을 동원해 위험을 무릅쓰고 감행한다는 것인지, 이 역시 사이버전쟁의 속성에 맞지 않는다. 사이버전쟁은 철저하게 조직되지 않은 개인들이어야 한다.

이런 측면에서 현재 국방부 장관 직속으로 편재된 사이버사령부도 마찬가지다. 이런 식의 정규 조직은 대통령 선거에서 정치 댓글을 달기에는 딱 알맞은 조직이다. 자유로운 정신과 활동에 구애를 받지 않는 창의적 개인들이 수행하는 사이버전쟁의 취지에는 맞지 않는 무능력한 조직으로 전락할 수밖에 없다. 국방부의 사이버전쟁 전문가 교육과 양성, 활용 체계는 사이버전쟁이라는 속성과 동떨어진 재래식 전쟁 수행 체계에 가깝다고 할 것이고, 한정된 영역의 관리업무 외에는 그 어떤 전문성도 발휘하기 어려운 구조다.

이런 이해되지 않는 현상을 통해 한반도에서 벌어지는 사이버전쟁의 또 다른 특징이 드러난다. 그것은 바로 정치전쟁이다. 무엇을 파괴하고 학살하는 전쟁을 수행하기에는 너무 위험부담이 높은 한반도에서 이를 대체하는 수단으로 사이버전쟁이 '개발'된 것이다. 이는 다른 의미로 서로 적대시하는 남북한 정권이 실제 전쟁이 아닌 가상전쟁을 통해 전쟁 에너지를 고양하고 소진시키는 실제 전쟁의 대체품이기도 하고 일종의 놀이도 되며 국방예산을 증액하기 위한 명분도 된다. 이 점에서 사이버전쟁은 실제 전쟁의 이미지를 가상공간에서 재현하는 일종의 '콜로세움'이라고도 할 수 있다. 이것이 하나의 문화현상으로 지속되기 위해서는 항상 적당한 수준의 사이버공격과 적당한 피해가 필요하다. 그것을 지금 북한이 충족시켜주고 있을지도 모른다.

대한민국 파멸 시나리오

"방공망이 뚫렸다"

실시간 영상을 전송하지도 못하고 제대로 날지도 못해 떨어진 작은 비행체 3대가 대한민국을 공황 상태로 몰아넣었다. 애초 이 무인기가 발견된 2014년 3월 말에 군 정보기관은 "대공 용의점이 발견되지 않았다"며 그 심각성을 인정하지 않았다. 그러나 보수신문과 종합편성채널 등 보수언론은 지속적으로 이 조잡한 무인기를 생화학 무기를 탑재한 대량살상무기로, 청와대와 정부종합청사를 공격하는 자폭기로, 원자력발전소를 위협하는 가공할 무기로 부각시키며 한국 안보의 새로운 위협으로 몰아붙였다.

평택 미군기지와 계룡대의 육해공군 본부도 북한의 초정밀 타격에 정확히 조준되어 있는 것으로 이미지화되었다. 어떤 상식과 합리성도 통하지 않을 것 같은 북한은 앉아서 얼마든지 대한민국 전역에 치명적 위협을 가할 수 있는 절대 강자로 또다시 부각되었다. 상상력의 공장에서 대한민국 멸망의 이미지는 끊임없이 대량생산되었다.

2014년 4월 7일에 박근혜 대통령이 "군의 방공망과 정찰 체계에 문제가 있다"며 대책을 촉구하기에 이르렀다. 이어 김관진 국방부 장관도 4월 9일 국회에서 "(북한이 우리의) 취약점을 매우 교묘히 이용해서 후방지역까지 침투를 시켰다. 그렇기 때문에 이것도 군사적으로 보면 하나의 기습이라고 볼 수 있다"며 문제의 심각성을 지적하고 나섰다. 그러나 북한의 무인기가 우리에게 얼마나 위협적인지, 과연 이것이 군사적 기습으로 평가할 만한지에 대한 논리적 접근은 생략되었다. 북한이 보낸 무인기가 맞는지에 대한 엄밀한 검증과 더불어 북한의 무인기라도 이것이 위협적인지를 판단하는 다음과 같은 분석이 있어야 했다.

첫째는 무인기를 통제하는 북한의 지휘통제 시스템이다. 북한이 무인기를 공격작전에 활용할 수 있는 주파수와 통신 체계, 좌표 유도 체계가 준비되어 있느냐의 문제다. 둘째는 무인기의 연료 탑재량이다. 소형 무인기라면 당연히 연료의 한계로 인해 항속거리가 제한되는데, 외수된 무인기는 3~4리터로 제한된다. 셋째는 무장 탑재 능력이다. 군 당국 발표대로라도 3~4킬로그램을 넘지 않을 것으로 보이는 무장 능력은 수십, 수백 킬로그램을 탑재할 수 있는 대포와 미사일에 견주기조차 어렵다. 게다가 무장을 늘리면 연료량도 줄어들고, 비행제어에 필요한 유도장치도 제대로 장착할 수 없다.

이를 종합적으로 분석하면 북한제로 추정되는 이 무인기에 대한 북한의 의도, 운용 능력, 위협의 정도를 모두 평가할 수 있다. 이를 근거로 1990년대부터 무인기를 개발했다는 북한의 수준이 이 정도라면 우리는 오히려 여유를 가질 만도 했다. 그러나 "방공망이 뚫렸다"는 사실 하나만 부각시켜 영공 방위에 심각한 위기가 조성된 것처럼 사태를 과장하는 것은 난센스다. 이런 식이라면 북한에서 풍선만 날려 보내도 낙하산 부대에 영공이 뚫린 것이나 다름없이 호들갑을 떨지 말란 법이 없다. 실제로 2010년 6월에 경기도의 한 유치원 운동회에서 날려 보낸 풍선 수백 개가 밤에 다시 떨어지자 군은 북한의 낙하산 부대가 침투한 것으로 오인하고 출동한 전례가 있다.

'만들어진 공포'에서 시작된 안보 과잉의 해프닝은 계속 이어진다. 전 세계 어떤 방공망이 이렇게 저고도로 침투하는 무인기를 물샐틈없이 방어할 수 있는 것인지, 그 실효성도 의문이지만 군은 벌써 설익은 대책을 서둘러 내놓았다. 저고도 탐지 레이더를 해외에서 구매하고 요격 체계도 강화한다는 것이다. 국방부 산하 국방과학연구소ADD와 국내 방위산업체들은 이미 육군의 저고도 방어를 위한 국지방공레이더를 개발하고 있다. 이 레이더는 북한의 소형 무인기를 탐지하는 군의 작전요구성능ROC을 반영하고 있지 않다. 따라서 이 레이더와 별도로 고성능의 레이더를 긴급히 해외에서 구매하게 되면 사업의 중복과 예산 낭비는 불가피해진다. 벌써부터 이 기회를 노려 이스라엘과 영국의 무기 중개상이 국방부를 공략하고 있다는 소문이 돌고 있다. 보수언론은 하루속히 해외 구매를 하도록 압박을 넣고 있고, 정부는 이미 긴급예산까지 편성했다.

북한발 공포를 생산하는 매카시즘

어떤 레이더라도 사각지대가 많은 산악지형의 한반도에서는 소형 무인기를 방어하는 데 충분치 않다. 그것은 물리적으로 불가능하다. 그렇다면 소리로 듣고 무인기를 탐지하는 청음부대나 육안으로 감시하는 견시부대를 추가로 투입해야 할 상황이다. 왜냐하면 무인기를 '심각한 위협'이라고 규정했기 때문이다. 무인기 소동이 있자 국방부는 전군 주요 지휘관회의를 개최해 "단기 및 중기적으로 (우리 군의) 방공망을 (북한의) 공격용(무인기)에 대비"한다는 국방부 장관 지침도 공개했다. 이어 우리 군이 보유한 송골매Q-101와 곧 배치될 예정인 리모아이RemoEye −006

도 언론에 전격적으로 공개되었다.

더불어 "주민 홍보와 신고망 재정비 등 민관군 통합방위 차원에서 대비태세를 발전시킨다"는 방침도 수립 중에 있다. 주민이 간첩이나 간첩선을 신고하면 지급되는 포상금을 무인기 신고에도 적용할 것이라는 보도도 나왔다. 이 때문인지 어딘가에 추락해 있을지도 모를 무인기를 찾기 위해 주말의 등산객이 대폭 늘어날 것으로 점쳐지고 있다. 산삼을 캐는 심마니가 무인기를 발견했다는 사실이 알려지면서, 이제 북한의 무인기는 횡재를 할 수 있는 좋은 기회로 인식되기도 했다. 당장 "무인기를 보았다"는 주민 신고가 폭주했다.

아프리카의 물도 못 먹는 나라에서도 운용하는 수준의 저급한 무인기가 발견되었을 무렵, 이것이 한국의 국방정책을 바꿀 정도의 중대한 사태로 발전하리라고는 전혀 믿기지 않았다. 북한제가 사실이라면 자수 추락하는 무인기의 결함을 보완하지도 않은 채 마구 이를 날려 보내는 북한의 행태는 무모하다 못해 안쓰러울 정도다. 이것은 북한의 군사 조직 내에서 "무인기를 적극 활용하라"는 김정은 위원장의 지시를 맹목적으로 추종하는 관료주의의 병폐일 수도 있다. 북한발 공포를 생산하는 매카시즘이 완강한 한국 사회에 이러한 무모한 북한의 무인기야말로 좋은 먹잇감이었다. 여기에 우물쭈물하면서 무인기 문제를 얼버무린 군 당국의 석연치 않은 처사까지 발견되자 더욱 기세등등해진 여론몰이는 자기 통제력을 잃었고, 자기 파괴적인 양상으로 전개되기 시작했다. 이 무인기가 대한민국을 파멸로 이끌 수 있는 엄청난 위력의 새로운 상징으로 돌변한 것이다.

김정은 위원장이 2013년 3월에 "현대전에 무인기를 적극 활용하라"는 지침을 내렸다는 사실, 9~10월 북한에서 무인기를 운용하는 조직이 단일하게 통합되면서 각양각색의 무인기에 단일한 도색과 일련번호가 매겨졌다는 사실, 수시로 무인기 출몰의 징후가 발견되었음에도 군 지휘부가 이를 묵살했다는 점 등이 지적된 정보기관의 보고서가 4월 초에 청와대로 올라갔다. 청와대는 천안함 사건처럼 무언가 우리의 직관과 상식을 초월한 중대한 사건이 벌어지고 있다는 새로운 불안과 공포에 휩싸였다. 그것이 강도 높은 질책으로 국방부에 되돌아오면서 이제 무인기가 위협인지 아닌지에 대한 합리적인 분석은 뒷전으로 밀려나고 군 조직은 이 문제에 대해 강력한 대책을 내놓아야 한다는 압박에 내몰렸다.

한편 군 조직 내부에서는 "2013년에 무인기 문제를 보고했다"는 정보 분야의 실무진과 "그런 보고를 받은 적 없다"는 작전 분야의 고위 장교들 간에도 갈등과 앙금의 조짐도 나타난다. 물론 북한의 무인기는 우리가 상당한 주의를 기울여야 할 위협임에는 틀림없다. 그러나 그것은 충분한 분석과 판단을 통해 위협으로 인식되어야 한다. '만들어진 공포'는 합리적 이성을 마비시키고 국방정책을 붕괴시킨다.

무인기에 대한 한국 사회의 소동이 북한에는 우리의 취약성을 고스란히 노출시키는 단계에 이르렀다. 로널드 레이건 대통령 시절이던 1980년대에 미국은 단종할 것으로 예상되던 B-1을 개량한 B-1b를 대량생산한다고 발표했다. 고고도에서 핵을 투하하는 폭격기는 소련의 방공망에 일찍 탐지되기 때문에 저고도로 침투하는 새로운 폭격기를 배치하겠다는 의미였다. 그러자 공포에 질린 소련은 핵심 시설과 구역에 저고도 방공망을 배치하기 시작했다. 훗날 냉전이 종식되고 분석가들은 군비경쟁에서 소련이 패배한 이유가 당시 소련이 엉뚱하게 저고도 방어망에 막대한 군비를 지출한 것을 지목했다. 지금 국방부가 저고도 방공망 강화를 외치는 것과 비슷한 모양새다. 이렇게 한국의 국방정책이 흔들린다면 북한은 앞으로도 가끔 무인기나 그 밖의 새로운 것을 남한에 툭툭 떨어뜨려줌으로써 우리에게 상당한 혼란을 조성할 수 있다.

공포는 안보를 잠식한다

무인기 소동은 단순히 한국의 국내 정치를 넘어 한반도 진쟁에 대한 인식에 무언가 본질적인 변화가 나타나고 있다는 점을 드러낸다. 남북한 정부에 과거의 전쟁 인식은 '방어 우위'에 입각한 전쟁관이었다. 이것은 군사사상가인 카를 폰 클라우제비츠 이래 "공자功者는 방자防者의 3배 전력을 투입해야 한다"는 믿음에 바탕을 두고 있었다. 상대방을 정복하고 지배하는 비용이 너무 과다하기 때문에 우리 영토를 잘 지키고 방어하는 것이 훨씬 저렴하고 안전하다는 전쟁관이다. 그런데 이제는 긴 사정거리의 타격 무기와 민간기술만 활용하면 얼마든지 공격용 무기로 활용할 수 있는 저렴한 무인기, 로봇, 인터넷이 활성화되는 군사기술의 혁신이 도래했다.

그 결과 방어보다는 공격 비용이 훨씬 저렴해지는 '공격 우위'로 전쟁관이 변화하고 있다. 방어보다 적은 비용으로 공격을 할 수 있다면 혁신적이고 공세적인 정책으로 상대를 굴복시키는 게 효과적이라는 인식이다. 북한에서 흘러나온 '2015년 통일대전', '우리식 전면전 준비 완료' 등이나 남한에서 천명되고 있는 '능동적 억제 전략'과 같은 언급들은 바로 그러한 공격적 전쟁관의 산물이다. 방자가 아니라 공자로서 주도권을 추구하는 명확한 인식이 정립된 것이다.

이런 전쟁관이 남북한 정부 양측에 똑같이 적용되면서 상대방의 군사위협으로 인한 안보 문제에 국가적 불안과 스트레스가 가중되기 시작했고, 그만큼 한반도에 군사적 긴장의 요인이 증가했다. 무언가 조금만 새로운 위협이 발견되기만 하면, 이것은 곧 상대방이 우리에 대한 공격의 신호로 인식하게 되는데, 그것이 무인기 소동의 본질이라고도

할 수 있다.

공포를 세어할 수 없는 집단적 통제 불능은 매우 치명적이다. 오직 "북한의 무인기가 위협이냐, 아니냐"는 질문을 통해 "위협이 아니다"라는 답변을 스스로 봉쇄하게 된다. 이렇게 따지면 북한의 다 망가진 고물 전차 하나, 심지어 몽둥이 하나도 위협이라면 위협이다. 군사적 관점에서는 북한에 존재하는 모든 것, 즉 영토·자원·인구 등 모든 게 위협이기 때문이다. 정확한 질문이라면 "다른 기존의 위협, 예컨대 대포나 미사일과 비교해 무인기는 얼마나 위협적인가?"라고 질문해야 한다. 또한 그런 위협이 가해질 개연성이 있는지, 그것이 과연 합리적인지를 질문해야 한다. 그렇게 해야 이것이 대비해야 할 사안인지, 얼마나 급하고 중요한 것인지가 평가된다.

여러 위협을 비교해서 그 상대적인 가치를 평가하고 우선순위를 정하는 게 국방정책인데, 어찌된 일인지 이 질문은 생략된다. 공포를 조장하는 여론이 합리적인 국방정책을 잠식해버렸기 때문이다. 이런 식으로 한국의 국방정책을 흔들어댈 수단이 북한에는 무한대로 있다. 심지어 북한 여객기는 더 큰 위협이다. 민간기라고 우리가 방심하는 허점을 이용해 대량살상무기를 가득 실은 여객기를 한국의 고층 빌딩에 충돌시키면 상상을 초월하는 피해를 입기 때문이다. 이렇게 되면 도대체 북한에 존재하는 것 중에 위협이 아닌 것이 없다.

이런 여론몰이의 가장 큰 폐해는 북한의 위협을 곧이곧대로, 더 부풀려서 신뢰한다는 데 있다. 상대방의 위협적인 언사言辭와 공격 무기를 대폭 신뢰하기 때문에 이것이 상대방에게 상당한 전략적 이점을 가져다준다. 군사적 관점에서는 남북한은 서로를 너무 신뢰한다. 그러므로 한반도에는 별도의 '한반도 신뢰 프로세스'가 필요 없다. 너무나 잘 구축된 신뢰가 있기 때문에 구태여 새로운 무엇을 만들 필요가 없지 않은가? 그것보다 지금 필요한 것은 상대방의 위협에 대한 '의심'이다. 이것이 정말로 위협적인지, 의심하는 가운데 체계적이고 합리적인 국방정책의 여지가 창출될 것이다.

벼랑 끝에서 평화의 빛줄기를 찾을 것인가?

'퍼주는 전략'과 '기다리는 전략'

2016년 1월에 북한의 4차 핵실험이 일어났다. 그동안 북한이 국제사회의 우려에도 벼랑 끝으로 치닫는 파국을 선택할지, 아니면 국제사회의 안내에 따라 벼랑 옆의 완만한 언덕으로 이동해서 흥정을 시도할지 알수 없다는 시각이 일반적이었다. 설령 미국과 중국이 북한을 압박해 핵실험을 저지했더라도 장기적으로 북한의 핵무장을 지지하기 어렵다는 비관적 인식이 확산되었다. 북한 핵 문제에 대한 성과를 내지 못한 미국은 "기다리는 게 상책"이라는 '전략적 인내'를 표방하고 있으나, 이것은 북한에 대한 아무런 집중력도 발휘하지 못하는 무정책의 다른 이름이다.

사실 북한 핵 문제의 본질, 즉 원형prototype은 안보 문제다. 중국은 1970년대 미국과 국교를 수립해서 안보 문제를 관리할 수 있는 상황이 되어서야 1980년대에 개혁개방으로 나아갈 수 있었다. 베트남 또한 1990년대에 미국과 관계를 개선하고 비로소 국제사회에서 번영의 꿈을 가꿀 수 있었다. 국가의 생존이 불안한 상황에서 어떤 국가가 개혁개방을 이루고 평화공존의 국제질서에 참여할 수 있을 것인가? 물론 이런 변화도 리비아의 사례처럼 실패할 수 있다. 리비아는 미국에서 안보를 보장받고도 국제사회에 제대로 착륙하지 못하고 내부에서 붕괴되었다. 북한 핵 문제가 태동한 1980년대 말부터 지금까지 북한은 핵으로 자신의 안보 문제를 해결하고자 하는 데 그 핵심 목표를 두고 있음이 분명하다.

그러나 진보 정권의 '퍼주는 전략'이나 보수 정권의 '기다리는 전략' 어느 것도 북한의 안보 문제가 핵심이라는 점을 제대로 인식하지 않았다. 두 전략의 공통점은 북한의 핵 개발을 포기하는 대가를 경제적으로 지불하되, 진보 정권은 미리 경제지원으로 관계를 증진한다는 점에서 선불제이고, 보수 정권은 핵 포기를 하면 그때 지원한다는 후불제다. 국가안보전략연구원의 조성렬 박사는 2012년 대선 전에 펴낸 『뉴 한반도 비전』에서 선불제든 후불제든 '경제와 안보의 교환'이라는 접근법으로 안보 문제의 본질에서 벗어났다는 점에서 한계가 있다고 말했다. 북한 핵 문제의 요체는 '경제와 안보의 교환'이 아닌 '포괄적 안보와 안보의 교환'이라고 주장했다.

2015년 연세대학교 부승찬 박사는 「북한과 이스라엘의 생존 전략: 포위심성siege mentality의 적용」이라는 논문에서 북한은 주변국에 포위되어 있다는 '포위심성'으로 국가안보전략이 특징 지워진다고 주장했다. 북한은 중동 3억 인구의 이슬람에 포위된 이스라엘과 유사하다. 이스라엘과 마찬가지로 북한은 핵을 개발하고 유사시 선제공격의 자유를 확보하려는 '행동자유의 원칙'을 지향한다. 이런 북한에는 강경한 압박정책이냐, 유화정책이냐를 떠나 그 포위심성이 약화되도록 하는 것이 한국 안보에 가장 유리한 방책이다. 우리가 북한과 똑같이 선제공격 전략을 채택해 북한을 압박하면 북한은 더욱 이에 반발하는 상황, 즉 미국 국제정치학자인 로버트 지비스Robert Jervis가 말하는 '안보 딜레마 security dilemma'가 기다린다.

순수하게 군사적으로만 보면 우리가 안보를 증진하기 위해서는 핵을 개발하는 북한에 대해 선제공격을 가능케 하는 공격무기 증강이 불가피하다. 핵과 미사일로 상징되는 현대 전쟁은 기존의 방어 위주의 군사 전략을 무용지물로 만들고 더 공격적인 무기가 효과적이라는 인식으로 전환시킨다. 그런데 이것이 북한으로 하여금 자신들에 대한 공격 신호로 인식하고 더 공격적인 무기 증강을 도모하게 한다.

미국은 2010년에 작성된 '핵태세 검토 보고서'에서 제시된 과제, 곧 한반도에 비상사태가 발생할 때 얼마나 신속히 핵우산을 제공할 수 있느냐는 전략 과제의 수행 능력을 점검하게 되었다. 미국 전략사령부의 '개념계획 8022'가 바로 그것으로, 그 핵심은 "한반도 유사시 8시간 이내 핵 옵션 수행"이다. 이 교리는 조지 W. 부시 행정부 시절에 도널드 럼스펠드Donald Rumsfeld 국방부 장관에 의해 구체화되었다. 럼스펠드 장관은 2006년 여름에 북한과 이란을 겨냥해 '잠정적인 전 세계 공격 명령Interim Global Strike Alert Order(일명 글로벌 스트라이크)'이란 이름의 극비 선제공격 계획을 승인했다.

2개월 뒤, 브루스 칼슨Bruce Carlson 제8공군 사령관은 인터뷰를 통해 미국 전략사령부의 지시에 따라 B-2와 B-52 폭격기가 항상 비상 대기하고 있으며 전 세계 어디든지 반나절 안에 공습할 수 있다고 밝혔다. 미국이 최근 한반도에 전개하고 있는 핵심 무기들은 바로 한반도 핵우산의 효용성을 검증하고 북한에 이를 확신시키려고 한다. 이것이 미국이 갖고 있는 '개념계획 8022'의 핵심이다.

"4축 이론이 군사계획에 반영되었다"

미국과 북한 사이에는 이제껏 볼 수 없었던 새로운 정치군사 게임이 진행 중이다. 과거에는 미국과 북한 중 어느 한쪽이 무력시위를 하면 상대방은 긴장해서 방어 태세를 취하는 것이 일반적이었다. 그러나 이제 북한과 미국이 서로의 군사 행동에 즉각 반응하면서 매우 신속하고 짜임새 있게 한반도 긴장을 고조시켰다. 이런 가상 전쟁이 지금 당장 전쟁을 경고하는 것은 아니라 할지라도 언젠가 먼 훗날 있을지도 모를 미래 전쟁의 이미지를 현재의 관점으로 재현하고 있다는 점에서 그 의미는 매우 크다. 지금까지 볼 수 없었던 북한의 새로운 한반도 전쟁 전략, 일명 '판갈이 전략'이라고도 하는 속전속결의 전쟁 전략이 구체적인 가능성으로 떠올랐다. '3일 전쟁 계획'이라고도 하고 '7일 전쟁 전략'이라고도 하며, 국방부가 '제4세대 전쟁'이라고도 부르는 새로운 통일대전의 시나리오다.

이에 대해 미국은 1시간 이내 전 세계 타격이라는 새로운 군사 교리를 선보이면서 한반도는 새로운 전쟁이 실험되는 교리의 전시장처럼 되어가고 있다. 새로운 전략과 전략, 개념과 개념이 충돌하는 새로운 양상의 한반도 전쟁 이미지가 떠올랐다. 이제껏 지상군에 대한 대규모 전면전의 이미지에만 고착되어왔던 근대의 전쟁 시대가 종말을 고하고 한 세대가 바뀐 새로운 현대전의 시대가 열린 것이다. 이렇게 미국 본토가 노골적으로 협박당하고 미국이 북한에 대해 '전략적 인내'라는 말을 계속 사용한다는 것은 난센스다.

2013년 1월 31일에 척 헤이글Chuck Hagel 미국 국방부 장관 지명자가 의회 청문회에서 "북한이 위협을 넘어섰다. 북한은 실질적인 핵 강국이며, 아주 예측 불가능하다"고 말한 데서 북한에 대한 새로운 위협 인식이 드러났다. 이렇게 되면 향후 미국은 어떤 행동을 취할까? 북한의 핵미사일이 발사되기 이전에 발사 징후를 탐지해 사전에 제압하거나, 발사 이후에 공중에서 요격하는 등 군사적 대응을 서두를 것이 확실시된다. 이런 군사적 대응은 언젠가 북한 체제 변환이나 정권 교체까지 나아가는 더 공격적이고 강압적인 정책으로 발전할 것이다. 이런 안보정책의 결과로 한반도 안보 상황은 더욱 악화된다.

한미 군부 강경파와 그 유사 세력은 북한 핵 문제의 본질이 안보 문제라는 점을 직시하고, 북한을 압박할수록 핵 위협이 커지는 안보 딜레마를 해소하는 것이 아니라 더욱 심화하는 것이 해결책이라고 믿는다. 이와 관련해서 한국 사회에서도 북한에 대한 강도 높은 군사적 압박을 주장하는 목소리에 힘이 실리고 있다. 2015년 8월 북한의 지뢰도발 사건 이후 국방부 고위 관계자는 핵미사일 발사 징후가 보이면 김정은 위원장을 체서만녀는 티격 이론을 추가한 소위 '4축 이론'을 제시했다.

그는 "이미 4축 이론이 군사계획에 반영되었다"며 북한을 압박했다. 그런데 이 말은 2015년 10월 국회 국방위원회에서 '작전계획 5015' 공개 논란이 벌어지면서 거짓으로 판명되었다. '작전계획 5015'에는 그와 같은 김정은 제거 계획이 포함되지 않았다는 점이 확인된 것이다. 우선 그런 작전을 수행할 수 있는 능력이 없다.

김관진 전 국방부 장관은 재임 기간 중에 '북한이 도발한다면'이라는 단서를 달기는 했지만, 북한의 도발 원점과 그 지휘세력까지 응징하고 보복한다는 소위 '적극적 억제 전략'을 표방했다. 그 전임 장관인 김태영 장관이 2010년 11월 연평도 포격 사건 당시 F-15K 전투기로 북한을 응징하지 못했는데, 그 원인이 항공작전은 유엔군사령관이 통제한다는 유엔군사령부 정전시 교전규칙 때문이었다는 것이 중론이다. 이후 부임한 김관진 장관은 법적·외교적·정치적 세야도 받지 않고 한국군 단독으로 북한에 대한 군사적 응징과 보복을 감행한다는 의미에서 '적극적 억제 전략'을 표방한 것이다.

이렇듯 공세적인 군사 행동은 북한의 안보 우려를 오히려 심화시킴으로써 북한을 끝내 항복시키겠다는 결의를 드러낸 것이고, 이는 안보 딜레마를 완화하는 것이 아니라 심화하는 방향으로 국면을 유도한다. 박근혜 대통령은 대통령 선거 당시부터 "북한 핵에 대해서는 억지력으로 대응하겠다"고 천명한 만큼 이런 군사주의자들의 의견을 이미 수용하고 있었다고 보아야 한다. 그렇다면 이런 공세적인 군사 행동은 효과가 있을까?

완전한 전쟁, 완전한 평화

실제로 전쟁이 일어날 것이라는 확신은 없지만, 설령 전쟁이 일어난다고 하더라도 북한 내 우호세력이 과연 누구인지, 북한 내부에서 유격전을 전개한다는 작전계획이 과연 우리 능력으로 가능한 것일까? 이에 대해 2015년 10월 국회 국정감사에서 특전사령관인 장경석 중장은 "북한 내부에 침투시킬 특수부대를 준비시켰다"고 하면서도 "문제는 특수부대를 북한에 침투하는 운송수단은 미군의 도움이 필요하다"며 한 발 물러서는 행태를 보였다. 우리의 C-130, CN-235 등 항공 수송수단으로 저고도 침투가 불가능하다는 이야기처럼 들린다. 그러나 이는 일종의 과시를 통한 심리전이다.

　우리는 미래 전쟁 양상을 정확히 예측할 수는 없다. 이미 우리는 북한에 대해 우리 능력 이상으로 갖은 압박을 구사했다. 이제 무엇을 더 압박한다고 해도 사태는 크게 달라질 것 같지는 않다. 그런 임계 상황에서 2015년 8월 25일 판문점 합의는 과거 군사적 긴장을 감수하는 치킨게임과 달리 먼저 대화를 빠져고 회피하면 지는 가가 되는 '역치킨

게임'이라는 새로운 양상을 선보였다. 대화를 포기하면 지는 자가 되는 이 이상한 게임의 결말은 조잡한 합의서 한 장이지만, 일단 군사적 긴장이 크게 완화되었다는 사실은 평가할 만하다. 이 합의 이후 전방에서는 북한군이 남한군을 자극하지 않으려고 조심하는 행태가 뚜렷하게 나타났다.

북한은 핵과 미사일을 개발한다는 것을 너무 많이 과시하고 공개해서 이제 새로울 것이 없다. 도대체 이 지구상에 동네방네 공개하고 떠벌리면서 핵을 개발하는 나라가 어디에 있는가? 진정으로 핵을 갖고 싶어 한다면 그렇게 까발려서 외국의 방해와 견제를 초래할 이유가 없다. 그런 점에 비추어본다면 북한은 핵 보유라는 군사적 목적 이외에 핵 개발 과정 자체를 상품화함으로써 무언가 다른 정치적 목적을 달성하려는 것처럼 보인다. 핵 개발 과정 자체가 북한에는 체제 유지를 위한 비즈니스가 된 것이다. 북한에 존재하는 핵은 왜 미국에 위협이 아니란 말인가? 믿지 않으려는 미국에 믿게 하려는 북한은 점점 더 공세적으로 변해갔다.

이런 정치군사 게임에 내포된 게임의 법칙이란 무엇일까? 지금 바로 전쟁을 하는 것이 아니라면 서로 상대방에게 무력시위를 전개하는 데는 일정한 패턴이나 원칙이 있는 것 아닐까? 사실 그러했다. 누구도 전쟁이 바로 일어날 것으로 믿지 않았다. 그러면 어떤 원인, 어떤 동기,

어떤 이유로 이런 식의 위기가 발생했느냐는 의문이 남는다. 첫째는 위신의 전쟁이다. 둘째는 위협의 신뢰성 경쟁이다. 셋째는 국력의 서열 경쟁이다. 넷째는 국가의 전쟁놀이, 또는 가상전쟁을 수행하는 이벤트라는 의미가 있다. 다섯째는 실제적 이익이다.

이런 게임의 법칙에도 가장 단순한 질문은 여전히 남는다. 한반도에 전쟁이 일어날 것인가? 많은 사람은 당시 전쟁의 가능성이 구체화되었다고 믿지만 나의 관점은 전혀 다르다. 전쟁을 하긴 무엇을 한단 말인가? 북한을 보라. 무슨 전쟁을 하는 지도자가 전쟁 위기 중에 매일 군부대를 방문하고 그 동선을 언론에 다 노출시키는가? 전쟁을 하려면 모든 주민에게 동원령을 내리고 물자를 집결시켜야 하는데 북한은 아예 그런 것도 없이 전쟁 위기를 즐기고 소비해버린다. 미국은 또 어떤가? 한바탕 전쟁 소동을 일으켜 방위산업체의 주가를 폭등시키고 국방비를 증액할 명분으로 활용한 다음에 그 단물을 다 빼먹자 갑자기 언제 그랬느냐는 것처럼 사태를 정리해버린다.

이렇게 보면 동북아시아는 국제사회의 전쟁 에너지를 발산하는 데 적절한 공포가 조성되는 일종의 극장, 즉 와다 하루키和田春樹가 말한 '극장 정치'가 이루어지는 곳이다. 분명한 것은 아무리 전쟁 위기가 고조되어도 남북한과 미국과 중국은 전쟁이 일어나지 않는다는 것을 이미 알고 있다. 예외가 있다면 일본이다. 일본은 북한의 미사일 위협만 제기되면 아예 기절을 한다. 아직까지 극장의 관객이 되지 못하고 안절부절못한다. 그러나 멀지 않은 시기에 일본도 전쟁 위기에 초연할 수 있는 방법을 곧 배우게 될 것이다. 형형색색의 교리와 첨단 무기 체계가 동원되면 보수신문과 종합편성채널을 비롯한 보수언론이 바빠진다. 여기에 얼치기 전문가들이 나와서 한바탕 북한을 혐오하는 발언을 잔뜩 쏟아내면 시청율도 올라가고 군비 증액도 가능해진다.

그 체제가 더 장기적으로 지속되면 긴장 속에서 분단이 영구화되는 상시 긴장구조가 굳어질 것임을 예감케 한다. 여기서 어떤 극적인 돌파구가 마련되느냐는 미지수다. 그러나 완전한 전쟁도, 완전한 평화도 이루어질 수 없는 운명 속에서 한반도는 국운이 융성하는 번영의 길로 나아갈 수 없는 처지인 것만은 분명하다. 오히려 이런 긴장이 체질화됨으로써 적대와 증오, 원한의 한 시대는 우리에게 자연스러운 자연의 한 법칙인 것처럼 계속 이어질 것이다.

제 2 장

누가 안보를
위협하는가?

'한국형 전투기 사업' 막전막후

왜 록히드마틴사의 F-35A가 선정되었는가?

브루나이에서 열린 '제2차 아세안 확대 국방장관회의ADMM-Plus'에 참석했던 김관신 국방부 장관이 척 헤이글 미국 국방부 장관과 만난 때는 2013년 8월 28일이었다. 언론은 이날 회담에 대해 양국 국방부 장관이 전작권 전환 시기의 재연기 문제를 논의했으나 일부 이견을 보인 것으로 보도했다. 이때는 미국 보잉사의 F-15SE가 차기 전두기F-X 사업의 가격 입찰에 단독으로 통과해 유력 후보 기종으로 사실상 굳어져가는 시점이었다.

　김관진 장관이 척 헤이글 장관을 만나던 그날 역대 공군 총장 15명이 이에 반대하며 "선정 작업을 다시 해야 한다"는 내용의 건의문을 청와대에 전달했다. 역대 총장들은 "8조 3,000억 원으로 사업비를 제한하지 말고 10조 원 이상으로 증액할 수 있는 길을 열어야 한다"는 주장까지 거침없이 내놓았다. 이에 대통령 국가안보자문단에 소속된 예비역 장성들까지 가세해 전방위적인 'F-15SE 흔들기'가 진행되자, 박근혜 대통령은 "왜 정부가 하는 일에 역대 공군 총장까지 나서서 비판하냐"고 역정을 냈다. 돈이 없는 박근혜 정부는 8조 3,000억 원의 사업비를 초과하는 전투기에 대해서는 "절대 수용할 수 없다"며 배수진을 치고 사업을 추진해왔기에 입찰 결과가 번복될 가능성은 거의 없었다.

그런데 9월이 되자 분위기는 더욱 이상해졌다. 8월에 미 국방부 장관이 직접 나서서 김관진 장관을 압박하고, 미 전직 국방부 장관 윌리엄 코언William Cohen이 록히드마틴의 고문사 대표로 전투기 판매에 개입하는 조짐이 보였다. 여기에 전직 미 국무부 차관보인 커트 캠벨Kurt Campbell까지 가세하면서 전투기 사업은 막바지에 이르러 안갯속으로 치닫기 시작했다. 우선 김관진 장관이 무언가 결단을 내리지 못하고 흔들리는 모습을 그대로 노출했다. 9월 13일에 박근혜 대통령은 방위사업청 업무를 보고받으면서 배석한 김관진 장관에게 "(차기 전투기는) 국가안보를 종합적으로 고려하여 방위사업추진위원회(방추위)에서 결정하라"고 말했다. 청와대는 돈줄만 쥐고 기종 결정에는 더는 관여하지 않을 테니 김관진 장관이 알아서 결정만 하라는 뜻으로 비쳤다.

9월 15일부터는 이용대 전력자원관리실장이 각 군 총장을 비롯해 방추위 위원들과 접촉을 추진한 정황도 속속 노출되기 시작했다. 차기 전투기의 최종 기종 결정을 하루 앞둔 9월 23일 저녁, 서울 남산의 하얏트호텔 1층 바에서는 미국의 보잉사 본사, 한국지사 관계자 5~6명 정도가 모여 술자리를 갖고 있었다. 다음날로 예정된 국방부 장관 주최의 방추위가 자사의 F-15SE로 기종 결정을 할 것이 확실시되었다. 지난 2년간의 전투기 경쟁에서 최종 승리자가 된 보잉은 이제 마지막 최종 선포식만을 남겨두고 서로의 노고를 평가하고 축하했다. 이들은 바로 그다음 날에 일어날 끔찍한 반전에 대해서는 꿈에도 생각하지 못한 채 달콤한 와인의 향기에 취해갔다.

그런데 이튿날인 오후 2시에 열린 김관진 장관 주재의 방추위 회의에서 "절대 없다"던 일이 일어났다. 방추위 회의에서 벌어진 장면은 눈과 귀를 의심케 했다. 통상 방추위 의결은 복수안을 비교해 표결로 결정하는 방식을 따른다. 예컨대 1안은 기종 결정, 2안은 연기, 3안은 부결과 같은 안을 놓고 최적의 안을 토론하고 다수결로 결정해야 한다. 방추위 회의는 김관진 장관을 의장으로 국방부 전력사원관리실장, 각 군 참모차장, 방위사업청장, 정당 추천 위원, 민간 전문가로 구성된다. 어찌된 영문인지 방추위 위원들은 사전에 예상이라도 했다는 듯 투표는 일

사천리로 진행되었다. 단 2시간 만에 결정이 끝나고 4시 30분에는 김민석 국방부 대변인이 기자실에서 발표문을 읽어 내려갔다. F-15SE로 최종 결정을 예상하고 기사를 준비하던 국방부 기자실은 발칵 뒤집혔다.

극히 일부 위원들은 결정이 늦춰질 경우 공군의 전투기 사업이 지연되는 데 이어 '한국형 전투기 사업'도 차질을 빚어 공군에 심각한 전력 공백이 초래된다고 주장했다. F-15SE 대신 아직 개발이 완료되지도 않은 록히드마틴사의 F-35A가 선정될 경우 가격, 성능, 기술 이전조건이 모두 불확실해진다. 부결 결정이 있고 난 뒤 12월에 국방부는 합동참모회의를 개최해 차기 전투기 요구 성능에 스텔스 기능을 추가해 사실상 F-35A를 단독 후보로 선정하도록 정책을 변경했다. 이 회의에서 미국 정부가 한국 정부에 전투기를 판매하는 정부거래방식FMS인 F-35A는 미국에서 한국형 전투기 사업에 필요한 핵심 기술 이전이 곤란하다는 점은 토론조차 되지 않았다. 묻지도 따지지도 않는 결정이다.

핵심 기술 이전 논의를 거부하다

2014년 5월 10일 오전 10시에 서머셋팰리스 호텔에서 청와대 주철기 외교안보수석 주최로 한국형 전투기 사업 대책회의가 열렸다. 공군, 방위사업청, 방위산업체, 민간 전문가, 전문 기자 등이 초청된 회의 서두에 주철기 외교안보수석은 "2013년에 박근혜 대통령이 차기 전투기 사업에 대한 역사적인 결단을 내렸다. 2014년은 한국형 전투기 사업에서 역사적 결단을 내릴 것이다"라며 비장한 어조로 말문을 열었다. 이 자리에서 한국형 전투기 사업 기술 이전에 대한 견해는 양분되었다. 공군 정책의 자문에 응하고 있는 A 교수는 "공동 개발 파트너로서 F-X 사업 수의계약 대상자 록히드마틴은 핵심 기술 이전 및 개발비 분담 협상에 난항이 예상된다"며, "미 정부의 수출승인E/L 불허품목인 전자식 레이더와 적외선표적추적장치, 광학영상추적장치 기술 이전에 문제가 발생할 것"이라고 상황을 정확히 예측했다.

이에 반해 역시 공군 정책 자문에 응한 다른 B 교수는 "미국은 기술 이전에 호의적"이라며 무난히 핵심 기술을 이전받을 것으로 낙관했다. 의견이 갈리자 회의는 아무런 성과도 내지 못하고 마무리되었다. 그해 최초로 한국형 전투기 사업의 체계개발 예산이 국방부 예산에 반영되는 시점에 공군이나 방위사업청, 방위산업체 관계자는 사업 차질을 두려워해 누구도 기술 이전 문제를 이야기하기를 꺼렸다. 무언가 '보이지 않는 손'이 F-35A 도입의 걸림돌을 차례로 제거해가고 F-35A의 문제점에 대해서는 침묵의 카르텔이 형성되도록 했다.

한국형 전투기 사업 대책회의 직후 공군, 방위사업청, 예전의 청와대 대책회의에 참여한 B 교수 등으로 구성된 차기 전투기 절충교역 3차

협상단이 미국으로 건너가 미 국방부 안보협력국DSCA과 미 공군 관계자들을 만났다. 여기서 우리 쪽이 강력하게 미 정부 수출승인 품목의 기술 이전을 요구하자 미국 쪽 관계자는 "한국이 무슨 전투기를 만들겠다는 거냐?"며 형상도 결정되지 않은 한국형 전투기에 기술 이전을 논의한다는 것 자체를 거부했다. 더불어 "핵심 기술 이전은 협상의 대상이 될 수 없으며, 만일 한국이 기술이 필요하면 미국에서 별도로 구매해야 하고, 구매를 하더라도 한국형 전투기 체계 종합은 기술을 제공하는 미국 업체가 해야 한다"며 우리의 전투기 개발을 전면 부정하는 발언을 서슴지 않았다.

　미국 정부에서 문전박대당하는 동안 사업 협력자인 록히드마틴은 우리 쪽의 한국형 전투기 사업 공동참여 제안에 대해 이런저런 핑계를 대며 참여를 회피했다. 미국 정부의 기술수출 승인이 거부되고 록히드마틴이 한국형 전투기 사업 참여 결정도 내리지 않은 상태에서 방위사업청은 미국과 F-35A 40대 구매의향서LoA를 체결해 미국에 추가 요구를 할 수 있는 협상의 여지마저 포기해버렸다. 다만 "구매의향서에 미국은 360명의 기술 인력과 F-16 최신기술 자료를 지원하고 21종의 핵심 기술 이전을 지원한다"고 보장해주었기 때문에 "기술 이전에 문제가 없다"는 말만 언론과 국회에 앵무새처럼 되풀이했다. 여기에다 개발비의 20퍼센트를 부담하는 조건으로 인도네시아가 공동개발자로 참여하는 사업협력협정Project Agreement을 체결하는 또 하나의 무리수를 두었다. 핵심 기술 이전이 불확실하고 미국 업체의 참여가 불확실한 상황에서 사업협력협정은 아무런 의미가 없다.

전투기 없는 공군

방위사업청과 공군은 미국에서 기술 이전이 사실상 어렵다는 점을 인식하고도 2014년 9월에 F-35A 40대 구매계약을 미국과 체결했다. 그러나 이 계약마저도 전투기 가격, 도입 시기, 기술 이전 의무조항에 대해서 불확실하다. 실제로 F-35A 개발이 계속 지연되고 있어 현재로서는 어떤 것도 확실하다고 말할 수 없는 상황이다. 실체가 없는 F-35A 도입에다가 연쇄적으로 한국형 전투기 사업의 위험이 걷잡을 수 없이 증폭되는 지금의 상황은 공군 창설 이래 최대 위기라고 해도 과언이 아니다.

공군 출신 이희우 예비역 준장은 "지금 공군에는 쓰나미형 위기가 몰려오고 있다"고 진단했다. 이러는 동안 국방부에는 한국형 전투기 사업을 전담하는 사업단 자체가 존재하지 않으며 방위사업청에 모든 사업관리 책임을 미루어왔다. 방위사업청은 구매의향서와 계약을 체결한 만큼 기술 이전 문제는 "업체가 알아서 할 사안"이라며 한국형 전투기

사업의 주사업자인 한국항공우주산업에 그 책임을 또 미루었다. 개발에 8조 3,000억 원, 양산에 10조 원이 소요되는 한국형 전투기 개발 사업은 주체가 누구인지도 헷갈리는 상황이다. 청와대는 이 모든 과정을 전혀 몰랐다는 듯이, 기술 이전이 불가능하다는 사실이 2015년 10월 국회 국정감사에서 불거지자 그제야 진상 파악에 나서는 형국이었다.

묻지도 따지지도 않고 미국의 미완성 전투기 도입을 결정하고 사업관리에 부실이 누적되는 동안 2025년까지 차기 전투기 도입과 한국형 전투기 생산은 모두가 불확실한 도박으로 전락하고 말았다. 여기에다 더 이해할 수 없는 것은 방위사업청이 기존의 사업계획을 모두 고수하는 가운데 필요한 핵심 기술을 유럽 등 제3국에서 도입하겠다는 기상천외한 대안을 또다시 제시한다는 데 있다. 뿌리부터 재검토해야 할 전투기 도입 사업을 그대로 놔두고 가지만 치겠다는 발상이다. 미국의 지원으로 만들어진 한국형 고등훈련기T-50를 기본 플랫폼으로 해서 발전시키는 전투기에 유럽 기술을 적용한다는 것은 전례가 없는 불확실한 도박이다. 돈이 얼마나 들지도 전혀 알 수가 없다. 1999년에 김대중 대통령이 천명한 한국형 전투기 개발 사업이 16년 만에 좌초될 만한 위기다.

차기 전투기와 한국형 전투기 사업이 흔들려 적기에 전투기가 공급되지 못하며, 2020년대 중반에 공군의 전투기 보유 대수는 현재 430

대에서 그 절반 수준으로 떨어진다. '전투기 없는 공군'은 한국 안보의 근간을 뒤흔들 대형 재난이라고 해도 과언이 아니다. 지금이라도 기존의 전투기 사업을 전면 재검토해 새로운 사업의 대안을 내놓아도 시원찮을 판에 기존의 사업에 대한 기득권에 연연하다가는 공멸로 가는 지름길이 될 수 있다. 이 재앙은 2013년 8월 말부터 9월 중순 사이에 진행된 무언가 석연치 않은 사업 부결에서 시작되었다. 이런 비극적 상황이 과연 어떤 결과를 초래할지 그 궁금증이 더해지고 있다.

'괴물 전투기'는 철공소에서 만드는가?

청와대의 엉터리 KF-X 사업 결정

2015년 10월 27일 청와대에서 방위사업청(방사청)과 국방과학연구소(국과연)가 박근혜 대통령에게 '한국형 전투기 사업KF-X'에 대한 종합대책을 보고했다. 1시간 정도 이어진 이 보고회의는 여러모로 흥미롭다. 우선 장명진 방위사업청장은 박근혜 대통령과 서강대학교 전자공학과 70학번 동기동창생 출신이다. 국과연에서 연구원과 본부장, 연구위원으로 잔뼈가 굵은 장명진 청장은 자신의 친정親庭을 절대 배신할 수 없다. 정홍용 국방과학연구소장은 합동참모본부에서 본부장을 역임한 3성 장고 출신으로 무기 체계에 관한 한 최고 전문가다. 공교롭게 한민구 국방부 장관과는 고등학교와 육군사관학교 모두 2년 후배다. 또한 김관진 청와대 국가안보실장이 합참의장으로 재직한 참여정부 말기에 정홍용 소장은 합참 전략기획본부에서 함께 근무한 경력이 있는 육군 사관학교 5년 후배다.

정홍용 소장은 어떻게든 한국형 전투기 사업에서 국과연의 역할을 높여야 한다. 업체가 전투기 체계 개발을 주도하지만, 국과연 역시 능동위상배열AESA 레이더 개발 사업을 별도 사업으로 만들어 주도해야 한다. 장명진 청장과 정홍용 소장에게 미국이 첨단 레이더에 대한 핵심 기술 이전을 하지 않는 것은 한국형 전투기 사업의 위기가 아니다. 오히려 국과연이 국산 레이더 개발 사업을 움켜쥘 수 있는 절호의 기회일 수도 있다. 박근혜 대통령은 "미국이 이전하지 않는 핵심 기술을 국내에서 개발하겠다"는 이들의 보고를 받고 "한국형 전투기 개발을 계획대로 추진하라"고 지시했다.

최근 문제가 된 전투기 핵심 기술의 국산화 여부를 살펴보려면, 우리의 기술적 준비 상태와 재정 여건까지 객관적으로 검증하고 판단할 수 있는 제3의 전문기관의 보고를 받고 결정을 내려야 한다. 사업 타당성을 검토할 당시에 전자식 레이더(AESA 레이더)를 국내에서 개발하는 것이 "타당성이 없다"고 판단한 기관은 한국국방연구원KIDA과 한국과학기술기획평가원KISTEP이다. 레이더를 국내에서 개발하겠다면 당연히 이들 기관의 의견도 참고했어야 한다. 또한 국내 개발이 추진될 경우 추가될 상당한 비용에 대해서는 기획재정부가 이미 검토한 적이 있기 때문에 그 의견도 청취했어야 한다.

국과연이 아무리 레이더를 개발한다 하더라도 그것은 어디까지나 전투기의 구성품에 불과하다. 정작 전투기 체계 종합의 당사자인 한국항공우주산업이 국과연이 개발하는 레이더에 찬성하는지도 매우 중요하게 고려했어야 할 사안이다. 국과연이야 자체 계획대로 레이더 개발만 하면 그만이지만, 나중에 이 레이더를 항공기에 통합하는 체계 종합 업체가 어려움에 직면하게 된다면 그 책임은 누가 질 것인가? 전투기 전체 체계를 종합하는 당사자는 의견을 개진할 수 없고 일부 구성품만 만드는 기관만 의견을 개진하는 희한한 풍경이다.

이렇듯 이해관계자들이 다 모여서 합리적인 대안을 두고 의견을 조정하는 모습이 아니라, 정부가 결정을 독점하고 밀어붙이는 행태는 전투기에 대한 이해 부족에서 기인한다. 전투기는 돈과 시간을 주고 만들라고 하면 군말 없이 만드는 철공소의 기계와는 다르다. 전투기 개발에서 다양한 의견이 박근혜 대통령에게 전혀 보고되지 않고 이해당사자인 국과연 전직 연구위원과 현직 소장의 의견만 듣고 대통령이 초대형 국책사업에 대한 결정을 끝냈다는 것은 이 사업의 본질을 제대로 이해하지 못했기 때문이다.

허황된 '초현실적인 계획'

김관진 국가안보실장 역시 전투기를 철공소에서 만드는 것으로 아는 것처럼 보이는 기술의 문외한이다. 김관진 국가안보실장이 국회 운영위원회에 출석해 답변한 내용을 보면, 미국과의 기술 이전 협상에 대한 내용을 전혀 파악하지 못하고 있었을 뿐만 아니라, 국내에서 레이더와 적외선표적추적장치 등 핵심 장비를 개발하는 기술적 준비 정도에 대해서도 전혀 알지 못하고 있음이 분명하다. 2014년에 한국과학기술기획평가원이 주관한 항공전자장비에 대한 객관적 기술성숙도 평가 결과는 전자식 레이더에 대한 국내 기술 수준이 요구 수준의 14퍼센트에 불과해 체계 개발 가능성이 어렵다고 했다. 한편 사업 파트너인 미국의 록히드마틴사는 전자식 레이더 등 항공전자장비의 체계 통합을 담당하는 조건으로 한국항공우주산업과 함께 한국형 전투기에 대한 개발비 투자와 사업 참여를 고려하고 있었다.

그런데 국과연이 자체적으로 레이더를 개발하게 되면 록히드마틴은 "체계 종합이 어렵다"며 불참을 선언할 가능성도 있다. 록히드마틴이 불참할 경우 한국항공우주산업은 자체 기술력만으로 체계 종합은 어렵다고 보아야 한다. 록히드마틴이 참여하지 않으면 한국 정부의 사업비 부담은 1.9조 원이 추가로 소요되며, 전자식 레이더 개발에도 별도의 예산을 책정해야 한다. 사업비가 급속히 증가하면서 체계 종합 여부는 성공을 확신할 수 없다. 이런 상황이 초래되면 기획재정부는 당연히 사업을 재검토하자고 주장하고 나올 것이다. 이런 사정을 박근혜 대통령과 김관진 국가안보실장이 과연 알았는지도 의문이다.

그런 사정들을 고려하지 않고 국과연이라는 한 기관만의 의견을 고려해 박근혜 대통령이 결정한 이상, 앞으로 정부기관 어디에서도 대통령의 결정에 반하는 의견을 개진하기는 어렵다고 보아야 한다. 이미 한국형 전투기 체계 개발이 착수되어 앞으로 10년이라는 개발 시한까지 제시된 상황이지만, 전자식 레이더는 총 6단계 기술 수준 중에서 3~4단계 수준에 머물러 있다. 김관진 국가안보실장이 "필요한 기술의 90퍼센트를 확보했다"고 말한 것과 한참 동떨어진 실상이다.

여기서 전자식 레이더에 대한 약간의 이해가 필요하다. 기계식과 달리 전자식 레이더는 'TR 모듈Transmitter-Receiver Module'이라고 하는 수많은 겹눈이 박혀 있다. 이 모듈이 바로 전파를 수신하는 장치다. 국과연이 69억 원을 들여 개발한 반도체 송수신기는 256개의 모듈이 들어가 있고, 지상시험용은 500개가 들어가 있다. 이것이 항공기용 레이더가 되려면 1,000개의 모듈이 필요하며 지상용과 달리 소형화·경량화 과정을 거쳐야 한다. 이 단계는 기존의 지상용과 해상용 레이더와는 완선히 니른 차원인데다, 설령 소형화가 되었다 해도 그 기능이 조종사가 보는 하나의 화면에 다른 데이터와 함께 동시에 시현될 수 있는 체계 통합 과정을 거쳐야 한다.

여기서 가장 중요한 것은 레이더 장비 자체가 아니라 소프트웨어다. 지금 국과연이 확보했다고 하는 기술은 항공기에 필요한 공대공空對空용과 공대지空對地용 전자식 레이더가 아니다. 설령 그런 항공기용 레이더를 개발했다고 해도 체계 통합이라는 고난도의 과정을 통과해야 한다. 그런데 국과연 계획은 2020년까지 392억 원을 투입해 공대공 모드의 전자식 레이더 시제 개발을 완료하고 2024년까지 공대공과 공대지 모드를 개발한 다음 곧바로 전투기에 장착한다는 것이다. 시제 개발 중 소프트웨어 개발 기간은 9개월이고, 시험평가도 불과 9개월 만에 완료해야 성공할 수 있는 초현실적인 계획이다.

외국 사례를 보면 미국의 노스럽그러먼은 F-35 전투기에 장착할 전자식 레이더의 TR 모듈 개발에 2년, 시험용 시제 개발에 8년, 시험 비행에 7년, 초도 비행에 2년 등 실제 항공기 장착까지 19년이 소요되었다. 유럽의 셀렉스사는 그 기간이 더 늘어나 유로파이터 전투기에 전자식 레이더를 장착하는 데 총 21년의 개발 기간이 소요되었고 그 개발 비용도 2~3조 원에 이르렀다.

그런데 국과연은 이런 세계적 기업에 비해 기술적 준비 정도가 훨씬 낮은 상황에서 향후 10년 내에 레이더 개발을 장담하면서 그 개발

비용에 대해서는 규모조차 제시하지 않는다. 이명박 정부 당시 미래기획위원회가 조사한 바에 의하면 국과연은 자체적으로 개발한 기술은 13.5퍼센트에 지나지 않고 대부분 업체에 용역을 주어 개발하도록 하는 일종의 관리기구다. 그동안 한국형 무기 체계를 개발하면서 불량 무기 개발로 숱한 오명을 뒤집어쓴 국과연이 기존 행태에 대한 성찰과 반성 없이 또 새로운 도전을 한다는 게 영 미덥지가 않다.

국과연 의도대로 레이더 개발이 추진된다면 기존의 전투기 개발 예산으로는 도저히 충족할 수 없는 또 하나의 국책사업을 추가하는 결과를 빚게 될 가능성이 높다. 결국 한국형 전투기 사업이 전투기를 개발하는 사업인지, 레이더를 개발하는 사업인지 알 수 없는 상황이 된다. 이런 실상을 서강대학교 전자공학과 70학번 동기생들은 과연 제대로 이해하고 있는지가 몹시 궁금하다.

용기인가, 만용인가?

한국형 전투기 사업의 문제점은 비단 레이더만의 문제가 아니다. 전투기에 대해 잘 모르는 사람들조차 "앞으로 10년 내에 스텔스 성능과 쌍발 엔진에 최첨단 레이더가 장착된 한국형 전투기를 만들어내겠다"는 정부 고위 관료들의 호언장담이 선뜻 믿기질 않는다. 이제껏 그렇게 빠른 시간 내에 고성능 전투기를 만든 나라는 지구상에 단 하나도 존재하지 않기 때문이다. 세계 16위권의 항공산업 수준으로 이제 겨우 고등훈련기 하나를 개발한 나라가 이스라엘, 일본, 타이완도 중도에 포기한 국산 전투기 개발을 이제야 시작했다. 미국, 중국, 러시아, 유럽연합과 프랑스 외에 21세기에 들어와 전투기 개발을 추진하는 나라는 스웨덴이다. 1940년대부터 항공기를 만든 역사에다가 우리보다 기술력이 월등한 스웨덴이 15년 동안 개발한 그리펜Gripen 전투기는 그나마 단발 엔진에다가 경량 소형기다. 게다가 대부분의 핵심 기술을 해외에 의존해 국산화율이 50퍼센트가 되지 않는다.

그런데 우리가 구상하는 한국형 전투기는 공군의 강력한 요구에 의해 애초 만들려고 했던 단발 엔진의 전투기가 아니라 쌍발 엔진으로 성능이 변경되었다. F-35와 같은 현대 전투기의 엔진은 그 성능이 뛰어나 굳이 2개를 달 필요가 없다. 여기에다 스텔스 기능까지 추가했지만 사실 한국군은 스텔스 기능을 결정하는 레이더 반사 면적RCS의 비율이 어느 정도일 때 스텔스기라고 하는 것인지, 그 기준도 데이터도 없이 스텔스 기능을 추가하고 본 것이다. 여기에다 최첨단 레이더와 적외선표적추적장치까지 한마디로 호화판 고성능 전투기다. 이런 성능이 추가된 것은 각기 다른 기관에 의해, 각기 다른 시기에 개별적으로 이루어졌다. 전투기에 대한 전략적인 평가와 판단을 내릴 수 있는 전문가

집단이 구성되지 못하고 힘센 기관의 입김에 따라 그때그때 성능이 변경되어온 것이다. 그 결과가 애초 미들급 중형 전투기를 도입한다는 목표에서 체급이 훨씬 올라가버린 '괴물 전투기'다.

방사청은 무분별한 성능 변경에 대해 제대로 통제력을 발휘하지 못한 채 국방부와 군의 눈치를 보는 소극적인 업무 수행으로 일관했다. 대형 사업에 대해 사업단조차 구성하지 않고 방사청의 1개 팀만으로 국책사업을 담당하도록 하면서 대부분의 사업관리 책임을 체계 종합 업체에 전가해왔다. 미국과의 협상 역시 업체 소관으로 미루다가 기술이전 거부 통보라는 재난 상황에 대책 없이 직면하기도 했다. 더 나아가 방사청은 고성능 전투기 개발에 대해 국산화 목표를 65퍼센트에 육박해 잡는 또 한번의 과욕을 부렸다. 전자식 레이더, 적외선표적추적장치, 광학영상추적장치, 전파교란장비 등 핵심 기술을 국산화하면 그 비율은 더 높아진다. 그러나 한국의 미들급 전투기에는 이런 고성능이 굳이 필요하지 않다. 그런데 이런 초현실적인 전투기 개발에 책정한 예산은 불과 8조 3,000억 원으로 프랑스의 라팔이나 유로파이터가 개발되는 데는 각기 1,000억 달러, 즉 100조 원 이상이 소요되었다는 사실과 비교할 때도 비현실적이다.

이런 비현실성을 제거하고 우리 능력에 맞는 한국형 전투기를 보유하려면 지금이 바로 사업을 재검토하는 용기가 필요하다. 청와대의 결정은 한국형 전투기 사업에 대한 다양한 대안을 검토할 여지를 제거해버렸다는 데 있다. 사업의 어려움이 나날이 가중되고 있는 상황에서 무모한 목표만을 고집할 것이 아니라 전투기 요구 성능을 조정하면서 현실적인 대안을 모두 비교해 의사결정을 해도 늦지 않는다. 그러한 재검토의 마지막 기회를 날려버린 청와대의 결정은 두고두고 아쉬움을 남길 것 같다.

'국제 호갱'은 어떻게 탄생하는가?

초대형 무기 거래 스캔들

군정을 종식하고 문민정부가 출범한 1993년 4월 24일. 노태우 대통령 시절 인사비리 혐의로 강제 전역한 바 있는 정용후 전 공군 참모총장은 자택에 기자들을 불러 폭탄선언을 했다. 자신에 대한 1989년 8월의 국군기무사령부 조사는 진급 비리 조사가 아니라, 한국형 전투기 사업 KFP 기종 선정 때문이라는 것이었다. 정용후 전 총장은 구체적인 정황을 설명했다. "1988년 11월 당시 노태우 대통령에게 차세대 전투기 기종을 F-18로 해야 한다는 건의를 하기 위해 청와대에 들어가기 직전, 심중휘 외교안보수석이 서울 하얏트호텔로 나를 불러 F-18뿐만 아니라 F-16도 장점이 있다며 두 기종을 함께 건의할 것을 요구했다"는 것이다.

이 폭로를 군부세력을 청산할 절호의 기회로 여긴 김영삼 대통령은 즉각 감사원과 검찰로 하여금 조사에 착수하도록 했다. 이후 검찰은 "당시 김 수석이 '노 대통령에게 잘 보일 수 있는 기회니 내 말대로 하라'며 정 총장에게 압력을 가했으나, 이를 거절한 후 노 대통령에게 F-18을 채택하도록 건의해 최종 재가를 받았다고 정 전 총장이 진술했다"고 밝혔다. 이 사건을 계기로 문민정부는 한국군 전력 현대화 사업, 일명 '율곡사업' 특별감사와 검찰 수사에 착수해 돈을 챙긴 이종구·이상훈 전 국방부 장관, 한주석 전 공군 참모총장, 김철우 전 해군 참모총장을 구속 기소하고 해외에 있던 김종휘 전 청와대 외교안보수석을 기소중지로 처분했다. 현역 군인 34명과 공무원 9명도 징계를 받았고, 뇌물을 제공한 무기중개상과 방위산업체 관계자 다수도 입건되었다.

율곡비리 특별감사 이후에도 문민정부에서 공군 출신인 이양호 국방부 장관이 방위산업체에서 뇌물을 받았다고 1996년 국정감사 도중에 경질되었다. 이 사건이 기억의 저편으로 멀어지던 2000년 8월에 태평양지역 공군 참모총장회의 참석차 하와이에 와 있던 이억수 공군 참모총장은 퇴임한 이양호 전 장관이 "이곳(하와이)에 칩거 중"이라는 이야기를 들었다. 황급히 자신과 측근들이 가진 달러화를 몽땅 털어 저녁에 이양호 전 장관의 숙소로 찾아갔다. 갑자기 옛 부하가 찾아온 데 놀란 이양호 전 장관은 대화 중에 갑자기 눈물을 떨구더니 "맹세코 나는 돈을 받은 적이 없다"고 했다. 그러고 나서 "당신은 앞으로 외부 손님을 만날 때 절대 혼자 만나지 말고 배석자를 두라"고 했다.

린다 김이라는 미모의 로비스트는 김영삼 대통령도 야당 당수 시절부터 잘 아는 거물이었다. 그런데 권영해 안기부장이 린다 김과 이양호 장관을 서로 싸잡아 음해하는 보고를 대통령에게 하니까 김영삼 대통령이 화가 나서 이양호 장관을 제거하려고 뇌물 사건을 터뜨렸다는 이야기였다. 그런데 이양호 장관 재임 당시 국방부에서 무기 거래를 관장하는 획득개발국장이 훗날 국방부 장관이 된 해군 출신 윤광웅 전 장관이다. 그에 따르면 이양호 장관이 "뇌물을 받은 사실은 모르겠으나 특정 업체를 밀어준 것은 사실"이라고 말했다.

이 두 사건은 김영삼 대통령 시절에 한국 정치를 뒤흔든 초대형 무기 거래 스캔들이다. 이런 사건을 겪으면서 한국 사회에는 무기 거래란 무언가 은밀하고 부도덕한 것, 권력과 로비스트가 밀착된 추악한 것이라는 이미지가 형성되었다. 굳이 한국에 국한된 특이한 현상도 아니다. 국제투명성기구 회장 위게트 라벨Huguette Labelle은 "무기 거래는 전 세계 무역량의 1퍼센트가 채 되지 않지만 전 세계 부정 거래의 50퍼센트를 차지한다"고 강조했다. 그는 "무기 거래는 보안의 장막과 국가적 이익과 맞물려 공공 분야에서 가장 개방되지 않은 사각지대"라며 "국제적 반부패 노력의 최우선 과제"라고 강조했다.

영국 방위산업체 BAE시스템즈가 사우디아라비아 왕실에 무기를 파는 대가로 약 10억 파운드(1조 8,400억 원)에 이르는 막대한 현금을 비밀리에 제공해왔다는 단서를 잡은 영국 중대비리조사청SFO은 2006년 12월에 본격적인 조사에 착수했다. 이에 사우디아라비아 왕실이 토니 블레어Tony Blair 영국 총리를 자국으로 불러들여 "수사를 중단하지 않으면 앞으로 영국 무기를 사지 않겠다"고 협박했다. 이에 놀란 토니 블레어 총리가 조사를 중단시키자 이에 격분한 수사 검사들이 런던의 한 레스토랑 앞 쓰레기통에 각종 정부 기밀과 수사 자료를 몽땅 처넣고 『가디언』에 그 사실을 전화로 알렸다.

그 쓰레기통에서 건진 정부 기밀자료는 1년 내내 『가디언』이 특집 면을 장식하며 BAE시스템즈와 사우디아라비아 왕실의 검은 거래를 낱낱이 폭로했다. 이에 네덜란드 헤이그의 유럽 법원은 유럽연합 각국의 검사들을 파견받아 중동, 아프리카, 남미, 아시아 4개 대륙과 유럽 방위산업체들의 검은 거래에 대한 조사에 착수했다. 금세기 최대의 국제 무기 거래 스캔들이었다.

로비스트 린다 김은 이렇게 말했다

안전에 대한 수요는 밑 빠진 독에 물 붓기나 마찬가지여서 적절한 위협만 있다면 무기 거래는 무한히 확장될 수 있다. 로비스트 린다 김은 나에게 "내가 무기 거래 로비스트가 되지 않았다면, 석유나 곡물 거래 로비스트가 되었을 것"이라고 말했다. 무기와 석유와 곡물 거래는 권력층에 접근해 큰 거래를 성사시키는 불멸의 사업거리라는 이야기다. 특히 한국의 권력자들처럼 무기 거래에 개입하고 싶어 하는 탐욕스러운 집단도 없다. 항상 새로운 위협을 보여주는 북한이라는 딱 알맞은 상대가 버티고 있고, 한 건만 터뜨리면 평생을 먹고사는 대형 무기 거래가 무수히 널려 있는 기가 막힌 시장이 바로 한국이기 때문에 권력의 탐욕은 항상 무기 거래에 시선이 쏠린다.

북한에 대한 위험은 아무리 강조해도 지나치지가 않아서 약간만 정보를 조작하거나 부풀리기만 해도 국민은 공포에 질려 무기 거래에 저항하지 않는다. 심지어 한국에서 국가안보는 새로 발견된 북한의 위협에 대응할 수 있는 외국의 고가 첨단무기를 구입해오는 것과 동일시된다. 북한 무인기가 출몰하면 이스라엘제 저고도 레이더를 도입해야 하고, 북한의 장사정포가 산 전면에 있다가 산 후면으로 가면 적지에 신발에서 발두리는 미국제 스텔스 전투기를 구입해와야 한다. 북한의 해안포 위협이 등장하면 스웨덴제 대포병 레이더를 들여와야 하고, 북한의 미사일이 등장하면 미사일방어 무기 체계를 들여와야 한다.

보수언론이나 종합편성채널을 보면 북한의 위협을 그럴듯하게 묘사하면서 최신형 외국 무기 도입의 당위성을 역설하는 예비역 장교나 군사평론가들이 거의 매일 나온다. 외국 무기업체의 영업사원과 거의 차이점을 발견할 수 없는 군비 증액과 무기 도입의 논리가 폭포수처럼 쏟아진다. 이 과정에서 한반도 북단에는 우리가 이제껏 알지 못했던 군사적 초강대국이 존재한다는 암묵적 가설이 성립된다. 이제 북한이라는 존재는 20만 명의 특수부대와 잠수함발사탄도미사일, 무인공격기까지 보유한 세계에서 가장 뛰어난 '군사 천재들의 집단'으로 둔갑한다. 그런 북한에 의해 지금, 당장 한반도가 공산화될 수 있다는 막연한 공포를 확산시켜야 '군사전문가'가 된다. 이런 무기 애호가들이 비정상적으로 발달해 있는 한국 사회에서는 선진국, 특히 미국의 최신형 군사무기는 강한 존재에 대한 욕망의 상징이자 숭배의 대상이다. 그리고 그 배후에는 은밀한 거래가 있다.

한 방위산업체 중역은 나에게 "값싸고 성능 좋은 재래식 무기를 한국군에 제안하면 잘 채택되지 않는다"며 "값이 비싸고 최첨단이라야 우리 국방 조직은 비로소 도입을 고려한다"고 말한 적이 있다. 게다가 이런 무기 소요를 합리적인 기준을 세워 통제해야 할 합동참모본부는 북한의 위협에 대한 여론이 조성되면 속수무책으로 외국 무기업체에 끌려다닐 수밖에 없다. 합동참모본부도 이런 문제점을 인식해서 2006년부터 '국방전력 발전규정'을 제정하고 각 군의 무기 소요를 합리적으로 통제할 수 있는 체계적 규범을 만들려고 노력하기는 했다. 먼저 싸우는 방법how to fight과 군사력의 목표를 정한 후 각 군의 무기 소요를 하향식 top-down으로 통제하겠다는 것이 이 규정의 취지였다.

그러나 2008년 북한의 특수부대가 8만 명에서 16만 명으로 갑자기 2배 증가한 것으로 위협이 변경되고, 2010년에 천안함 사건과 연평도 사건을 거치면서 북한이 보여주는 위협에 시급히 대응해야 하는 절박한 상황에서 군은 '조기전력화 사업'을 소나기식으로 추진하기 시작했다. 2014년 문제가 된 해군의 구조함인 통영함도 천안함 사건으로 긴급히 추진되면서 성능이 떨어지는 수중음파탐지기를 비싼 가격에 구입했다가 낭패를 당한 것이다. 이렇게 애초 계획에 없던 사업이 끼어드는 식으로 추진되면 무기중개상이나 외국 방위산업체가 공략하기에 딱 좋은 먹잇감이 된다. 제대로 조건을 따져보고 성능을 검토할 여유가 없기 때문이다.

역시 천안함 사건의 여파로 국산 헬기가 있는데도 영국제 해상공격헬기를 도입하는 정책을 결정하는 데는 외국 방위산업체와 결탁한 해군 예비역들이 있었다. 북한 장사정포를 대비한다며 국방과학연구소 출신인 일부 학자와 업체가 결탁해서 청와내에 로비해 성사시킨 상상을 초월하는 사업도 있었다. 이명박 정부 시절에 국방부와 합동참모본부도 모르게 청와대가 직접 추진하는 일명 '대통령 특명사업'이라는 '번개사업'이 1조 원대 규모로 추진된 것이다.

2012년에 이 사업이 터무니없는 부실 사업이라는 걸 밝혀내던 감사원의 담당 조사과장이 갑자기 국정원에 "보안에 대해 조사할 것이 있다"는 이유로 석연치 않게 조사를 받고 좌천되었다. 또한 감사원의 자문에 응하던 민간 학자들까지 수사를 받는 수난을 당했다. 이렇듯 서로 무기 도입에 개입하려는 세력들이 치열하게 경쟁하면서 타당성도 없고 긴급하지도 않은 사업들이 끼어들자 무기 소요를 통제하는 장치가 허무하게 무너졌다. 단지 무기 도입에서 누가 더 큰 영향력을 발휘하느냐는 이전투구만 이어져왔을 뿐이다.

왜 방사청은 '식물청'으로 전락했는가?

무기 소요를 부풀리고 북한의 위협을 조작하는 탐욕스러운 세력들은 항상 '방산 비리 척결'을 외친다. 그 백미는 역시 이명박 정부 시절 방위사업청장으로 임명된 일명 'MB의 아바타'로 불린 장수만 전 청장이었다. 2011년 2월 그는 업체 뇌물로 보이는 다량의 현금과 백화점 상품권을 지인의 집에 보관하다가 적발되어 구속되었다. 그가 부임할 무렵만 해도 방사청이 연루된 방산 비리는 거의 적발된 적이 없었다.

그런 그가 부임하자마자 방산 비리 척결을 외치며 자신의 재임 기간 중 부패를 완전히 척결할 것처럼 말하더니 정작 자신이 부패로 낙마했다. 지난 이명박 정부에서는 취임하는 검찰총장, 경찰청장, 감사원장이 전부 '방산 비리 척결'을 내걸었다. 그런데 이상한 것은 무기 소요 자체는 성역으로 남겨두고 입찰이나 계약 과정, 원가 산정 단계라는 최종 집행 단계에서만 비리를 적발하는 수사를 하니까 거꾸로 무기 도입 비리는 줄어든 것이 아니라 더 늘어났다.

이후 군의 거센 공격을 받은 방사청은 예산 편성과 기종 결정 권한을 상당 부분 군에 빼앗기면서 '식물청'으로 전락했다. 그 직후에 군사기밀을 빼돌리거나 외국 방위산업체에서 뇌물을 받은 혐의로 11명의 범법자가 발생했다. 특히 방위산업체에 대해서는 조사권도 없을 뿐만 아니라 계약을 위반하거나 납품일자를 맞추지 못해도 제재할 수 있는 마땅한 수단이 없다. 이 때문에 비리를 조장하는 업체와 그에 결탁한 예비역 장성들은 다 빠져나가고 대부분 국내 업체만 조사하는 매우 제한적인 수사라는 점은 박근혜 정부에서 출범한 방산비리합동수사단도 크게 다르지 않았다.

무기 소요의 강계결정 과정의 비리까지 파헤친 1993년의 율곡비리 특별감사와 달리 방위산업체의 원가 조작, 입찰 서류 조작, 시험평가서 조작만 수사하는 것으로 그 범위도 매우 제한적이다. 사실 방산 비리를 제대로 조사하려면 이명박 정부 당시의 무기 소요 결정의 난맥상을 조사하지 않으면 안 된다. 역시 그 몸통은 청와대가 될 수밖에 없다. 단지 박근혜 대통령의 시정연설에서 "방산 비리는 이적행위"라는 말 한마디 때문에 먼지 터는 식으로 방위산업체를 뒤져보겠다는 것 이상으로 그 어떤 방향성이나 구체성이 보이지 않는다. 덩달아 지금 새누리당은 권력과 외국 방위산업체 사이에 버티고 있는 방사청을 해체하겠다고 말한다. 그렇게 되면 권력층이 외국 방위산업체와 결탁해 무기 도입을 떡 주무르듯이 좌지우지하게 되는 절호의 기회가 된다. 그런 권위주의 시절로 되돌아가고 싶은 권력의 주체할 수 없는 욕망이 방산 비리 수사의 배후에 도사리고 있다.

무기 수출 국가라는 오명

최루탄은 군사독재정권이 만든 기형아

2013년 10월 서울 망원동에 있는 평화운동단체 '전쟁 없는 세상'의 활동가들은 영국 평화운동가에게서 한 통의 이메일을 받았다. 이메일에는 "한국산 최루탄이 바레인의 민주화 시위대에 무차별로 발포되어 시민이 사망하고 있다"는 뜻밖의 내용이 담겨 있었다. 2011년 아랍의 봄과 맞물려 중동의 왕정국가인 바레인에서는 시민들의 저항운동이 3년째 지속되고 있었다. 단지 시위 해산만이 아니라 사람을 향해 쏘아대는 최루탄은 사실상의 살상무기였다. 이 단체의 활동가인 여옥은 나에게 지난 3년간 바레인에서 최루탄으로 인한 사망자가 39명이나 발생하여 한국산 최루탄은 이미 시민들에게 공포의 대상이라는 점을 바레인 현지 활동가들을 통해 확인했다"고 밝혔다.

이 문제에 대한 대책 마련에 착수한 시민단체들은 그동안 한국의 한 생산업체가 총 150만 발을 바레인에 수출했다는 사실을 확인하고 정부에 수출 중단을 촉구했다. 우선 인구가 120만 명에 불과한 이 작은 나라에 이렇게 많은 최루탄이 정부의 별다른 규제도 받지 않고 수출되었다는 것 자체가 이해가 가지 않았다. 방사청은 시민단체가 문제를 제기하기 이전까지 수출 사실 자체도 알지 못한 채 방치하고 있었다. 국제 인권단체인 '바레인 워치Bahrain Watch'와 국내 평화운동단체에서 비난이 빗발치자, 2014년 1월에야 방사청은 최루탄 수출을 보류하기로 했다. 마침 바레인 정부에서 160만 발의 추가 주문이 발주된 상황에서 그나마 추가 수출에 제동이 걸렸다.

군용으로 전용될 수 있는 최루탄 수출은 방위사업법 제53조에 따라 방사청이 허가를 결정하는 주무 관청이다. 해당 업체 등은 민수용民需用 최루탄 수출은 방위사업법 관련 사항이 아니라 총포·도검·화약류 단속법 제9조에 따라 제조업체가 지방경찰청장 허가를 받아 한 것이라고 주장했다. 그러나 얼마든지 군용으로 전용될 수 있는 최루탄은 개인이 소비할 수 없는 위험물질이고, 독재국가가 인권을 유린하는 데 사용할 가능성이 매우 높은 방산물자라는 점에서 방사청이 아무런 사전 조처나 감독이 없었다는 점은 이해하기 어렵다는 것이다. 시민단체의 이런 주장을 방사청이 수용하면서 바레인 수출은 제동이 걸렸지만, 그 외의 다른 국가에 얼마나 더 수출되었는지는 확인조차 되지 않는다.

2014년 3월 12일 터키 이스탄불에서 최루탄을 머리에 맞아 9개월째 사경을 헤매던 15세 소년이 사망했다. 국내 언론은 이를 1987년 6월 항쟁의 기폭제가 된 연세대생 이한열이 최루탄을 머리에 맞고 사망한 사건에 빗대 '터키판 이한열'이라 보도했다. 그러나 그 최루탄 공급자가 바로 한국이라는 점은 보도에서 누락되었다. 이미 2013년 5월에 터키 시위 현장에 나가 있던 영국 교원노조 활동가들은 "터키 시위 현장에 대량으로 공급된 최루탄은 한국산"이라고 밝히며, 그 생산업체에 "(최루탄으로) 벌써 5명이나 죽었다. 도의적 책임을 느끼라"는 항의서한을 보내기까지 했다. 외국 활동가들은 "독재정권의 폭력적인 진압에 살인무기로 사용되는 최루탄을 수출한 데 대한 법적 책임을 추궁하는 방법도 모색하고 있다"고 밝혔다. 이 단체들은 현장에서 수거된 한국산 최루탄 DK-500의 위험성과 그 파편, 부상자 사진 등을 유포하며 한국에 대한 국제적 비난 여론을 조직적으로 확산시켰다.

암암리에 수출되는 한국산 최루탄은 이미 국제적으로 악명이 높다. 1990년대에는 동티모르 독립을 주장하는 시위에 한국산 최루탄이 대량으로 사용됐고, 이스라엘에도 수출되어 가자지구 팔레스타인 민중을 탄압하는 용도로 사용되었다. 해외에 수출되는 최루탄은 발사대에 따라 38밀리미터용과 40밀리미터용이 있고, 과거에 국내에서는 '사과탄'으로 불리던 손으로 투척하는 수류탄 모양의 제품도 있다.

1980년대 엄청난 호황을 누리던 최루탄 사업은 군사독재가 만들어낸 기형아였다. 1987년 당시 국내 독점 최루탄 생산업체인 영영화학은 한영자 사장이 소득세 납부 1위를 기록할 정도로 성장했다. 그해 대선을 앞둔 시기에 전두환 대통령은 정호용 국방부 장관에게서 "대선 자금을 기부하고 싶어 하는 기업이 있다"는 보고를 받고 "참 기특한 기업이다. 잘 받아두라"고 지시해 한영자 사장에게서 100억 원의 자금을 수수한 사실이 훗날 재판에서 밝혀진 바 있다. 그러나 이한열뿐만 아니라 계속 최루탄 파편으로 인한 부상자가 속출하자 이 업체는 그 이후 최루탄 사업을 포기했다. 시위대와 시민들을 가리지 않고 퍼부어지던 최루탄이 야만적인 독재정권의 상징으로 인식되자 범국민저으로 최루탄 추방운동이 일어났다.

최루탄으로 피해를 입은 학생들의 어머니들이 이 업체에 달려가 거세게 항의하자, 한영자 사장은 "최루탄은 인체에 해가 없다"고 항변했다. 그러자 화가 치민 어머니들이 "그렇게 해가 없다면 한 숟가락 떠먹어 보라"고 맞받아쳤다. 극단의 공포와 고통을 느끼게 하면서 살상무기로도 사용될 수 있는 최루탄이 인체에 해가 없다는 데 더 화가 치민 것이다. 이에 한영자 사장이 사과하면서 이후 이 업체는 최루탄 사업을 포기했다. 지금은 국내에서 유일하게 한 업체만이 사업을 계속 이어가고 있는데, 이 회사 홈페이지에 들어가 보면 대표자의 인사말 중에 "최루탄 제품은 이미 국내외 시장에서 그 품질의 우수성이 널리 알려져 있으며"라는 개운치 않은 문구가 보인다.

'방산 수출액 100억 달러'라는 비현실적 목표

이렇게 보면 우리가 수출한 것은 단지 최루탄만이 아니다. 우리가 오래전에 느꼈던 눈물과 한숨과 고통도 함께 수출되었다. 최루탄이 수출되면 방패와 방독면과 같은 시위 진압 관련 장비들의 수출도 덩달아 늘어나게 되며, 궁극적으로는 부도덕한 권력이 효과적으로 시민을 제압하는 노하우까지 함께 수출되는 연쇄반응이 일어난다. 대표적으로는 인도네시아가 그러했다. 지금도 자료 화면으로 보면 1990년대 동티모르 독립운동을 유혈 진압하는 데 사용된 최루탄, 방패, 방독면뿐만 아니라 트럭, 소총, 심지어 군복까지 몽땅 한국제다. 1999년에 물러난 악명 높은 수하르토 정권은 한국의 총 방산물자 수출의 절반 가까이를 구매하는 초특급 고객이었다.

시민의 저항에 대한 권력의 집대감을 구체적으로 시위 현장에서 어떤 물리력이 어떤 방식으로 사용되는지에 따라 그 수준이 드러난다고 할 수 있다. 필리핀은 1980년대 한국의 시위 진압 노하우에 깊은 인상을 받았던지 구매 사절단이 한국에 와서 최루탄 성능을 체험하려 했다. 그러나 한국산 최루탄의 독성에 너무 놀란 나머지 "우리같이 더운 나라에서 이 제품을 사용하면 견디지 못하고 사망할 것"이라며 수입을 포기했다는 일화도 전해진다. 점점 더 독하고 폭력적으로 시위대와 시민을 가리지 않고 무차별로 뿌려지는 그 최루탄이 바로 한국에서는 독재의 종말을 앞당겼다고도 할 수 있다. 그런 과거를 우리는 지금 해외로 수출하는 중이다.

이런 전통이 있어서인지, 한국의 무기 수출은 어떤 규범이나 원칙도 없이 '돈이 된다면 많을수록 좋다'는 인식에서 거의 벗어나지 못한다. 적어도 이 점에서 이명박 정부는 상식적으로 이해하기 어려운 특이한 행보를 보여주었다. 2010년 10월 미래기획위원회는 이명박 내동령에게 '우리나라가 무기 수출 7대 국가에 진입한다'는 구상을 담은 국방산업 선진화 전략을 보고했다. 대한무역투자진흥공사KOTRA에 방산 수출 지원센터가 설립되었고, 방사청은 수출 실적을 부풀려 대통령에게 보고하는 데서 자신의 존재 의미를 찾고자 했다. 방사청의 한 청장은 방위산업체가 당시 이라크에 민수용으로 수출한 트럭이 군용 트럭을 생산한 업체가 만든 제품이라는 이유로 방산 제품으로 산입算入하고,

민간용 디지털카메라를 수출한 것까지 포함해 방산 수출액을 부풀리려고 안간힘을 썼다. 이것은 명백히 방위사업법에 지정된 방산물자 규정을 위반하는 불법행위였다.

그런가 하면 수출 계약이 맺어진 단계에서 계약금만 수출액에 반영해야 하는데, 총금액을 반영해 당해연도 수출액을 부풀리는 수치 조작도 이어졌다. 당시 국내 언론에 방산 수출 20억 달러를 초과했다는 기사가 대서특필되었는데, 이것은 방사청이 대통령에게 잘 보이기 위한 조작된 수치였다. 그리고 방사청은 일절 그 내역을 공개하지 않았다. 그다음에 부임한 청장은 아예 "방산 수출액 100억 달러"라는 비현실적인 수출목표액까지 제시해 세계를 놀라게 했다. 무기 수출이란 국가정책을 목표액까지 정해 대외에 공표하는 나라는 경제협력개발기구국가 중 한국밖에 없다. 이런 수출정책은 한국 기업에 전대미문의 비극으로 다가왔다.

한국이 개발한 전차를 터키가 먼저 만든 이유

2008년 전차 강국인 독일을 따돌리고 한국이 터키에 전차 흑표K-2를 수출하게 되었다는 놀라운 뉴스가 보도되었다. 개발중인 한국의 차기 전차가 어떻게 터키에 수출될 수 있었을까? 업체가 수출 마케팅을 하러 터키에 협상단을 보냈을 때 방사청의 한 간부가 이들과 동행했다. 그는 현장에서 터키의 무리한 요구를 업체가 수용하도록 압력을 행사했고, 그 결과 업체는 일방적으로 불리한 계약을 감수하며 "무조건 수출"을 추진하게 되었다. 이 계약은 한국이 터키에 전차 생산사업의 기술을 지원하되, 터키가 전차 사업에 실패하면 이를 몽땅 보상하는 것으로 되었다.

이런 독소조항 때문에 우리는 국산 엔진과 변속기 개발이 늦어져 아직 전차를 양산하지 못하고 있지만, 터키는 우리 기술에다가 독일제 변속기와 엔진을 달아 벌써 전차가 운용되고 있다. 우리가 개발한 전차를 터키가 사용하고, 우리는 아직 양산에 들어갈 엄두조차 내지 못하는 실정이다. 무리한 수출 드라이브 정책이 국가이익의 손실로 직결된 경우다.

무기 수출이라는 정책 목표가 공표되자 놀란 당사자는 다름 이닌 미국이었다. 이때부터 한국에 대한 집중 감시에 들어간 미국 정부는 국산 무기에 미국 기술이 무단으로 사용되었다는 트집을 잡아 국내 업체의 연구개발에 제동을 걸며 사사건건 감시했다. 그 결과 2011년 공군 전투기에 부착된 센서 장비인 타이거 아이Tiger Eye를 한국 공군이 미국 허락 없이 무단으로 분해해 기술을 탐지했다고 주장하며 미 국방부 수석차관을 단장으로 한 조사단을 한국에 급파했다.

미국의 그런 압력은 전 방위산업계로 파급되었다. 국내 한 방위산업체가 파키스탄에 ALQ-200이라는 재밍 포드를 수출하기로 했다. 수출 계약이 성사되자마자 미국 국방부 산하 방산기술보안청DTSA은 "파키스탄은 중국 전투기를 사용하는 나라인데 어떻게 미국 기술이 활용된 센서 장비가 수출될 수 있느냐"며 한국 정부에 수출을 포기하도록 종용했다. 계약을 하고도 수출을 포기하는 상황이 벌어진 틈을 타서 이번에는 미국 업체가 파키스탄에 유사 장비를 수출하는 상황이 벌어졌다. 방산 기술의 종주국으로서 미국이 한국의 수출에 전면 제동을 건 것은 미국 대사관의 '블루 랜턴Blue Lantern'이라는 암호명의 기술보안 업무 수행의 산물이다. 최근 우리의 고등훈련기 수출이 일부 성사되고 있기는 하지만, 이마저도 여전히 미국의 수출승인 사항으로 철저히 미국의 그늘 아래 종속되었다. 이 점에서 미국은 결코 동맹국이라고 할 수 없다.

결국 주요 장비를 수출하기 어려운 한국이 방산 수출을 하려면 중저가 재래식 장비 분야밖에 없는데, 이런 것은 선진국에 수출할 수 없고 주로 분쟁지역이나 독재정권이 주요 고객이 된다. 가장 비인도적인 무기로 꼽히는 확산탄(자탄이 공중으로 확산되어 폭발하는 포탄)은 파키스탄에 수출되었다. 가장 은밀하게 거래되는 권총과 같은 소형 무기류 수출에 한국은 세계 10위를 기록하고 있다. 그러나 무기 거래 투명성은 31위에 그쳐 있는데, '스몰 암스 서베이Small Arms Survey'는 2012년에 평가했다. 비인도적 무기 수출 국가라는 오명에서 벗어나지도 못하면서 무기 수출이 국가이익이라는 점에도 큰 기여를 하지 못하는 상황이다. 오히려 이런 재래식 무기 수출은 최루탄과 같이 국제적 비난이라는 국가의 짐만 키우는 중이다. 그런데도 박근혜 정부는 방위산업을 창조경제의 핵심으로 설정하고 있는데, 도대체 무엇을 창조한다는 것인지 아리송하기만 하다.

보수세력은 국가정보를 어떻게 이용하는가?

정보기관의 정보 유통법

국정원 기술정보국에서 이탈리아 업체 '해킹팀'의 기술로 국내 민간인을 사찰했느냐는 끝내 규명되지 않을 가능성이 높다. 그러나 진실이 제대로 규명되지 않으면 논란은 더 커질 수밖에 없다. 이제껏 국정원은 수없이 많은 정치적 스캔들의 당사자였다는 점에서 민간인 사찰의 진실과 관계없이 국민의 불신은 수그러들지 않을 모양이다. 국정원이 국가 안보에 관한 한 오직 국민을 위해 사심 없이 봉사하는 반듯한 자세만 보여주었다면, 이렇게 논란이 커지지는 않았을 것이다. 정권이 교체되는 역사의 런롱마다 정보기관에 대한 불패한 기억은 빠짐없이 바쳐 있다.

북한의 김일성 주석이 사망한 지 1개월이 지난 1994년 8월 19일. 평양 대동강 남쪽 외교단지에 "김정일 타도하자"는 삐라가 발견되었다는 사실이 외신을 타고 전해졌다. 전문가들은 누가 뿌렸는지 알 수 없는 이 삐라의 정체가 확인되기 전까지 북한 내에서 조직적 저항이 시작되었다고 볼 수 없다고 보았다. 그러나 청와대는 달랐다. 며칠 뒤 열린 청와대 수석비서관회의에서 일전의 삐라 사건에 대해 안기부가 수집한 정보를 김영수 민정수석이 보고하자 박관용 비서실장은 환희에 찬 표정으로 "드디어 시작됐구만"이라며 반색을 했다. 이후 김영삼 대통령은 각종 공·사석에서 "통일은 새벽처럼 온다", "북한은 길어야 3년"이라는 말을 장마철의 소나기처럼 쏟아냈다.

수석비서관회의에는 정종욱 외교안보수석이 부재중이어서 통일원에서 파견된 정세현 통일비서관이 대리로 참석했다. 정세현 비서관이 며칠 뒤 정종욱 수석에게 "그 삐라가 남쪽에서 살포한 것인지도 모르니 확인해보아야 한다"고 주장했다가 정종욱 수석에게 되레 면박을 당했다. 김일성 주석이 사망하기 전에는 미국이 북한을 폭격하거나 다른 수단으로 망하게 할 것이라고 믿었고, 김일성 주석 사망 이후에는 북한은 저설로 망할 것이라고 믿었다. 삐라 사건은 그러한 확신을 갖게 한 확실한 증거였다.

이런 상황이 계속되자 정세현 비서관은 1995년에 유종하 외교안보수석에게 작심하고 한마디 했다. "각하께서 어디서 일방적인 정보만 듣고 북한이 곧 망할 것이라고 말씀하시는데 그렇지 않습니다." 더 들을 것도 없이 유종하 수석은 "유you가 뭘 알아. 각하는 핵심 정보를 갖고 하시는 말이야. 통일원 사람들이 뭘 안다고. 그건 틀려"라고 일축했다. 그 뒤 정세현 비서관을 비롯해 청와대 사람 누구도 북한이 곧 망할 것이라는 데 토를 다는 사람은 없었다. 각하의 '핵심 정보'의 제공자인 안기부의 영향력은 더욱 커져만 갔다.

2008년 12월 국내 한 보수 월간지에는 그해 8월에 뇌졸중으로 쓰러진 김정일 위원장의 뇌 사진이 프랑스 의사에게 전송된 사실이 공개되었다. 기사에서는 위성을 통한 감시와 감청, 외국에 전송된 뇌 사진을 우리 정보기관이 중간에서 가로챈 방식, 파일의 암호를 푸는 데 걸린 시간, 프랑스 의사의 행적까지 상세하게 소개되었다. 친절하게도 기사는 "김정일 통치 길어야 5년"이라는 국정원의 보고서가 이명박 대통령에게 보고되었다는 우리 내부 정보까지 소개되었다.

얼마 뒤인 2009년 3월 국정원의 대북정보를 담당하는 한기범 3차장이 해임되었다. 시중에는 이 월간지에 보도된 내용을 발설한 당사자는 청와대라는 소문이 무성한 가운데 핵심 대북정보를 담당하는 국정원 차장이 대신 책임을 지고 물러났다는 확인되지 않은 소문까지 더해졌다. 한기범 차장은 이후 2012년 대선에서 새누리당에 몸을 담았다가

2013년에는 국정원에서 대북정보를 담당하는 1차장으로 복귀했다. 그가 바로 남북정상회담 당시 대화록을 국회 정보위원에게 갖고 와 공개한 장본인이다. 보수 월간지 기사의 효과는 실로 엄청났다. 지도자의 유고有故로 곧 망할지도 모르는 북한은 대화의 상대가 될 수 없다는 여론이 자연스럽게 형성된 것이다.

무지를 정치로 바꾸는 모르핀

연평도 포격 사건이 벌어지기 사흘 전인 2010년 11월 20일. 국정원 보고서 한 편이 또 청와대로 올라왔다. 역시 김정일 건강 이상으로 유고 가능성을 점치는 기사였다. 그 영향으로 사흘 뒤인 11월 23일의 연평도 포격 사건 당시 청와대 일부 핵심 관계자는 북한 내부에서 김정일 신변에 이상이 생겨서 북한 지도층이 관심을 외부로 돌리기 위해 도발한 것 아니냐는 의심을 했다. 그리고 12월 초 대통령 직속 사회통합위원회 회의가 청와대에서 열렸다. 임기 1년의 위원장으로 연임된 고건 전 국무총리와 위원들이 2기 업무보고를 했다. 이 가운데 역점사업인 '북한에 나무 심기'를 보고하니까 이명박 대통령이 이렇게 말했다. "북한 곧 망할 건데 나무는 심어 뭐합니까?' 평소 북한 녹화사업에 지대한 애정과 관심을 갖고 동분서주하던 고건 전 총리는 이 말에 몹시 자존심이 상했다. 이튿날 그는 "위원장직을 사임한다"며 미련 없이 물러났다.

북한의 무인기가 서울에 출몰해 문제가 된 2014년 4월 2일에 김민석 국방부 대변인은 "무인기가 촬영한 사진을 공개하라"는 기자들의 요구에 "그걸 공개하면 무인기의 영상 확보 성능을 북한에 다 확인해주는 꼴이 된다"며 "국가안보상 공개할 수 없다"고 했다. 그런데 이튿날인 4월 3일 『조선일보』에는 북한 무인기가 촬영한 청와대 전경 사진이 1면에 보도되었다. 이적행위라고 해서는 안 된다고 했는데 그사이에 『조선일보』는 정치권력 또는 정보기관과 유착된 것으로 보이는 사진 공개를 강행했다. 사진을 관리하고 있던 국정원의 모 차장은 이후에 서울시 공무원 간첩 조작 사건에도 관여한 것으로 드러나 해임되었다. 이 사진 공개가 얼마나 심각했던지 뒤이어 열린 국회 국방위원회에서 새누리당 국방위원조차 국군기무사령관에게 "『조선일보』를 압수수색하라"고 다그쳤다. "수사하겠다"던 국군기무사령부는 흐지부지 사건을 마무리했다.

이 사진 공개로 인해 "북한 무인기가 청와대까지 들어왔다", "아파트 빌딩 사이로 우리를 다 엿보고 다닌다", "생화학 무기를 싣고 와 떨어뜨리면 서울 방어에 대책이 없다"는 괴담이 마구 퍼졌다. 후에 이 무인기 사건은 국정원이 서울시 공무원 간첩 조작 사건에 대한 남재준 국정원장의 짧은 사과 성명에도 등장했다. "북한 무인기로 초래된 엄중한 안보 정국"이라며 국민에게 국정원의 증거 조작에 대한 양해를 부탁했던 것이다.

2015년 5월 30일 국정원을 비밀리에 방문한 박근혜 대통령은 "김 정은의 공포정치로 인해 북한 체제가 더 불안해지고 있다"며 "내년에 무슨 일이 있을지 모른다"고 말했다. 이 발언 이후 『조선일보』, 『동아일 보』 등 보수언론들은 일제히 현영철 북한 인민무력부장이 총살당한 이 후 공포정치에 불안을 느낀 북한 고위 외교관과 군 장성의 망명이 이루 어졌다고 보도했다. 심지어 이들 언론은 "북한 고위 장성이 망명해 서 울에 있다"고도 했고, 그 수가 "100명이 넘는다"고도 했다. 북한의 정치 체제가 와해 직전이라는 의미였다. 북한은 남한에 망명했다는 박승원 인민군 상장이 "지금 마식령 스키장 건설사업에 복무하고 있다"며, "이 건 명백한 인권유린이자 새빨간 거짓말"이라며 반발하고 나섰다. 7월 10일 청와대에서 열린 통일준비위원회에서 박근혜 대통령이 1개월 전 국정원을 방문해서 했던 것과 똑같은 말을 했다.

정치 지도자들이 막상 대통령이 되고 나서 안기부에서 국정원으로 이어지는 정보기관에서 어떤 계시와 같이 "북한은 곧 망할 것"이라는 파국의 메시지를 전달받기만 하면 태도가 달라진다. 이것은 정보기관 이 대통령에게 주사 놓는 일종의 '모르핀'이었다. 이 주사를 맞으면 이 상하게 북한에 대한 현실감각이 사라지고 북한은 이 지구상에서 땅속 으로 꺼져버릴 것만 같은 느낌이 든다. 북한에 대해 무지한 정권의 지도자들은 안기부와 국정원의 주사약에 따라 움직이는 하수인에 지나지 않았다. 이 매혹적인 약물은 권력층만 누리기에 너무 아까워서 보수 성향의 언론을 통해 대중에게도 전달된다. 여기서 국가정보는 안보를 위한 공공의 가치가 사라지고 국정원은 북한을 포르노로 재편집해 상영하는 포르노 제작소가 된다. 보수언론과 종합편성채널과 같은 보수언론들은 이를 상영하는 극장이었다. 욕하면서 보게 되는 이런 B급 영화, 그러나 대중은 쉽게 중독되었다.

곧 망한다던 북한은 아직 망하지 않고 있음에도 망할 것 같은 역겨운 존재인 북한, 국가가 아닌 북한이 대중에게 전시된다. 이 상영관들을 채우기 위해 그동안 국정원과 국방부의 비밀정보들은 보수언론을 통해 무수히 빠져나왔다. 그렇게 빠져나오는 만큼 우리의 정보 역량에 치명적인 결과가 초래됨은 물론이고 일선 군인들의 생명까지 더욱더 위험해진다.

정치권력에 놀아나는 국가정보

2009년 2월에 우리 군이 서해에서 대비하는 군사기밀을 담은 국방부의 비밀보고서가 이명박 대통령에게 보고된 지 불과 사흘 만에 유력 보수언론들에 빼돌려져 그 핵심 내용이 공개되었다. 우리 해군의 대형 조세함과 구축함이 서북 해역에 전진배치된다는 작전계획이 보수언론에 보도된 것이 어쩌면 1년 후 천안함 사건으로 연결된 지점은 없을까?

북한이 정말로 천안함을 폭침시킨 것이라면 왜 북한이 그런 작전을 기획하게 되었는지 그 동기를 조사할 필요가 있다. 여기서 보수언론들의 기념비적인 특종을 빼놓을 수 없을 것이다. 당시의 기밀 누설이 얼마나 심각했는지는 이상희 전 국방부 장관이 "기밀은 고위층에게서 빠져나가고 있다"며 전군주요지휘관회의에서 공개적으로 이를 한탄했을 정도다. 2010년 천안함 사건 직후에 새누리당 국방위원장인 김학송 의원이 언론에 우리 군의 북한 잠수함 추적에 대한 특수정보를 공개해 대혼란이 초래된 적도 있었다. 우리의 대북 군사정보 수집 양상이 확연히 드러나는 이적행위에 가까웠다. 2013년에 남북정상회담 회의록을 공개한 당사자도 보수 정치권력이었다. 2015년 7월에 국정원 해킹 내용을 언론에 상세히 브리핑해서 문제가 된 당사자도 새누리당 정보위원회 위원이다.

북한이 갖고 있는 포르노적인 전시된 이미지가 국내 정치에서 안보와 무관한 정치적 효과가 있다면, 이런 기밀 누설은 계속될 것이다. 여기에다 정치권력과 정보기관이 자신의 정보력을 과시하고자 하는 욕망이 더해진다. 이제껏 기밀 누설이 주로 청와대와 새누리당을 경유해 보수언론에 의해 완결된 것은 과도한 노출증으로 이어지는 신경병리학적 현상이었다. 북한을 빈틈없이 들여다보고 있다는 우리의 우월성을 과시하면서 북한을 겁주겠다는 충동이 더해진 것이다. 일선의 우리 장병이 희생되고 엄청난 비용이 투입된 국가정보력이 무력화되는 대가를 치렀다.

그러나 다른 한편으로 얻는 이익도 있었다. 국가안보를 통해 정치를 하려는 사람들로서는 국민을 엄청나게 겁주어야 한다. 그래서 기밀도 공개하고 심지어 '북한군 상장이 망명했다'는 식의 거짓말도 필요하다. 서울시 공무원 간첩 조작과 같이 적당한 조작도 필요하다. 내일 북한 무인기가 쳐들어온다는 상상력도 동원되어야 한다. 여기에 엄청나게 많은 군사평론가가 가세해 제법 밥 벌어먹고 산다. 그래서 인기있는 평론가는 국민에게 겁을 잘 주는 '포르노 해설가'가 되어야 한다. 노출증과 관음증이 결합된 형태로 북한을 소비하는 구조가 존재하고 정보기관이 여기에 복무하는 이 거대시장 없이 지금의 언론은 생존을 꿈꿀 수도 없다. 저명한 현실주의 국제정치학자인 존 미어샤이머John Mearsheimer는 『왜 리더는 거짓말을 하는가?』에서 냉전 초기 미국의 소련에 대한 공포 조장을 다음과 같이 설명한다.

"딘 애치슨 국무부 장관은 1940년대 후반, 미국 국민이 소련의 위험을 충분히 인지하지 못하고 있다고 걱정했다. 이 때문에 그는 미국 지도자들이 자신들의 주장을 '진실보다 선명하게' 부가시킨 편으가 있다고 주장했다. 그렇지 않을 경우, 대중은 그가 이 위협에 대처하는 데 필요하다고 여긴 조치들을 지지하지 않을 것이라고 생각했다. 그는 그저 길거리를 오가는 보통 사람들을 속이려고만 한 것이 아니라 교육받은 엘리트들까지 겨냥했다.……공포 조장의 본질은 케말 아타튀르크의 유명한 말에 표현되어 있다. '국민을 위해서라면, 국민의 의사에 반하더라도.'"

한때는 북한에 대한 공포를 일깨우기 위해 정보기관의 고급 정보를 활용하던 바로 그 언론이 지금은 국정원의 해킹 의혹에 대한 자료 공개를 규탄하는 이중성을 보인다. 사실 지금까지 기밀을 언론에 뿌려 댄 당사자는 야당이라기보다 여당과 보수언론이었다. 국가정보가 과연 안보를 위한 것인지 아니면 국내 정치적 이점을 노린 것인지 일반 시민으로서는 구분하기 어렵다. 그러나 무엇기 지금의 국가정보기 그 지체로 정치 논리에 오염되어 있다는 정황이 존재한다면, 국정원 해킹 의혹 규명이 국가안보를 위협한다는 주장은 설득력이 없다. 그 이전에 이미 정략적인 이유로 국가의 정보 관리는 실패를 거듭하고 있었기 때문이다.

정치화된 국가정보는 그 자체로 국가안보와는 거리 먼 우리 사회의 병리적 현상이다. 그러므로 국정원의 민간인 사찰 의혹은 더 철저하게 규명되어야 한다. 이런 논란이 있다는 것 자체가 왜곡된 국가정보를 견제해 국가안보의 본질에 집중하게 해주는 순기능이 있기 때문이다. 그런데 지금 와서 이 의혹을 규명하는 것이 무슨 국가안보를 위협한다는 것인지 알다가도 모를 일이다.

'제4세대 전쟁' 선전포고를 하려는가?

북한은 없어져야 할 나라인가?

2014년 지방선거 후보자 등록과 선거운동이 개시된 5월 중순으로 거슬러 올라가보자. 5월 12일에 국방부 정례 브리핑에서 김민석 대변인은 "북한이라는 나라 자체가, 나라도 아니지 않으냐"며 "북한은 빨리 없어져야 할 나라다"라고 초강경 발언을 쏟아냈다. 이튿날 북한의 국방위원회 성명으로 "도발자들에 대한 '전민보복전'으로 죽탕을 치겠다(묵사발을 만들겠다)"는 막말을 쏟아냈다.

바로 이날 국방부에서는 또 이상한 일이 벌어졌다. 오후 2시에 대강당에서 합동참모본부 주최의 '합동성 강화 대토론회'가 개최되었는데, 비문이 아닌 평문으로 작성된 토론회 자료집이 출입 기자들 손에 들어간 것이다. 아무나 집어가도록 아예 강당 앞에 자료집을 비치했기 때문이다. 여기에는 유사시 북한에서 '안정화 작전'과 함께 불안을 조성하기 위한 '분란전'을 준비한다는 민감한 내용이 수록되었다.

다음날인 14일에는 한 예비역 준장으로 하여금 국방부 출입 기자들에게 '북한의 급변 사태 가능성과 대응 매뉴얼'을 백브리핑back-briefing 형식으로 설명하도록 했다. 이날 기자들에게 배포된 설명 자료에는 "남북 화해협력으로 남북연합과 같은 통일을 기대하기 어렵다"며 "전면전 등 무력충돌이 일어나 통일을 하는 것은 공멸의 우려가 있다"고 전제했다. 결국 "남는 것은 북한의 급변 사태가 발생하고 이를 계기로 대한민국이 주도하여 흡수통일을 하는" 더 현실적인 방안을 준비해야 한다고 주장했다. 특히 2013년 말에 남재준 당시 국정원장이 "2015년 통일을 위해 다 같이 죽자"고 발언한 것도 이와 같은 맥락이라는 해석을 덧붙였다.

심지어 박근혜 대통령의 '통일대박론'에 대해서도 남북 화해협력에 의한 통일, 북한 급변 사태를 계기로 한 흡수통일, 무력충돌에 의한 군사적 통일이라는 3가지 상황에 대한 철저한 준비라는 해석을 덧붙였다. 이어 "한미는 북한 비핵화 문제에 치우쳤던 대북정책 공조의 틀을 '급변 사태 대비'와 '북한 변화 유도로 확대하기로 했다'는 해석도 나왔다. 정작 이상한 점은 이날 출입 기자들에 대한 백브리핑을 진행하기 직전에 국방부 공보관실은 "출입 기자들의 요청에 의해 이루어진 브리핑"이라는 점을 강조하고 나선 점이다. "국방부 공보실이 북한 급변 사태라는 민감한 주제를 설명하려는 의도를 갖고 있었지만, 기자단이 요청한 것으로 모양을 꾸민 것"이라는 한 출입 기자의 증언이 없었더라면 나도 그 말에 넘어갈 뻔했다.

대변인의 발언부터 사흘 동안 벌어진 국방부의 행태는 일관되게 북한이라는 존재 자체를 문제 삼는 것처럼 보인다. 당연히 북한의 극렬한 반발이 예상되는데도 집요하게 북한을 건드리는 더 자극적이고 민감한 내용들이 연이어 흘러나온 이유는 무엇일까? 무인기가 자신들의 소행이 아니라는 북한의 발표에 대한 대응 차원이라고 해석하기에는 석연치가 않다. 오죽하면 한 전직 국방부 장관이 김민석 대변인에게 문자메시지로 "말조심하라"는 충고까지 했다는 사실을 고려한다면 분명 정상적인 행태는 아니었다.

더군다나 2014년 초부터 5월까지 남북 간에 조성된 위기는 실제 안보상의 문제가 발생했기 때문이 아니라 순전히 말로 초래된 위기였다. 남북한이 벌이는 막말전쟁이 점입가경을 이루면서 그 끝자락에 더 자극적인 표현과 더 심한 막말로 기싸움을 벌이는 소모적인 국면이었다. 이 당시 정치 상황을 보면 5월 16일에 지방선거 후보자 등록이 임박한 정치적으로 민감한 시점이었다. 세월호 참사가 벌어진 지 거의 1개월이 지나 중앙방송사 기자들이 진도 팽목항에서 대부분 철수하고 지방 주재 기자 리포트 위주로 방송이 나가던 시점이기도 했다. 언론도 세월호 국면에서 누적된 피로감을 호소하던 상황에서 정치권력은 무언가 국면 반전을 노리던 때였다.

제4세대 전쟁론

5월 13일에 벌어진 합동성 강화 대토론회에서는 육군교육사령부의 '제4세대 전쟁과 합동성 강화 방안'에 대한 발표가 눈에 띈다. 이 내용을 유심히 보면 보수정권에서 한국 군부의 전쟁관에 의미 있는 변화가 나타난다는 점을 엿보게 된다. 이제껏 전쟁은 남북한이 국가 대 국가로서 도발격퇴-반격-점령이라는 단계에 따라 총력전을 수행하는 이미지였다면, '제4세대 전쟁'은 그러한 구분이 없이 5개의 작전을 동시에, 또는 연쇄적으로 진행하는 것으로 되어 있다. 그중 가장 중요시되는 우선적인 작전 개념이 바로 북한에 특수부대를 투입해 진행하는 '분란전'이다.

비밀공작으로 평시에는 북한 우호세력과 네트워크를 구축하다가 전시에는 특수부대를 투입해 우호세력을 심복하고 이를 소식화해 유격기지遊擊基地(유격 부대가 생존을 영위하면서 작전을 준비하는 임시 장소)를 구축한다. 그다음으로 북한 내부 혼란을 조성하는 분란전을 시행하게 되는데, 이 시점에서 우리 기동부대와의 협공으로 북한의 전쟁 수행 능력을 약화시켜 북진의 기동 여건을 보장한다는 게 분란전의 요체다. 제4세대 전쟁에서는 분란전이 전시에 가장 먼저 이루어지는 최우선적인 작전 개념으로 제시되었다. 이와 함께 기존 작전계획에서도 이미 표방하고 있는 작전 개념으로 각종 감시정찰 자산과 정밀타격 무기로 구성된 킬 체인으로 북한의 핵미사일 위협을 제거하고 북한의 장사정포를 전투지역전단FEBA A(FEBA는 '전투지역전단Forward Edge of the Battle Area'을 의미하는데, 비무장지대 최전방에 GP가 있고, 그 뒤에 GOP가 있고, 그 뒤에 FEBA가 있다. FEBA는 다시 A[알파], B[브라보], C[찰리], D[델타]로 나뉜다) 전방에서 격퇴하는 수도권 안전 확보 작전이 있다.

다른 작전 개념으로는 비무장지대의 장애물을 최단시간 안에 돌파하는 '대담한 종심기동'으로 우리 측에 의한 자유화 지역을 확대하고 평양을 고립해 북한 정권을 붕괴시키는 '결정적 종심기동' 작전이 있다. 여기서 종심縱深이란 작전 범위를 의미하는 군사용어다. 이라크와 아프가니스탄에서 미군의 경험을 참고로 하여 점령 후에는 민간안보, 민간통제, 경제적 자생력 구축, 사회기반시설 복구, 정부 행정 체계 구축을 지원한다는 '안정화 작전'은 통일의 여건을 조성하게 된다.

여기서 안정화 작전은 이라크와 아프가니스탄에서 미군의 실패 경험을 고려할 때 주목이 된다. 한때 한국 특전사는 언젠가 평양을 점령하게 될 경우 북한의 지하철을 조속히 장악하기 위해 기관차 운전사를 양성한 적이 있다. 그런 군 기관사 인력이 엉뚱하게 노무현 대통령 시절 철도 파업이 일어났을 때 투입되었다. 군이 북한의 사회 인프라를 조속히 장악하려는 작전을 구상한 결과다. 안정화 작전의 핵심은 북한 주민에 대한 민간안보를 구현하는 것이고, 여기에서는 인간 생활에 필요한 사회 인프라를 조속히 장악하는 것을 그 핵심으로 한다. 현대전쟁은 이렇듯 군사력M만이 아니라 외교력D, 경제력E, 정보력I이 합쳐진 통합된 역량으로 '다임DIEM'이 북한의 핵심 영역인 정치P, 경제E, 시스템S, 군사력M, 정보I, 사회기반I에 구사되는 것으로 인식되는 경향이 있다.

이것으로 끝이 아니다. 북한이 남한에 대해 수행하는 분란전에 대응하는 '대분란 작전'도 준비된다. 여기에서는 북한의 공작원, 고정간첩, 남한 내 자생적 종북세력이 상호 연계된 분란전에 대응하기 위해 후방지역 작전과 계엄조치가 중요한 것으로 평가된다. 이렇듯 분란전, 수도권 안전 확보, 결정적 종심기동, 안정화 작전, 대분란 작전이라는 5개 주요 작전에 의한 '제4세대 전쟁'은 재래식 전쟁과 현대전쟁을 배합하는 전쟁에 대한 새로운 인식의 산물이다. 근대의 전쟁은 전략ㆍ작전술ㆍ전술이 명확히 구분이 되었다면, 현대전쟁에는 이런 작전의 수준이 다 섞여서 그 영역이 중첩되어 있다. 방어와 공격이 단계별로 구분되는 재래 전쟁과 달리 새로운 전쟁에서는 이런 단계 구분이 무의미하며 방어와 공격이 동시에 이루어진다. "없어져야 할 나라" 북한에 대한 더 공격적이고 선제적인 군사행동, 북한의 정권과 주민에 대한 이중 접근, 분란 조성과 안정화라는 모순된 접근, 국가급 전쟁과 내전의 병행이 바로 제4세대 전쟁이라는 설명처럼 보인다.

"어떤 정치적 표현도 구애되지 말고 구사하라"

북한의 급변 사태 발생 가능성에 대해서도 5월 14일 백브리핑 자료에서는 "조만간 붕괴될 가능성이 있다"는 분석과 "가능성이 크지 않다"는 분석을 균형감 있게 소개하고 있기는 하다. 그러나 언젠가는 "없어져야 할 나라"인 북한이 급변 사태 대비계획의 기본 전제이며, 가장 현실적인 통일 방안이라는 결론 자체는 흔들리지 않는다. 더군다나 선거 국면에서 이를 외부로 표출함으로써 국내 정치에서도 군이 안보의 목적상 필요하다면 '종북 내전'을 수행하는 전위대가 되어야 한다는 인식까지 정착된 것으로 보인다. 군의 역할이 단순한 한반도 방위라는 본연의 임무에 국한되는 게 아니라 국내 정치라는 민간의 영역으로도 확대되는 징후가 도처에서 나타나는 것이다.

이럴 경우 정치와 행정과 군사의 경계선이 희미해진다. 국가안보에 대한 군의 책임성은 곧 정치에 대한 책임성으로 확대되며, 이것이 지난 선거에서 군이 정치에 개입한 주된 명분으로 작동했다. 전쟁관의 변화는 군이 새로운 정치집단으로 재창조되고 있음을 의미한다. 여기에서 군은 국민의 명령에 따라 군사 기능을 수행하는 대리인, 즉 에이전트에 만족하지 않는 하나의 권력으로서 파워집단이 된다.

이를 정당화하는 것이 바로 현대전쟁의 양상이다. 국가 유사시에 모든 것을 군이 직접 장악하고 통제하고 주도하지 않으면 안보의 목적이 달성되기 어렵다는 소위 남한식 선군先軍의 개념이다. 어쩌면 북한의 선동에 사상적으로 오염되어 있을지도 모르는 불확실한 국민이 아니라 잘 조직되고 국가관으로 무장된 군대만이 국가안보의 가장 믿을 수 있는 최후의 보루라고 믿는다. 또한 평시에도 끊임없는 북한의 대남 분란전과 심리전, 사이버공격에도 대비하려면 군의 역할이 민간과 정치로 확대되어야 한다는 그들만의 집단사고가 있다.

"어떤 정치적 표현도 구애되지 말고 구사하라"는 2014년 대통령 선거 당시 국방부 사이버사령부의 댓글부대에 대한 활동 지침이나 민간에 대한 안보교육은 그 자체로 북한의 분란전에 대한 평시 전쟁의 일환이다. 게다가 북한의 오락가락하는 외교 행태와 장성택 처형 결정에서 묵한 강경파에 이끌려 다닌 김정은의 리더십을 고려할 때 이제 북한 급변 사태에도 철저히 대비한다는 인식의 당위성이 확립되는 과정처럼 느껴진다.

그러나 여기에는 의문이 있다. 이런 군사적 관점과 전쟁의 논리가 남북관계를 주도하고 국가정책 결정의 핵심이 될 경우 국가의 위기는 누가 관리하게 될까? 단호하고 대담한 군사행동을 촉구하는 전쟁의 논리에만 충실했다면, 1962년의 쿠바 미사일 위기가 발생했을 때 제3차 세계대전이 일어났을 가능성이 매우 컸고, 그것은 핵전쟁이었다. 존 F. 케네디 대통령이 전쟁의 논리를 견제하고 통제하지 않았더라면 인류는 돌이킬 수 없는 재앙을 피하기 어려웠을 것이다. 반면 제어되지 않는 전쟁의 논리를 앞세운 조지 W. 부시 대통령이 아프가니스탄과 이라크에서 겪은 참담한 실패에는 모종의 교훈이 있지 않을까? 오직 선제적인 군사행동을 신봉하는 김관진 국방부 장관이 청와대 국가안보실장으로 영전한 것은 바로 이런 우려를 증폭시킨다. '제4세대 전쟁'이라는 말을 군에 확대시킨 장본인이 바로 김관진 국가안보실장이다.

우리는 미래의 전쟁 양상과 북한의 내부 사정에 대해 정확히 예측할 수 없다. 흔히 군사전문가들은 북한에 대해 자연현상을 다루는 것처럼 강압, 억제, 고립, 붕괴, 격멸이라는 군사의 법칙을 들이댄다. 그러나 북한은 우리가 예측할 수 없다. 왜냐하면 그들은 자연이 아니라 의지와 관념을 갖고 있는 인간 집단이기 때문이다. 북한은 북한 나름으로 가치 체계와 선호도가 있고, 주민들의 관심사도 다양하게 분포되어 있다. 그러나 우리가 북한에 대한 분란전과 안정화 작전을 수행한다고 하면서도 아직도 북한 주민의 인식 체계나 선호도에 대한 기본 모델조차 갖고 있지 못한 상황이다. 그들을 인간으로 본 것이 아니라 자연처럼 보는 우리의 우월적 태도와 일방적인 관점 때문이다.

어떤 근거로 북한에서 우리의 우호세력을 확보해 분란전에 투입해야 한다는 것인지, 어떻게 안정화 작전을 한다는 것인지 그 근거를 찾기 어렵다. 실제 북한을 들여다보면 이런 계획이 갖고 있는 허술함은 곳곳에서 표출될 것이기 때문에 아직은 구호에 불과하다는 인색한 평가를 모면하기 어렵다. 핵미사일 시대에 정작 우리의 적은 북한이 아니라 전쟁 가능성, 그 자체일 것이다. 이를 제거하는 것이 최고의 위기관리라고 한다면 '제4세대 전쟁'과 같은 전쟁의 논리나 북한은 없어져야 할 나라라는 식의 접근법은 당분간 보이지 않는 곳에 숨겨두는 편이 현명할 것이다.

흑색선전보다 초코파이가 효과적이다

어느 날, 북한 공작원이 되었다

북한을 탈출해서 국내에 정착한 지 20년이 된 탈북자 A씨는 2012년에 황당한 일을 겪었다. 평소 남한 사회에 대한 문제의식을 담은 글을 필명으로 서울의 한 언론사에 기고한 게 발단이었다. 얼마 뒤 탈북자들이 종합편성채널에 나와 "북한 공작원이 사이버공간에서 대남 심리전을 수행하고 있다"며 그 근거로 이 글을 지목했다. A씨가 글을 올린 곳이 그가 거주한 제주도였는데, 종합편성채널에 나온 탈북자들은 이를 추적해서 "북한 공작원이 제주도 통신케이블 회사까지 거점으로 활용하고 있다"는 황당한 해석까지 덧붙였다. 이 때문에 지극히 상식적인 글을 기고했다고 생각하는 A씨는 졸지에 자신이 북한 공작원으로 둔갑했다는 사실을 알고 경악했다.

북한과의 사이버 심리전을 수행하는 국정원 심리전단이나 국방부 사이버사령부 등은 "북한이 인터넷을 통해 우리 생활 깊숙이 침투해 대남 선전·선동을 하고 있다"고 주장해왔다. 국내 종북세력과 연계된 북한 공작원이 사이버 심리전을 수행하기 때문에 자신들도 대응할 수밖에 없었다는 항변이다. 남재준 국정원장은 2013년 11월 국회 국정감사에서 "북한 국방위와 노동당 산하에 1,700여 명으로 구성된 7개의 해킹 조직이 있으며, 프락치를 이용해 남한의 정책을 비방하고 총선·대선 개입 선동 등의 글을 국내에 실시간으로 유포·확산하고 있다"고 밝힌 바 있다.

이제껏 북한 공작원이 직접 야당을 지지하거나 옹호하는 활동이 밝혀진 사례는 없다. 앞서 말한 A씨와 같이 애꿎은 사람이 북한 공작원으로 지목되는 사례만 있다. 반면 검찰은 대선에 개입한 국정원이 SNS에 올리거나 퍼나른 글이 121만 건이라고 밝혔다. 당시 민주당 진성준 의원은 국방부 사이버사령부가 심리전 홍보 활동을 총 2,300만 회 달성했다는 사실을 공개했다. 이상하지 않은가? 북한 공작원은 워낙 신출귀몰해서 아무런 흔적이 없는데, 우리 정보기관원들은 얼마나 무능하기에 검찰과 야당에 그 행적이 탈탈 털리는가 말이다.

북한이 제3국에서 은밀한 방식으로 사이버전쟁을 준비한다면, 우리도 그에 합당한 방식으로 대응해야 이를 차단할 수 있다. 우리는 왜 이렇게 허술할까? 한 정보기관 관계자들의 증언에 따르면 국정원의 대선·정치 개입이 검찰의 수사 대상이 된 2013년 우리 정보기관은 북한이 온라인상에서 야당 후보를 지지한 정황이나 증거를 찾기 위해 필사적으로 노력했지만 그마저도 성공하지 못했다. 정보기관에서 말하는 사이버전쟁 대응 논리가 궁색하다는 점을 알 수 있다.

『네이버 사전』에 의하면 심리전이란 "명백한 군사적 적대 행위 없이 적군이나 상대국 국민에게 심리적인 자극과 압력을 주어 자기 나라의 정치·외교·군사 면에 유리하도록 이끄는 전쟁"이라고 정의된다. 심리전에는 방송·확성기·언론·전단·물품이 동원되고 직접 상대편을 대면해서 회유·설득·동조시키는 등 다양한 방법이 동원된다. 1990년 통일 당시 서독의 심리전 총책임자로 2013년 10월 한국을 방문한 오르트빈 부흐벤더Ortwin Buchbender 예비역 대령은 연세대학교 강연에서 매우 흥미로운 증언을 했다.

냉전 당시에 서독과 동독은 서로 상대방에 대규모의 스파이를 운용했고, 1972년까지는 다량의 전단이 살포되었다. 그러나 정부가 실시한 심리전보다 큰 효과를 발휘한 것은 다름 아닌 민간 텔레비전의 광고였다. 심리전 부대가 살포한 전단에도 주로 서독의 중고차 가격, 식품

종류, 백화점 세일 소식과 같은 생활정보가 대부분이었다. 상대방에 대한 체제 비방이나 정치 지도자의 권위를 훼손하는 내용은 일체 없었다. 오직 서독이 사는 생활상을 있는 그대로 드러내준다는 데 심리전의 초점이 맞춰졌다. 부흐벤더 대령은 "당시에 우리는 심리전의 가장 강력한 무기는 진실이라고 생각했다"고 말했다.

서독군에 의한 심리전은 대성공이었다. 1963년부터 1989년까지 장벽과 지뢰, 기관총으로 무장한 감시망을 뚫고 총 2,064명의 동독군이 서독으로 탈출했다. "접근을 통한 변화Wandel durch Annäherung"라고 불리는 1972년 빌리 브란트Willy Brandt 총리의 동방정책과 방송매체에 의한 심리전이 병행되었기에 가능했다. 그 비결은 정치 논리를 배제하고 오직 신뢰와 진실로 동독군과 주민들에게 접근했다는 점이다. 서독의 심리전의 또 하나 간과할 수 없는 원칙은 자신의 존재와 정보 출처를 숨기는 '흑색선전'을 일체 하지 않았다는 점이다. 그 대신 심리전 수행 기관이 드러나지 않도록 하는 '회색선전'만 채택했다.

부흐벤더 대령은 2000년 베를린 훔볼트대학에서 김대중 당시 대통령이 대북 햇볕정책을 발표할 때 이를 직접 듣고는 "지금도 그 감동을 잊을 수 없다"고 말했다. 그러한 대북 접근 정책과 진실에 바탕을 둔 심리전이 일관되게 진행되지 않으면 북한을 변화시킬 수 없다는 게 그의 주장이다. 했다 그가 한국에 와서 북한의 퍼스트레이디인 리설주가 사라졌다는 소식을 북한 주민들에게 알리는 대북 전단이 살포되는 것을 보고 "이렇게 하면 무슨 성과가 있을까?"라며 의문을 표시했다.

'종북 프레임'에 갇힌 국방부

탈북자 출신으로 북한 관련 언론 기고 활동을 하는 김형덕에 의하면, "우리의 대북 심리전은 북한 주민의 선호 체계, 가치 체계를 완전히 무시하고 상대방의 정치 체제를 흔드는 목적으로 수행되기 때문에 효과가 전혀 없다"고 단언했다. 그것은 북한 공작원이 대선에 개입하는 사이버 선전·선동이 효과가 없는 것과 동일한 이치다. 더불어 그는 "북한 주민의 관심은 역시 잘사는 것, 가치 있게 사는 것에 있다"며 "우리가 그 관심에 부합하는 유용한 정보나 소식을 전해주는 것이어야 히는데, 묵한 주민의 선호 체계에 대한 지식이나 모델도 없이 정치 논리로 심리전이 수행되고 있다"는 지적이다. 제대로 심리전이 수행되려면 북한을 포용하려는 정치적 의지가 밑바탕이 되고 거기에 북한 주민들의 관심을 고려한 진실하고 친절한 접근이어야 하는데, 우리 심리전은 북한에 대한 적개심을 근거로 수행되는 정치적 구호에 불과하다. 이런 방식으로는 절대 북한 주민들을 변화시킬 수 없다.

북한 체제를 좀더 창의적으로 모욕하면서 우리 체제의 우월성을 선전하는 방식의 심리전은 심리전이라기보다는 일종의 '북한 체제 흔들기'에 해당된다. 이것은 심리전의 변종인 '폭동 일으키기' 또는 사보타주sabotage 시도다. 그래서 그런지 북한 주민이 우리 정부가 주체가 된 심리전으로 인해 동요했다거나 변화하고 있다는 말이 전혀 들리지 않는다. 반면에 남한의 영화나 라면, 초코파이가 더 효과적이다. 김형덕은 "가장 효과적인 심리전 수단은 라디오"라고 말했다.

한편 북한 사이버 공작원의 실체가 모호한 가운데 국내의 종북세력이라고 군이 주장하는 국민을 대상으로 한 심리전은 어떤가? 국방부의 사이버 심리전은 군이 고수하고 있는 '종북세력과의 전쟁'이라고 하는 신념 체계와 불가분의 관계가 있다. 그런데 국방부의 종북 프레임에는 몇 가지 중요한 가정이 있다.

첫째, "국가는 항상 실패하고 파멸할 수 있다"는 비관적 국가관이다. 2013년에 반유신·반독재 민주화운동을 종북 행위라고 규정해 말썽이 된 육군교육사령부가 제작한 『나의 조국! 자랑스러운 대한민국』에서는 "월남과 중국은 극소수의 이적세력에 의해 공산화가 되었다"는 표현이 자주 구사되었다. 그런데 이 대목은 보수단체에 의해서 거의 예외 없이 인용되는데, 주로 신문 광고에서 "우리 사회는 월남 패망 직전과 거의 유사"하다는 표현이 등장한다. 여기에는 국가가 아주 미묘하고 사소한 사건, 또는 극소수의 세력에 의해 안보에 실패할 수 있다는 비관적 가정이 있다. 이 교재에서도 베트남 공산세력의 수는 인구의 0.6 퍼센트에 지나지 않았고, 중국은 불과 13명에서 공산주의 운동이 시작되었으나, 이 적은 수의 공산주의자가 바이러스처럼 일순간에 국가 전체를 오염시키고 붕괴시키는 것으로 기술한다.

둘째, 민주주의 체제는 전체주의와의 대결에서 불리하다는 가정이다. 물론 이러한 가정은 이 교재에서 언급하는 '대한민국의 자유민주주의 체제의 우월성 논리'와 모순되는 것처럼 보인다. 그러나 교재에서도 지적하듯이 자유민주주의는 전체주의에 비해 '우월'한 것이지 '유리'한 것은 아니다. 전체주의는 잘 단결되어 있는 반면에 민주주의는 그렇지 못하기 때문이다. 여기에서 전체주의에 비해 불리한 점을 만회하기 위해서는 민주주의 약점을 보완해야 할 필요성이 제기되는데, 그것이 바로 군대라는 집단적 힘이 사회에 영향력을 행사하는 논리적 근거가 된다. 국가의 적인 종북세력을 상대로 군이 '사상전'과 '심리전'을 전개해서 이겨야 한다는 이유로 발전한다. 민주주의에 대한 불안은 남북한의 평화통일에 대해서도 회의적이다. 이 점은 정신교육을 경험한 많은 장병의 증언으로도 확인되는데, 그 주된 논리는 남북한이 합의에 의해 통일이 된다면 북한은 유일당이고 남한은 다당제이기 때문에 선거를 하면 북한 노동당이 승리하게 되어 있다고 본다.

셋째, 법률주의와 도덕주의의 결합이다. 이것은 미국에서 수입된 사상이라고 할 수 있는데, 미국은 제2차 세계대전을 겪으면서 전체주의 체제의 완전 종식과 무조건적 항복을 요구하는 대량전을 수행했다. 전쟁의 목표는 내 법률과 도덕을 상대방에게 관철시키는 것이고, 이것은 상대방 체제의 완전 붕괴와 국가의 파멸, 다수의 민간인 피해를 정당화했다. 이 목적을 수행하기 위해서라면 어쩌면 종족 말살까지 불사해야 한다는 무한 목표이기 때문에 이후 미국 내에서도 '과도한 대외 문제 개입'이라는 부작용을 초래했고 많은 비판에 직면했다. 국가라는 존재는 정치 체제를 불문하고 생존과 안보를 추구하는 데 동일하다는 현실주의 사상이 제2차 세계대전 이후에 등장하면서 이러한 법률주의와 도덕주의의 결합은 대외 문제 해결에서 위험한 사상으로 전락했다. 그러나 우리는 유독 북한에 대해 강한 법률적·도덕적 접근법을 고수하는데, 이렇게 되면 우리가 북한에 대해 가부장적인 지도력을 발휘해 체벌하고 교화시켜야 한다는 도덕적 의무까지 진다. 반면 북한이라는 적을 인정하고 타협하는 것은 불온시되며, 공존과 협력은 불가능하거나 위험한 것으로 치부된다.

그러나 이러한 불안 심리는 우리 군의 장교단이 갖고 있는 집단 편견이다. 이런 식의 편견은 헤아릴 수 없이 많다. 의사는 언젠가 신종 바이러스 출현으로 인류가 전염병에 멸망할 것이라고 믿는다. 천문학자는 언젠가 혜성이 지구와 충돌해 인류가 멸망할 것으로 믿는다. 성직자는 신의 심판으로 인류가 불과 유황불로 멸망할 것으로 믿는다. 마찬가지로 지금 우리 군 장교단의 상당수는 "결정적 시기에 북한과 종북세력에 의해 3일 만에 대한민국이 공산화된다"고 실제로 믿는다. 2013년 3월에 김정은은 "우리식 전면전"을 표방하고 "3일 전쟁 계획"을 공개한 것을 거의 그대로 믿는다. 이런 사고는 잘못된 것이라기보다 직업적 편견에 가깝다.

제임스 포레스털을 기억하라

군사적 편견이 잘못 적용됨으로써 냉전이 태동한 구체적 사례가 있다. 1947년에 미국 초대 국방부 장관에 취임한 사람은 제임스 포레스털 James Forrestal이다. 당시 미국은 소련이라는 새로운 정체불명의 세력이 미국에 내한 위협인지 아닌지를 둘러싸고 일대 혼란을 겪고 있었다. 포레스털은 그가 재임한 2년 동안 온통 "소련이 곧 쳐들어온다"는 생각뿐이었다. 그와 결혼한 조지핀 오그던Josephine Ogden 역시 포레스털이 재직하는 동안 "빨갱이들이 자신과 가족을 미행하며 암살할 것"이라는 편집증에 시달렸다.

공산주의에 대한 공포는 그녀의 정신을 분열시켰으며, 알코올 중독에 빠지게 했다. 1949년에 국방부 장관직에서 퇴임한 포레스털은 신경쇠약에 걸려 강제로 병원에 입원되었다. 얼마 지나지 않아 그는 지하 외딴방에서 목을 매 자살한다. "국가가 곧 파멸할지도 모른다"는 불안감은 소련에 유화적인 미국 내의 적을 향한 전쟁으로 비화되어 이것이 1950년대 초에 가장 수치스러운 '매카시 광풍'으로 이어진다.

불안 심리에서 나오는 심리전은 어느새 상대방을 변화시키는 것이 아니라 자신을 구속하는 족쇄가 된다. 우선 심리전을 수행하는 당사자 자신이 인간의 보편적 이성과 양심, 불굴의 용기, 자기 결정 능력에 대한 경외심을 상실한다. 오직 인간은 나약하고 공포에 약한 존재이기 때문에 이 나약함을 보완해주는 집단이나 조직의 권위에 복종해야 한다고 간편하게 결론을 내린다. 이럴 경우 국가는 개인의 한계를 극복해주는 신성한 권위가 된다. 우리 사회의 종북 프레임과 우파 국가주의 이데올로기는 바로 그러한 불안 심리의 변종이자, 부정적 인간관에서 나오는 것들이다. 이렇게 되면 심리전을 수행하는 주체가 바로 심리전에 스스로 걸려든다. 이러한 집단 불안의 히스테리와 광기가 내부의 적에게 공격적인 우파 사회운동으로 확산된다. 지금 국정원과 국방부의 심리전은 바로 그런 방향으로 왜곡된 셈이다.

따라서 국정원과 국방부 사이버사령부는 심리전을 수행하기에 앞서 심리전의 원래 의미, 즉 프로토타입prototype을 회복해야 한다. 진정인 심리전이란 상내방의 긍정성에 가까이 다가가는 것이 되어야 한다.

여기에서 상대방을 설득·회유·응종·복종시키는 '태도의 변화'를 유도해야 하는데, 우리는 그러한 성과를 북한에서 거두지 못하고 우리 국민을 불신하게 하는 자기파괴적인 심리전을 자행하고 말았다. 이 때문에 불법적인 댓글로 상대방을 모욕하고 거짓 선전을 퍼뜨리며 편향된 정치 논리를 확산시켰다면, 그 자체로 실패한 심리전이다. 아무리 종북 세력과의 전쟁이라는 명분으로 포장해도 그 사실은 달라지지 않는다.

박동혁 병장이 탄 참수리호는 왜 아둔했는가?

누가 차단기동을 지시했는가?

영화 〈연평해전〉이 400만 관객을 돌파하면서 2002년 6월 29일 서해에서 벌어진 참혹한 죽음이 재조명을 받고 있다(2016년 2월 현재 약 604만 관객). 북한 경비정 684호의 기습으로 한국의 참수리 고속정에 승선한 28명 중 6명이 숨지고 19명이 부상한 끔찍한 피해가 있었다. 침몰한 고속정에서 28명 중 25명이 사상되었다면 거의 전멸이라고 보아야 한다. 그중에서도 영화의 주인공인 의무병 박동혁 병장(당시 상병)의 죽음은 더욱 안타깝고 비극적이다. 다친 동료들을 치료하기 위해 갑판에서 뛰어다니던 그는 약 130개의 파편이 몸에 박혔다. 나중에 수술해서 빼내니 그 무게만 3킬로그램이 넘었다. 잠시 호전되는 것 같던 그는 결국 9월 20일 숨을 거두었다. 6명의 사망자 중 마지막이었다. 영화를 보던 많은 관객이 결국 울게 되는 장면이다.

그러나 지금까지도 참혹한 이 교전의 진상은 제대로 밝혀지지 않았다. 당시 전투 상황을 규명할 수 있는 교신기록과 합동참모본부의 전투상보戰鬪詳報가 기밀로 분류되어 있을 뿐만 아니라 제대로 된 해군의 전사기록이나 교훈집도 발간된 적이 없다. 당시 적정敵情에 대한 동향이라고 할 수 있는 정보기관의 특수정보와 군 내부 동향보고도 극히 일부만 알려져 북한의 도발 동기와 계획에 대한 전모를 파악하기 곤란하다. 국회 차원의 조사도 제대로 이루어진 적이 없어, 기습을 허용한 우리 군의 부실한 대응에 대해서도 어떠한 원인과 책임을 규명하지 못했다. 한마디로 2002년 제2연평해전에 대해 한국 사회는 진실을 규명해야 할 책임을 철저히 방기한 채 그 비극의 결과만 우리가 영화로 보고 있다.

가장 중요한 의문은 이것이다. 우리 고속정 252편대(참수리 357호, 358호)에 "북한 경비정 684호에 대해 차단기동을 실시하라"고 지시한 사람이 도대체 누구냐는 것이다. 영화에서는 해군 제2함대사령부 지휘통제실에서 제2함대사령관 정병칠 제독이 직접 해군전술지휘통제체계 KNTDS로 현장 상황을 통제하면서 "근접 차단하라"고 지시하는 장면이

나온다. 이에 전사한 357정 정장인 윤영하 대위는 이러한 근접 차단기
동이 불합리한 줄을 알면서도 상부의 지시에 따라 북한 경비정에 접근
하는 것으로 묘사되었다. 그러나 2010년에 작고한 정병칠 사령관은 사
망 직전까지 여러 지인에게 "나는 근접 차단을 지시한 적이 없다"고 여
러 차례 말했다.

당시 해군본부 관계자는 나에게 "정병칠 사령관은 '적 함정과 3킬
로미터 거리를 유지하라'고 지시해놓은 상태였다"고 증언했다. 게다가
교전 당시 정병칠 사령관 자신은 지하 1층의 상황실에서 벗어나 지상
2층의 사령관 집무실에 올라가 있었고 현장 지휘는 참모들에게 위임한
상태였다고도 했다. 이런 정황을 고려하면 당시 제2함대는 교전이 벌
어질 상황이 아니었다는 판단이었던 것으로 보인다. 이 말의 진실성에
논란의 소지는 있다고 하더라도 누가 근접 차단을 지시했느냐는 반드
시 규명해야 할 핵심 질문이다.

이 논란에 대해 당시 합동참모본부의 이남신 합참의장, 이상희 작
전본부장, 안기석 작전처장 등은 "연평 해역에서의 작전은 해군작전사
령부 소관"이라며 "합참은 현장 작전에 개입하지 않았다"고 주장했다.
심지어 이날 합참의장은 서해에서 오전 10시쯤에 교전 상황이 벌어졌
는데도 김동신 국방부 장관과 함께 국방부 인근의 국방회관에서 장군
진급자 축하 오찬까지 마치느라고 오후가 될 무렵까지 합참에 들어오

지 않았다. 교전 상황이 벌어지고 한참 지난 시각에 제2함대사령부에서 합참에 접수된 최초 보고가 "적함이 불타고 있다"는 것이어서 합참 지휘통제실 장교들은 제1연평해전과 같은 이긴 전투라고 생각하고 박수까지 보냈다.

이것이 나에게 밝힌 당시 합참 고위직들의 입장이다. 그다음엔 모두 밥 먹으러 갔다. 어떤 비상사태도 발령되지 않았다. 우리 쪽에 피해가 있었다는 사실은 꿈에도 몰랐기 때문이라는 주장이다. 이것이 사실이라면 보고를 태만히 했거나 현장 상황을 파악하지 못한 해군의 책임을 면할 길이 없다. 이렇게 보면 오후가 되어서도 합참은 아무것도 몰랐고 아무런 조치도 하지 않았다는 변명은 성립된다.

왜 군에는 지휘관이 있는가?

그렇다면 해군작전사령부의 상황은 어땠을까? 당시 해군작전사령관은 훗날 해군 참모총장을 지낸 문정일 제독이었고, 그 밑에서 작전을 주관하는 작전참모처 처장이 전 합참의장인 최윤희 제독이다. 내가 문정일 제독에게 당시 상황에 대해 물어보니 "참수리 고속정이 왜 북 함정에 근접했는지는 오직 정병칠 사령관이 잘 알고 있었을 것"이라고 답했다. 더불어 그는 "당시 어떤 작전지침, 어떤 전술교범, 어떤 교전수칙에도 그렇게 저속(시속 6노트)으로 북 함정에 근접하라는 이야기는 없었다"는 주장이다.

그렇다면 영화에서 우리 고속정 편대에 "차단기동을 하라"고 지시하는 저 섬뜩한 목소리의 주인공은 과연 누구란 말인가? 이를 밝히려면 당시 교신기록 전체를 분석해야 할 것이지만, 지금까지 군이 그런 규명을 했다는 이야기가 들리지 않는다. 영화 〈연평해전〉이 우리를 가장 혼란스럽게 하는 것은 당시 작전의 책임자 누구도 차단기동을 직접 지시했다는 것을 부인하는데, 우리 고속정이 그런 부당한 지시에 의해 움직인 것으로 묘사되는 부분이다. 지시한 사람이 명확하지 않으니 추상적인 교전수칙이라는 규범이 모든 책임을 져야 할 주범이 된다. 교전수칙에 차단기동을 하라고 되어 있으니 모든 작전의 책임자들은 형식적으로 움직이는 기계에 지나지 않는다는 주장처럼 들린다. 이럴 바에는 왜 군에는 지휘관이 있고 통제 절차라는 게 있단 말인가? 전술교범이나 교전수칙만 있으면 군은 저절로 굴러가는데 말이다.

게다가 차단기동이라고 하는 용어의 의미도 정확하게 이해할 필요가 있다. 영화에서처럼 차단기동이 우리 함정이 남하하는 적 함정에 옆구리를 들이대고 막으라는 의미가 맞느냐는 것이다. 이런 방식은 1999년 6월 15일의 제1연평해전 때 어선과 남북의 경비정이 뒤엉킨 상황에서 우 니서 부편의 함정을 고속으로 들이받은 소위 '밀어내기 기동'을 의미하는 것처럼 보인다. 그러나 제1연평해전 당시에도 북한의 함정을 몸으로 막아 스스로 '들이받히는' 경우는 찾아보기 어려웠다.

북한 경비정 684호가 남하하는 최대 속도는 약 20노트로 알려져 있는데, 이것을 우리 고속정이 막아서면 선체가 찌그러지거나 함정의 장비가 파손된다. 반면 참수리 고속정은 최대 속도가 시속 30노트에 달하기 때문에 북한 함정의 후미를 치거나 빠른 속도로 물살을 일으키며 지나가면 북한 함정이 견딜 수가 없다. 실제로 이런 일이 일어난 제1연평해전 당시 밀어내기 기동의 백미는 우리 고속정이 전속력으로 나아가 북한 함정을 '들이받은' 것이었다.

우세한 기동력으로 북한 함정을 제압한 이런 차단기동은 나름 효과가 있는 전술이었다. 여기서 차단기동은 우리 함정의 우수한 기동성을 발휘해 적을 제압하라는 의미이지 그런 장점을 다 빼버리고 스스로 불리한 상황에 처하라는 의미는 아니었을 것이다. 실제로 그린 지시가 상부에서 있었다면 이것은 범죄나 다름없다.

제2연평해전에서는 북한 경비정 684호의 모든 화력이 참수리 357호를 정조준하고 있었다. 이것을 보면서도 고속정 편대가 저속으로 옆구리를 노출시킨 것이 차단기동이라고 한다면 이는 자살행위다. 이런 기동을 상부에서 지시했다는 것이 이 영화의 주장이라면 지금이라도 국회는 국정조사를 통해 그 전모를 밝혀야 한다. 제대로 진상규명을 하지 않고 교전수칙과 차단기동이라는 용어를 남발하는 이런 식의 불성실한 태도는 자칫 책임의 문제에서 상당한 혼란을 조성하기 때문이다.

여기서 해군 전력과 전술의 특성에 대한 우리의 이해를 가다듬을 필요가 있다. 방어와 공격 작전이 구분되는 것은 지상군의 사고방식이다. 엄폐물이 많은 지상전에서는 일단 방어를 한 다음에 공격으로 전환하는 것이 일반적이다. 그러나 해상이나 공중과 같이 엄폐물이 없는 해·공군에는 방어 후에 공격한다는 개념 자체가 맞지 않는다. 함정이나 전투기는 그 자체가 공격무기이지 방어무기가 될 수 없다. 이런 해군력은 융통성, 기동성, 공격성이 그 속성이 되기 때문에 무슨 북방한계선NLL을 수호한다는 선방어 개념과 그 일환으로 밀어내기 기동, 또는 한 장소를 선택해 점령하는 식의 지상군식 점령 개념이 없다. 오직 공격한 다음 귀환하는 전력일 뿐이다.

그렇다면 영화에서와 같이 북방한계선을 지키기 위해 함정이 적의 기동 경로 앞에 가서 대기하며 지킨다는 식의 개념은 바다에 관한 최고의 전문가라는 해군이 보기에는 아마추어 발상일 뿐 아니라 지상군식의 부적절한 판단이라고 볼 것이다. 아무리 상부의 지시가 있었다 할지라도 이럴 경우 현장 지휘관은 자신의 해양에 대한 전문성으로 이를 재해석해 스스로 자위권을 행사할 수 있는 조치를 준비해야 한다. 그것이 바보 지휘관의 책임이다. 그러나 상부 지시 탓으로 모든 책임을 전가하는 것은 어리석은 패장의 변명이다.

"누가 박동혁 병장을 죽였는가?"

당시 우리 해군의 작전 양상을 보면 전투대형을 갖춰 북한 함정에 접근한 것이 아니라 원칙 없이 줄지어 가다가 갑작스러운 상황에서 대응할 엄두를 내지 못했을 가능성이 크다. 게다가 중요 작전에서 고속정 편대가 작전을 하면 인근에서 초계함이 호위를 하도록 되어 있다. 그러나 우리 초계함은 전투 수역에서 13킬로미터 떨어진 곳에 있어 즉시 지원도 하지 못했던 것으로 알려졌다. 이 역시 접적接敵 수역에서 작전의 기본이 망각된 잘못된 조치였다.

영화에서 확연히 드러나지는 않지만 이런저런 실수가 쌓이면서 북한 함정의 기습을 당할 수 있는 여러 조건이 충족되었다. 이는 선제사격을 금지하고 차단기능을 명시한 교전수칙과는 전혀 다른 문제다. 실제로 교진이 끝나고 아군의 희생이 상당했다는 사실이 밝혀지자 당시 청와대는 이 사건의 진상을 조사했다.

청와대 국정상황실이 주도가 되어 합참과 한미연합사령부, 제2함대사령부, 일선의 편대장들까지 모든 진술을 종합한 결과 서해에서 교전 사태에 대한 대략적인 정리가 있었던 것으로 확인된다. 당시 국정상황실에서 이 사건을 조사한 행정관(당시 중령)은 제2함대 예하 전력에 상당한 기강문란으로 작전의 기본 원칙이 무시되었다는 사실을 확인한 것으로 알려졌다. 물론 여기서도 북한이 선제공격으로 의도적으로 우리를 공격한 사건의 본질은 훼손되지 않았다. 이런 제반 작전 상황에 대한 종합적 평가가 누락되고 "교전수칙 때문에 우리 전투원들이 희생되었다"는 식의 단순한 주장은 역사적 사건에 대해 매우 불성실한 정치적 주장이다.

이 문제를 규명하려면 적어도 당시 교신기록과 전투상보, 조사기록, 관련자 증언이 나와야 한다. 또한 우리 대응의 적절성에 대해서는 당시 침몰된 357정에 대한 인양 결과 보고서도 반드시 공개되어야 한다. 어쩌면 〈연평해전〉 영화 제작은 이러한 진상규명을 위한 좋은 계기일 수 있다. 가장 이해하기 어려운 당사자는 다름 아닌 야당이다. 더불어민주당에는 연평해전이 일어날 당시의 청와대 비서실장, 국정상황실장이 국회의원으로 있다. 매년 연평해전에 대해 보수언론이 김대중 대통령을 공격하는 동안에도 이들은 남의 일처럼 취급하며 단 한 번도 이에 대해 해명을 하지 않는다. 적어도 당시 청와대가 진상을 제대로 규명하고 책임자를 가려내고 대통령이 직접 국민에게 사과했더라면 역사는 달라졌을 것이다.

또한 분명 청와대와 국방부, 합참, 해군에도 적지 않은 과오가 있다. 이것을 인정하지 않고 피해가려는 것을 이해하기는 곤란할 것이다.

인정할 것은 인정하면서 색깔론에 기댄 보수언론의 정치 공세는 단호하게 내쳐해야 하는데, 지금 야당의 태도는 이것도 저것도 아니다. 제대로 된 진상규명을 당시 청와대 고위층이라면 얼마든지 할 수 있는 일인데도 말이다. 지난 10여 년간 제2연평해전은 우리 사회에서 보수와 진보를 가르는 정치적 급소였다. 그러나 이 교전만큼 아직도 일체의 진실이 드러나지 않은 가운데 은폐, 왜곡, 변형된 사건은 찾아보기 드물다. 남북정상회담 대화록도 공개하는 나라가 이렇게 정치적으로 쟁점화된 사건에 대해 왜 진실을 말하지 않는 것일까? 그러면서 왜 이렇게 많은 정치적 주장은 난무하는 걸까? 진상이 드러나지 않은 이 역사적 사건에 우리는 다시 질문하지 않을 수 없다. "누가 박동혁 병장을 죽였는가?"*

* 의문이 꼬리를 물 무렵에 나는 교전 당시 고속정 252편대의 편대장호인 358호에 탑승하고 있었던 작전관 김동석 예비역 중위를 만날 수 있었다. 그는 자신은 물론 당시 교전 현장에 있었던 대부분의 장병들이 "영화를 보지 않는다"고 잘라 말했다. 영화를 보면 괴로운 심경을 이기지 못한다는 이야기다. 김동석 중위는 2002년 월드컵 기간 중에 특별경계령이 내려진 상황에서 작전이 장기간 이어질 것으로 예상하고 서울 시내에 외출했을 때 반찬으로 먹을 김을 잔뜩 장만했다. 운명의 그날, 어선을 단속하는 중에 편대의 다른 고속정인 357호와 바싹 붙게 되었는데 윤영하 대위가 나타났다. 평소에 참 좋아하던 선배였다. "선배님 이것 좀 드세요." 김동석 중위가 포장된 김을 꺼내 윤영하 대위에게 던졌다. 윤영하 대위가 씽긋 웃고 그 김을 주워 바지 주머니에 넣는 것이 보였다. 그리고 다시 돌아오는 중인 9시 45분에 북한 경비정이 출몰했으니 "차단하라"는 지시가 내려왔다. 제2함대 상황실의 호출 부호는 '꽃다발'이고 편대장호인 358호의 호출 부호는 '한송이'였다. 상황실 장교가 '한송이'를 호출하더니 북한 경비정 684호에 대해 "1,000야드 거리로 '서클circle 기동'을 하여 차단하라"는 지시가 내려왔다. 서클 기동이란 적 함정 주위를 선회하며 위력시위를 하

라는 이야기다. 이전에는 한 번도 내려온 적이 없는 이상한 지시였다. 이런 가까운 거리로 서클 기동을 하라는 것은 주로 어선을 단속할 때나 가능한 것이고 적 군함에 대해서는 절대 있을 수 없다. 그러나 주변 해역의 상황을 모르는 고속정은 적정을 판단해 주변 해역을 통제하는 제2함대 상황실의 지시를 따르게 되어 있다. 보통 어선을 단속하는 일상적인 임무는 소령인 상황실장이 상부 보고 없이 지시를 하는 경우가 많다. 그러나 북한 경비정이 출몰하는 경우는 적어도 제2함대 작전참모에게는 상황이 보고되어 그 지침을 받게 되어 있다.

그런데 어떤 교전수칙이나 작전지침에서도 나올 수 없는 단 한 번의 지시가 내려왔다. 바로 이것이 당시 문정일 해군작전사령관이 "도대체 그런 기동을 하라는 이야기는 어떤 교전수칙에도 없는 알 수 없는 기동이었다"며 "자신도 그런 지시가 내려진 이유를 모르겠다"고 말하는 대목이다. 그렇다면 이런 지시가 내려진 이유를 증언할 수 있는 유일한 인물은 당시 제2함대 작전참모 구옥회 대령밖에 없다. 그는 이 교전 이후 진급해 고위 장성으로 해군에서 전역했다. 그는 어떤 언론 인터뷰에도 나오지 않고 철저하게 침묵을 지키고 있다. 그가 증언을 하면 많은 오해가 풀릴 법도 하지만 진상을 여전히 은폐하려는 해군과 마찬가지로 침묵하고 있어 더는 진상이 밝혀지지 않는다.

이 '이상한 지시'의 당사자들이 침묵하고 있지만 현장에서 357호가 공격받으며 선교船橋에서 작전을 지휘하던 윤영하 대위가 즉사하고 전투원들이 하나둘 쓰러지기 시작했다. 놀란 358호가 앞서 나가다가 기수를 돌렸는데 북한 경비정 684호에서 쏜 총포탄이 바로 몇 미터 앞에서 무수한 물방울로 튀어올랐다. 40밀리미터 주포와 20밀리미터 부포를 동원해 북한 경비정에 마구 쏘았는데도 불이 붙지 않았다. 불길이 일다가 곧 꺼져버리고는 총탄 흔적만 남기고 침몰하지 않았다. 우리 고속정이 대간첩 작전 위주로 설계되어 있다 보니 무장이 빈약했던 탓이다. 그러는 동안에도 357호는 계속 총포탄을 맞았다.

교전이 종료되고 357호에 뛰어들어 사상된 전투원에 대한 구조가 시작되었을 때 김동석 중위는 먼저 윤영하 대위가 처참하게 사망한 사실을 확인했다. 그 시신을 들어 올려 데려오려는 순간 윤영하 대위에게 아까 던져준 포장 김이 주머니에서 비죽 나와 있는 것을 발견했다. 이것을 보는 순간 "윤 대위님"이라는 탄식이 저절로 나왔다. 한 중사는 20밀리미터 포 발사대에 있었는데 시신을 수습하지 못했다. 이미 가라앉고 있는 357호에서 미처 시신을 수습하기도 전에 배는 가라앉고 말았다. 357호는 도발을 한 북한 경비정에 거의 저항하지 못했다. 김동석 중위는 이제는 전역해서 직장인이다. 그는 나를 만난 자리에서 "357호는 저항하지 못하고 일방적으로 두들겨 맞았다"고 증언했다. 영화 〈연평해전〉에서 357호가 장렬하게 반격했다는 것도 사실과 다르다는 이야기다.

김동석 중위는 나에게 "당시 100야드 거리로 서클 기동을 하라는 제2함대의 지시가 모든 문제의 출발이었다 는 심실 미비어 해다 교전 이후 자신이 제2함대와 11번 통화를 했다는 사실도 말했다. 그리고 현장의 고속정 252편대는 기강이 문란하지도 않았으며, 평소에 북한 경비정을 상대로 그런 멍청한 기동을 한 적도 없었다. 이 교전이 있고 나서 교훈집이 정리되었다. 그런데 이 교훈집은 사실이 다른 것은 없으나 사실을 누락한 부분이 많아서 교전의 실체적 진실과는 거리가 있다. 여기서 그는 더 놀라운 주장도 했다. 당시 근접 차단기동 지시는 북한 경비정 388호에 접근하고 있었던 253편대에도 똑같이 전달되었다. 그런데 253편대장은 "이런 지시가 말이 되느냐"며 지시를 이행하지 않았다는 것이다. 반면 252편대는 지시를 받자마자 그대로 이행했다. 이것이 삶과 죽음을 가른 차이였다. 그런데 이후로도 제2함대나 여러 해군 관계자는 현장 대응에 문제가 있었던 것처럼 책임을 전가하거나 그 반대로 교전수칙이 잘못되어 어쩔 수 없는 희생이 있었던 것처럼 상반된 주장을 동시에 쏟아내며 책임을 회피하려고 했다.

"교전이 끝나고 제2함대에 복귀했을 때 가장 충격적인 것은 평택 제2함대가 아무 일도 없었던 것처럼 여전히 평정을 유지하고 있는 장면이었다"고 김동석 중위는 탄식했다. 그 후로 그는 부대 인근에서 매일 술을 마셨다. 지금껏 그는 영화 〈연평해전〉을 보지 않는다. 솔직히 볼 수가 없다. 이것은 정치적으로 왜곡된 슬픔의 덩어리다.

군사주의가 위협하는 민주주의

암투로 번진 군인들의 전쟁

박근혜 정부는 남재준 국정원장(육사 25기), 김장수 청와대 국가안보실장(육사 27기), 박흥렬 경호실장(육사 28기)을 발탁하고 김관진 국방부 장관(육사 28기)을 연임시켜 예비역 '4인방 체제'로 출범했다. 육군사관학교 출신 선후배들이 외교안보의 요직에 대거 진출함에 따라 국가안보의 패러다임이 국정기조에 강하게 반영되리라는 것은 누구나 짐작할 수 있다. 그러나 군 일선 장교들의 인사에 관한 불안은 더욱 고조되었다. 군 출신 유력자들이 요직에 대거 포진해 군 인사에 간섭할 경우 군 내부에서도 줄서기 경쟁이 치열해질 것이라는 우려 때문이다.

이 여론을 최초로 포착한 당사자는 당시 장경욱(육사 36기) 국군기무사령관이었다. 남재준 원장의 후원을 받아 국군기무사령관으로 발탁된 그가 출세가도를 달릴 것이라고 예견되던 시기에 돌연 청와대에 제출한 보고서가 문제가 되었다. 군 정기 인사를 앞둔 2013년 8월에 김기춘 청와대 비서실장에게 제출된 이 보고서에는 청와대 안보실장과 경호실장, 국정원장, 국방부 장관, 육군 참모총장 등을 지칭해 "군 인사를 관리하는 5개의 머리가 있다"는 야전 장교들의 불만 여론이 기록되어 있었다. 이 보고서에는 김장수 국가안보실장은 과거 육군본부 측근, 박흥렬 경호실장은 부산고 후배, 남재준 국정원장은 과거 육군본부 측근, 김관진 국방부 장관은 독일 육군사관학교 출신 후배를 각별히 챙긴다는 구체적 행태까지 적시되어 있었다.

이런 '위험한(?)' 보고서가 작성되었다는 것도 뜻밖이지만, 군 출신 유력 인사들이 정부 요직에 다수 포진하면 군이 그만큼 불안해진다는 관점도 이례적이다. 상식적으로 군을 잘 아는 인사들이 정부 내에 다수 포진한다면 군이 그만큼 안정적으로 관리될 것이라고 예상할 수 있다. 그러나 현실은 정반대였다. 군 출신은 반드시 옛날 자신의 부하나 측근을 챙기게 마련이고, 이것이 군 인사에 큰 변수가 된다는 데 대해 정작 일선 장교들은 불안해한다는 점 때문이다. 여기서 박근혜 정부 내에서 군 진급 인사를 둘러싸고 모종의 암투와 혼란이 예견되었다.

이 보고서 내용이 김장수·박홍렬·김관진에게 고스란히 누설되자 임명된 지 6개월 만인 2013년 10월에 김관진 장관은 장경욱 사령관의 중장 진급을 탈락시키고, 국군기무사령관직에서 전격 경질했다. 더불어 국군기무사령부의 핵심인 국방부 기무부대장(100기무부대장), 기무사 2부장, 참모장 등 주요 보직자까지 모두 교체해버렸다. 국군기무사령부 서열 1·2·3위의 목이 모두 날아간 것이다. 국군기무사령부 창설 이래 초유의 사태였다. 그렇게 물러난 장경욱 사령관은 정윤회 문건 파동이 터진 2014년 12월에 언론에 폭탄선언을 했다.

『한국일보』와의 인터뷰에서 "내가 군에서 잘린 건 거기(박지만)와 가까운 측근 군인들을 검증하다가 (괘씸죄를) 뒤집어쓰고 숨아진 것"으로 "군인들이 바깥에 줄을 대려고 혈안이 돼 있다"며 군대 내 만연한 파워게임의 실체를 폭로한 것이다. 육사 37기 출신인 박지만의 동기생들은 통상 육사 한 기수에서 5명 정도가 중장으로 진급하던 관례와 달리 박근혜 정부 첫 군 정기 인사에서 무려 8명이 중장으로 진출했다. 37기의 대약진이 이루어질 조짐이 보이자 국군기무사령부가 견제하려다 거꾸로 당한 것이라는 장경욱 사령관의 증언이 아니더라도 37기 이재수 중장이 국군기무사령관으로 영전한 것은 일명 '누나회(박지만의 육사 37기생들을 부르는 별칭)'가 군의 실세이자 대세라는 데 의심의 여지가 없어 보였다.

그런데 2014년 8월부터 또 이상한 조짐이 나타났다. 훗날 정윤회 문건 파동으로 나라가 발칵 뒤집어져 정윤회-십상시 세력과 박지만-공직기강비서관실의 세력 경쟁 구도가 확실히 드러났고, 그 결과는 박지만 쪽의 완패였다. 그런데 문건이 『세계일보』에 보도되기 이전인 2014년 8월부터 정권 내에서는 이 세력 경쟁이 이미 치열하게 전개되고 있었다. 그 여파는 고스란히 군으로 불똥이 튀어 군 내부에 박지만 동기생에 대한 대대적인 제거와 배제의 움직임으로 나타나고 있었다. 장경욱 사령관의 후임으로 임명된 이재수 사령관이 재임 1년 만에 전격 경질된 것도 박지만 세력 청산이라는 차원에서 이루어졌다.

박근혜 정부에서 세 번째 국군기무사령관이자 박지만과 육사 동기생으로 떠오르는 실세로 평가받던 이재수 사령관이 전격 경질되어 3군 사령부 부사령관으로 간 것이다. 이재수 사령관은 부임한 이래 육군 개혁 방향과 병영문화 혁신 방향 등 국군기무사령부 업무와 무관한 육군 정책발전을 위한 활동을 전개하면서, 국군기무사령부가 육군의 정책까지 좌지우지하는 과시적 행태를 보이는 것 아니냐는 눈총을 샀다. 그렇게 오지랖이 넓은 국군기무사령관이 윤 일병 사건과 같은 군대 내 주요 사건에 대해 "적시에 조언하지 못했다"며 자청해서 물러났다는 국방부 설명은 설득력이 없었다. 그 의미는 정윤회 문건 파동이 터지고 나서야 비로소 명확해졌다. 정권 내 실세 비선들 간의 세력 경쟁의 여파로 국군기무사령관이 또다시 경질된 것이다. 이 때문에 박근혜 정부에서만 벌써 네 번째 국군기무사령관이 부임하는 초유의 사태가 발생했다.

군 출신 인사 기용, 탕평인가 패권인가?

이명박 대통령에게는 '육사 13기'의 '형님(이상득)'이 있었고, 박근혜 대통령에게는 '육사 37기'의 '동생(박지만)'이 있었다. 이명박 대통령은 이상득 전 의원의 육사 동기이자 과거 군 최대 사조직 '하나회'의 맏형으로 불린 이종구 전 국방부 장관에게서 국방부 장관을 추천받았고, 그결과 2008년 3월에 이종구 전 장관과 전의이씨全義李氏 종친인 이상희 전 합참의장이 장관으로 임용되었다. 박근혜 대통령의 부친인 박정희 전 대통령은 다름 아닌 하나회를 만든 장본인이다. 게다가 박근혜 정부 임기 중에는 동생 박지만의 육사 37기 동기생들이 군 수뇌부로 진출하는 시대지만, 이 37기가 바로 하나회의 마지막 기수이기도 하다. 그런 점에서 육사 37기는 하나회의 변종으로 박지만을 매개로 정치세력화할 수 있는 여건을 갖추고 있었다.

　박근혜 대통령이 군 출신을 중용하는 이유가 북한 3차 핵실험(2013년 2월 12일)에 대한 안보 중시 국정기조라고 하지만, 개발독재 시절을 주도한 군 출신의 애국심과 충성심, 높은 효율성과 조직력을 고려했다는 것은 어렵지 않게 짐작된다. 그 점에서 육사 37기는 차기 국방권력을 장악할 핵심세력으로 부상하고 있었는데, 이런 흐름은 장경욱 사령관 경질 이후 더욱 확연하게 드러났다. 그리고 정윤회 문건 파문을 통해 그 흐름은 37기의 몰락으로 역전되었다.

유력 인사들의 암투가 군을 무대로 계속되는 동안 박근혜 정부는 그 외의 주요 요직도 역시 군 출신을 우선 배려하는 양상으로 나아갔다. 2014년 1월에 통일부 산하 북한이탈주민지원재단의 사무총장에 국군정보사령부 출신의 박중윤 예비역 대령이 임명되었다. 그해 5월에 이공계 전문인이 임명되던 국방과학연구소 소장에 정홍용(육사 33기) 예비역 소장이 임명되었다(정홍용 소장은 2016년 1월에 방산 비리 연루 의혹으로 자진 사퇴했다). 그리고 11월에는 세월호 사건의 여파로 창설된 국민안전처 처장에 박인용(해사 28기) 해군 예비역 대장을, 차장에는 이성호(육사 33기) 육군 예비역 중장을 임명했다. 이 외에도 박승춘(육사 27기) 국가보훈처장, 방효복(육사 30기)과 한홍전(육사 32기) 전·현직 한국국방연구원장 등 정부 산하기관에도 군 출신 인사들이 더러 눈에 띈다. 바야흐로 예비역 장성들의 취직 전쟁이 전성기에 도달하면서 정권 내에 근무 인연을 중심으로 여러 군맥이 서로 경쟁하는 양상도 치열해졌다.

그러나 이런 군 출신 인사들도 정국의 양상에 따라 그 명운을 달리하며 수시로 실세의 얼굴을 바꾸고 있다. 한때 나는 새도 떨어뜨릴 것

같던 남재준 국정원장과 김장수 국가안보실장도 2014년 하반기에 들어 서자마자 동반 퇴진했다. 언론에는 이 경질이 세월호 사건과 모종의 관련이 있는 것으로 보도되었지만, 내가 취재한 바로는 이와 다르다. 청와대 핵심 관계자의 증언을 정리해보면 남재준과 김장수는 2014년 4월 초에 일어난 '무인기 출몰 사태'와 관련이 있다. 당시 북한 무인기를 '심각한 위협'으로 몰아가 북한발 공포를 조장하려는 김기춘 비서실장과 남재준·김장수가 갈등을 겪었다는 이야기다.

반면 뒤늦게 북한 무인기를 '심각한 위협'으로 단정하고 대북 강경 흐름을 주도해나간 김관진 국방부 장관은 청와대가 별도의 대화 채널을 형성하면서 국가안보실장으로 영전될 수 있었다는 설명이다. 이렇게 보면 군 출신들이 정권 핵심부에 다수 진출해 있다고 하지만 이들이 모두 한목소리를 내는 동질적 집단이라고 할 수 없고, 군 출신 사이에서도 감정적 앙금과 갈등이 존재하는 전혀 별개의 집단이라는 사실이 드러났다. 다만 박근혜 정부가 수시로 군인을 줄 세우고 예비역 장성들의 충성 경쟁을 유도하면서 군 출신의 주류가 수시로 교체되는 패권 교체가 이루어지고 있을 뿐이다.

군사주의 편향과 통치 이데올로기

군 출신 인사들의 대거 약진에 따라 박근혜 정부의 국정기조는 대북정
책에서 군을 앞세운 안보 패러다임이 두드러진다. 통일부는 거의 존재
감을 느끼지 못할 정도로 그 역할이 축소되고 군사적 현안이 남북관계
의 전반을 지배하게 된다. 본래 국제관계를 결정하는 것은 외교로, 외
교가 국가의 얼굴을 대표하는 영역으로 인식되고 군은 그 뒤에서 조용
히 만일의 사태에 대비하는 것이 순리다. 그러나 극도로 악화된 남북관
계에서는 외교 현안이라는 것이 거의 존재하지 않고 군사 현안을 위주
로 한 안보 문제가 남북관계를 주도하게 된다. 한미관계에서도 여타 다
른 현안보다 군사동맹의 영역이 가장 핵심적인 위치를 점하게 되며, 군
인의 관점으로 미국을 바라보게 된다. 결국 외교가 사라지고 군사가 국
가의 대외정책을 결정하는 영향력 강화 현상이 나타나는 것이다.

　　비록 군 출신끼리도 의견이 통일되어 있지 않다고 하지만 안보가
가장 우선이라는 집단사고가 완강하게 형성되는데, 이것이 박근혜 정
부의 군사주의 편향을 구체화하는 배경이 된다. 즉, 군 출신 인사들이
많은 게 문제가 아니라 그것이 하나의 편향을 형성한다는 데 심각성이
있다. 군사사상가인 카를 폰 클라우제비츠에 따르면 전쟁의 관점으로
세상을 관찰하게 되면 극단적 폭력도 적극적으로 불사하는 하나의 안

전공동체로서 국가를 가정하게 된다. 국가라는 정치적 실체의 발생 기원이 토머스 홉스Thomas Hobbes식으로 말하면 개인의 안전을 보장하기 위한 것이고, 이것이 국가를 유지하는 이유가 된다. 모든 국가 현안이 "안보에 도움이 되는가, 그렇지 않은가"라는 관점으로 평가되고, 이것은 대통령의 통치 이데올로기의 핵심을 구성하게 된다.

군사적 관점에서 보자면 국민은 정치의 주체가 아니라 통치의 대상이 된다. 여기서 그 편향성은 민주주의와 대립하는 지점을 형성한다. 군국주의 시절 구 일본군 장교들이 필독서로 삼은 『통수비결統帥祕訣』에서 유래된 '통치'라는 용어는 절대 민주주의를 지향하지 않는다. 통치란 권력자가 국민의 동의 없이 자율성을 행사하는 공간이다. 국가안보와 같은 영역은 민주주의 체제 자체가 하나의 장애가 되기 때문에 국가의 수반은 국민의 동의가 없어도 스스로 결정하고 집행해야 하는 영역이다. 소련에 대한 봉쇄정책의 설계사로 냉전의 이론적 토대를 제공한 조지 케넌George Kennan은 『미국 외교 50년』에서 "저는 민주주의가 이 강의실만 한 몸집에 바늘만 한 뇌를 가진 선사시대의 괴물과 같다는 썩 유쾌하지 않은 상상을 한다"고 토로한 바 있다.

민주주의란 대중이 주체가 되는 다수결 제도이지만, 국가안보에 대해 대중은 무감각할 뿐만 아니라 심각성을 무시하는 경향이 있다. 따라서 국가안보에 책임이 있는 군사 엘리트들은 대중과 구별되는 특수한 하나의 전문 집단이고 그 사고방식과 행동양식은 일반 민주주의의 규범에서 예외가 되는 '특수권력 관계'에 있다. 여기서 특수권력 관계란 국가와 시민의 일반적 관계를 규정하는 일반권력 관계와 구별되는 영역, 인간의 기본권도 제한되고 통제될 수 있다는 점을 의미한다.

이런 사고로 교육받고 훈련된 군사집단, 즉 군사 엘리트들은 아무리 개인 성향에 차이가 있다고 해도 군 장교들의 집단정신이라 할 수 있는 국가안보를 성스러운 가치로 삼게 된다. 군인의 직업의식은 국가안보에 대한 책임성, 폐쇄된 공동체를 형성하는 단체성, 지휘관을 중심으로 조직되는 규율성을 핵심으로 한다. 이를 통해 군사업무에 대한 전문성과 직업의식이라는 강한 정체성을 형성하기 때문에 군 출신 엘리트들은 군 출신 전체 집단의 정신과 가치에 복종하는 것을 당연시하며 이런 여론을 저장하고 있는 예비역 집단의 영향력에 극도로 민감해진다. 이런 군 출신의 특성에 박근혜 정부가 깊이 의존하고 있음은 두말할 필요가 없다.

영국 정치철학자인 솔즈베리 존John of Salisbury 경은 그의 저서 『폴리크라티쿠스Policraticus』(1159년)에서 "의사가 언급하는 것을 믿는다면 세상에 완전한 것은 아무것도 없다. 신학자를 믿는다면 죄 없는 사람은 한 사람도 없다. 군인이 말하는 것을 믿는다면 안전한 것은 아무것도 없다"고 말했다. 국가는 신체와 같다는 유기체론을 주장한 이 오래된

말은 "전문 직업 집단이 국가의 정책을 직접 결정해서는 안 된다"는 뜻
으로 인용된다. 검사가 사법정책을 직접 결정하고, 교사가 교육정책을
직접 결정하고, 의사가 보건정책을 직접 결정하는 일이 벌어진다면 국
가는 어떤 상황이 될까? 국가정책은 국민 전체의 이익을 대변하지 못하
고 특정 이익집단의 수중에 떨어지게 되는데, 민주주의라는 정치제도
는 이러한 폐단을 막는 제도다. 이 때문에 정책은 전문 관료에 의해 수
립되고 결정되며 전문 직업인은 이에 직접 개입할 수 없는 통제 대상이
된다. "세상은 항상 전쟁 중"이라는 군인의 직업적 편견 역시 통제 대상
이다. 이에 대해 새뮤얼 헌팅턴Samuel Huntington은 『군인과 국가』에서 다
음과 같이 주장한다.

"군인의 사고방식은 주관적으로 전문 직업적 편견을 반영하고 있
다. 이와 같은 전문 직업적 편견 내지는 전문 직업상의 책임은 그로 하
여금 위협을 과장하는 입장에 서지 않으면 안 될 것이라고 느끼게 하는
것이다. 그 결과 그는 사실상 전혀 위협이 존재하지 않는 경우에도 국
가에 대한 안전의 위협이 존재한다고 느낄 수 있는 것이다."

박근혜 정부의 폐단은 군 출신을 지나치게 중용한 나머지 군사적
편향이 문민통제civil control의 규범까지 위협하는 징후를 표출하는 데
있다. 이것이 장기적으로는 자신의 주관적 이익만 도모하는 군의 미래
에 부정이 희랍을 초래할 것임도 자명하다. 더 나아가 군 혁신의 실패

는 국가 혁신의 실패로 직결되는 재앙 요인도 내장되어 있다. 이런 왜곡된 현실을 지탱하는 정서적 배경은 국가를 위해 목숨을 담보로 임무를 수행한다는 군의 민간에 대한 우월주의와 엘리트 의식인데, 여기에 박근혜 정부가 함몰되고 있다는 것은 국가적으로 큰 불행이다.

공포에 기생하는 탐욕의 세력들

북한의 장사정포는 허깨비다?

"북한의 도발 위협보다 대형 마트 휴무가 더 불편한 일"이라고 말하는 서울의 중년들에게 북한은 거짓말하는 양치기 소년일 뿐이다. 북한이 말로 뱉어낸 위협대로라면 서울은 벌써 수십 번은 불바다가 되고도 남았을 일이지만, 이제 그런 '한반도 묵시록'을 믿는 사람은 거의 없다. 1970년대부터 전방에 배치된 북한의 장사정포는 세계 최고의 성능이다. 무려 60킬로미터나 나간다. 2004년에 국회 국방위원인 박진 당시 한나라당 의원은 "북한이 보유한 1만 2,500여 문의 장사정포 중 1,000여 문이 수도권을 겨냥해 전방배치되어 있다"며 "전쟁 발발시 적의 장사정포가 일제히 발사될 경우 시간당 2만 5,000여 발이 쏟아져 1시간 만에 서울의 1/3이 파괴된다"고 말했다.

서울 상공은 검은 구름이 거대한 지붕처럼 덮고 그 아래는 그야말로 아비규환의 불바다가 된다. 그 아래 인구 1,000만의 도시는 아비규환의 생지옥이 된다. 이제껏 대한민국이 쌓아왔던 모든 부와 영광은 한순간에 불타서 없어진다. 서울에서 불과 40킬로미터 거리에 그런 위협이 존재한다는 것이다. 인류가 전쟁을 발명한 이래 전쟁터 한복판에 이렇게 높은 인구밀도를 기록한 사례는 일찍이 없다. 이것은 황당해도 보통 황당한 전쟁터가 아니다. 그러나 바로 그 황당함이 전쟁을 할 수 없는 이유로 작동하는 역설이 있다.

사실 김정은 위원장에게는 서울을 핵무기나 장사정포로 타격하기에는 결정적인 문제가 있다. 첫째, 유사시 북한은 자신들을 향한 한미연합사령부의 포병 전력을 우선적으로 제압해야 하기 때문에 서울에 장사정포를 발사할 여유가 없다. 둘째, 이미 수도권에는 수많은 외국인이 살고 있다. 셋째, 대규모 민간인이 사망한다. 넷째, 서울 한복판에는 유엔군사령부와 주한미군사령부가 있다. 이렇게 적의 대포 앞에서 초연한 이 회색빛 도시는 북한이 유사시 불벼락을 내릴지 모른다는 사실 앞에서도 그저 태연하기만 하다. 이 위험한 전쟁터 한복판으로 사람들은 계속 몰려들고 있으며 땅값은 마구 치솟고 있다.

이렇게 보면 북한의 장사정포가 서울을 불바다로 만드는(북한에서 이것을 '불마당질'이라고 한다) 것으로 시작되는 북한의 '3일 전쟁 계획'이건, 7일 전쟁 전략이건 엉터리다. 그런데 알고 보니 북한의 장사정포도 그리 위력적이지 않을 뿐만 아니라 그 수명 연한도 거의 다 되고 있다. 2015년 1월에 『주간동아』 이정훈 기자는 「장사정포는 허깨비, 평양도 안다」라는 기사에서 북한의 군수공업을 담당하는 제2의 경제위원회 출신의 탈북자를 인터뷰하고 북한의 장사정포 실태를 자세히 보도했다. 한마디로 북한 장사정포는 전시용이라는 이야기다.

전방에 배치된 방사포가 도대체 몇 문인지도 정보마다 차이가 난다. 이에 대한 주목할 만한 논쟁은 2004년 국회 국방위원회에서였다. 앞서 말한 대로 박진 의원은 수도권을 위협하는 장사정포가 1,000여 문이라고 말한 바 있다. 이에 대해 당시 국방위원이던 민주당 임종인 의원은 이날 국정감사 질의에서 역시 한국국방연구원 자료(『2003~2004 동북아군사력』)를 인용해 "장사정포의 숫자 자체가 박 의원의 주장에 비해 턱없이 적다"고 반박했다. 그에 따르면 "북한의 장사정포는 170밀리미터 자주포가 6개 대대(100문), 240밀리미터 방사포가 11개 대대(200문)"에 불과하다.

MB의 '번개사업'

이 논쟁 이후 정확히 수도권을 겨냥한 북한의 장사정포가 어느 정도인지는 제대로 규명되지도 않았다. 2014년 『국방백서』에는 북한이 보유한 장사정포가 기존의 1만 2,500여 문이라는 주장과 달리 5,500문으로 대폭 줄어 있다. 이 중 수도권에 위협이 되는 것이 몇 문인지는 언급조차 없다. 다만 언론에 300여 문이라는 보도가 간간히 눈에 띄지만, 이것도 기존 평가와 달리 들쭉날쭉이고 제멋대로다.

그런데 이명박 정부 들어와서 국방부는 북한군의 장사정포 성능을 급격히 상향 조정했다. 그 주요한 근거 중 하나가 산 전면에서 남쪽을 향해 사격을 하도록 조성된 북한군의 지하갱도 진지가 산 후사면인 북쪽으로 이동했다는 이야기다. 북쪽으로 갱도를 낸 후 사격을 할 때 남쪽으로 포를 이동시켜 포구 방향만 남쪽으로 돌리도록 운용 방식을 바꾸었다는 이야기다. 이런 운용 방식의 변화로 지난 30여 년간 한미연합 전력이 북한의 장사정포에 대비해 세워놓은 대응 계획이 다 소용이 없으니 빨리 새로운 무기를 도입해야 한다는 주장으로 이어졌다.

한국군 합동참모본부에서 지상작전 분야에 종사한 바 있는 한 예비역 영관장교는 나를 만나 다음과 같은 의문을 제기한 적이 있다. 북한이 산 전면의 장사정포를 산 후면으로 이동해 은폐하고 있다는 언론

보도에 대해 "2007년까지 합참 정보본부나 지상작전 어디에서도 전혀 없었던 이야기가 갑자기 언론에 보도된다는 게 이상하다"는 것이다. 북한 장사정포는 곡사포와 달리 포를 발사하는 발사 각도가 낮아 전면에 장애물이 있으면 발사하기가 용이하지 않다. 이를 산 후면으로 옮겨 포를 감춘다는 게 어떤 전술적 의미가 있겠느냐는 이야기다. 북한군이 산 후면부터 전면까지 굴을 뚫으면 장사정포를 신속히 이동할 수 있기 때문에 새로운 위협이라는 논리도 이상하기는 마찬가지다.

이명박 정부 시기 북한의 대남 군사위협이 가중되었다는 근거로 언론에 자주 부각된 것이 바로 이러한 장사정포의 산 후면 배치였다. 이후 육군과 공군은 각기 무기 도입의 명분으로 이를 활용했다. 공군은 산 전면에서 북한 장사정포를 격파할 수 없으므로 후면까지 은밀하게 침투해 폭격하는 항공작전이 필요하다고 강조하면서, 이를 스텔스기 도입의 당위성으로 연결했다.

당연히 육군이 반론에 나섰다. 한반도의 기상환경은 항공작전을 수행하기 힘든 악천후가 연간 140일에 이르기 때문에 항공력으로는 북한 장사정포를 제압할 수 없고, 반면 육군 포병전력은 기상과 관계없이 작동하기 때문에 첨단 정밀 유도포탄인 XM982 '엑스칼리버Excaliber'를 도입해야 한다는 논리였다. 이 스마트 포탄은 GPS로 유도되며 목표지점에서 거의 직각으로 떨어지기 때문에 산 후면의 장사정포 진지도 제압이 가능하다는 것이다. 그런가 하면 청와대는 기존 육군 포병에 GPS 유도폭탄을 장착하는 일명 '번개사업'을 대통령 특명사업이라는 이름으로 착수하기도 했다.

예전에 없던 장사정포 위협이 새로 나타난 것처럼 여론이 형성되자 합동정밀직격탄JDAM, 레이저유도폭탄GBU-24, 중거리 GPS 유도킷폭탄KGGB, 다목적정밀유도확산탄CBU-105, 차기전술유도무기 등 군의 무기 체계 소요는 물밀듯이 밀려들고 있다. 장사정포를 요격할 수 있는 이스라엘제 아이언돔Iron Dome을 도입하자는 주장까지 나온다. 육군은 유도탄사령부를 창설해 미사일 전력으로 이를 제압하는 방책도 추진하고 있다. 이런 식으로 장사정포에 대응하는 무기 소요를 나열하자면 끝이 없다.

탐욕의 전쟁

1996년 게리 럭Garry Luck 전 주한미군사령관은 "경제난에 처한 북한은 1990년대 후반이 되면 지상화력이 거의 수명 연한을 초과해 더는 대남 군사 우위를 누릴 수 없을 것"이라며, "재래식 전력의 비교우위가 남아 있는 마지막 시기인 1990년대 후반에 대남 군사도발의 '기회의 창'이 닫힐 것"이라고 전망했다. "이 기회의 창이 닫히기 이전에 도발 유혹을 가장 강하게 느끼는 북한의 위협에 대비해야 한다"는 게 당시 그의 지론이었다. 20년이 지난 지금 북한의 장사정포는 더 낡아서 아무리 성능 개량으로 수명을 연장한다고 해도 그 자연적 한계를 극복할 수 없는 시점이 되었지만 우리 군의 평가는 그 반대로 가고 있다.

여기서 북한의 장사정포가 산 후면으로 이동했다는 소식은 우리 군에 일종의 '복음'이었다. 북한의 위협이 가중되었다는 공포를 확산시킴으로써 재래식 전쟁 준비에 더 많은 돈을 쓸 수 있다는 의미에서 그렇다. 참으로 이상한 것은 북한은 재래식 전쟁에 한계를 체감하고 핵과 미사일과 같은 전략무기로 전쟁의 중심을 이동하는 추세인데, 우리 군은 여전히 재래식 전쟁에 집착한다는 점이다. 여기에 북한 장사정포 위치 이동은 기존의 재래식 관성에 명분을 실어주며 더 많은 돈을 투자하는 '축포'였다.

북한의 장사정포 위협이 더 고조되었다면 이제는 '누가 북한 장사정포를 제압하는 대화력전 임무를 지배하는가'라는 문제로 직결된다. 우선 육군은 북한의 장사정포를 타격할 수 있는 신형 포병 전력에 더 많은 자원을 기대할 수 있게 되었다. 반면 공군은 산 후면의 장사정포를 제압하기 위해서는 전투기가 적진에 직접 가서 타격할 수 있도록 항공력의 강화를 주장할 수 있게 되었다.

육군은 이미 신형 자주포와 다연장포, 중·단거리 미사일 전력을 확충한 결과 육군 포병의 작전고도가 1만 피트(약 3킬로미터) 상공 너머로 2만 피트, 심지어 3만 피트까지 점점 더 높아지기 시작했다. 이전에 한국군 공역空域 관리는 1만 피트 이상의 고도는 공군의 작전영역으로 간주했지만, 이제는 육군의 작전고도가 공군의 그것과 완전히 중첩되는 상황이 발생한 것이다. 또한 육군의 포와 미사일 사정거리가 늘어남에 따라 공군의 작전거리와도 중첩되어 유사시 누가 화력전을 지배할 것인지에 대한 혼란이 최근 수년 동안 증폭되어왔다. 이 때문에 북한의 장사정포 위협을 상향 조정한 이명박 정부 전반기의 합참은 육군과 공군의 중첩된 전력에 대한 조정 문제로 대혼란에 빠졌다.

이 당시에는 육군의 병력이 감축되는 국방개혁을 추진 중이었기 때문에 육군은 병력감축의 보완책으로 해군과 공군에 비해 더 많은 신형 무기를 무기 소요에 반영했다. 이에 대해 공군이 수차례 항의했으나 육군은 "병력이 줄어드는 것은 육군이다. 무기 도입에 대해 공군은 말하지 마라"고 일축했다. 더 나아가 합참은 "육군의 작전에 방해가 되니 공군은 비켜라"는 고압적 자세로 일관했다. 육군과 공군이라는 유니폼만 다른 아군이 장애물로 등장한 셈이다.

더 나아가 합참은 2013년 말 기존의 합동교범에서 '공군 작전영역'과 '지상군 작전영역'이라는 표현을 삭제하고, 육군과 공군의 구분이 없는 '합동작전영역'으로 용어를 통일했다. 이는 2012년에 김상기 육군 참모총장의 강력한 요청 때문이었다. 그 의도는 명확하다. 육군의 신형 지대지地對地 미사일이 800킬로미터 사정거리에 달하는 상황에서 과거 공군의 작전영역까지 지상군 작전영역으로 삼겠다는 의도였다. 육군 신형 무기 체계를 도입하는 과정에서 기존의 합동교범과 맞지 않는 문제가 발생하자, 육군의 강력한 요구에 따라 수정된 것이다. 이에 대해 공군 예비역 인사들은 "합동작전영역이라는 명칭은 육군과 공군 모두 작전을 할 수 있다는 뜻이지만, 실제로는 육군이 작전을 주도하고 공군의 역할을 제한한 조치"라고 반발했다.

2013년에 공군협회 이한호 전 공군 참모총장을 비롯한 공군 예비역 일행은 합참의 새로운 작전교범에 공군이 동의했다는 사실에 경악하며, 이에 항의하기 위해 공군작전사령부를 방문했다. 당시 공군작전사령부를 방문한 공군 권영근 예비역 대령은 나에게 "육군은 자신들이 원거리 작전까지 지배하면서 공군의 항공기도 육군의 군단에 배속시켜 마치 대포처럼 써먹으려 한다"며, "이렇게 되면 항공작전의 중심이 해체되어 개전 초기에 항공작전을 할 수 있는 골든타임을 육군에 빼앗기게 된다"고 주장했다. 실제 육군의 구상대로 한반도 전쟁 교리가 수정된다면, 공군은 항공작전사령부가 필요 없고 오직 육군의 지시에 따르기만 하면 된다. 또 권영근 예비역 대령은 "앞으로 북한 장사정포에 대응하는 대화력전 수행은 아군 내부에 육군과 공군의 내전으로 이미 마비된 것이나 다름없다"고 평가했다.

결국 남은 것은 한반도 전쟁 위협에 대한 진지한 성찰보다 조직의 이익을 추종하는 각 군의 탐욕의 전쟁이다. 타군이 잘 되는 것을 눈뜨고 못 보는 우리 육·해·공군은 북한군에 앞서 아군에 먼저 걸림돌이 된다. 그러니 앞으로 북한의 장사정포 위협이 부각되면 각 군이 중복된 무기를 도입하는 데 더 많은 돈이 나간다는 사실만큼은 분명해졌다.

제 3 장
**왜 군대는
악마가 되는가?**

애국군인이 되는 것도 힘들다

치료비는 너희가 내라?

2015년 8월 4일 북한에 의한 목함지뢰 도발 사건으로 전방에서 임무를 수행하던 두 하사가 크게 나졌다. 발목을 절단하는 중상을 입은 이들에 대해 군병원은 치료 능력이 없어 민간병원에 위탁 치료를 했다. 얼마 뒤 언론에 이들의 치료비에 대해서는 "30일치 외에 군이 지급할 수 없다"는 보도가 나왔다. 현행 군인연금법 시행령에는 군에서 다친 장병이 민간병원의 치료를 받을 때에는 "30일치에 한해 요양비를 신청할 수 있다"고 규정되어 있기 때문이다. 엄연히 비무장지대에서 위험한 임무를 수행하다가 다친 장병을 군이 치료 능력이 없어 민간병원에 위탁한 경우인데도 나 몰라라 하는 군 당국의 무성의한 처사에 여론의 비난이 빗발쳤다.

지뢰 사건은 한 번 발생하면 대부분 중상이고 치료 기간도 1년이 훌쩍 넘는다. 개인이 감당하기에는 엄청난 치료비 부담이 뒤따를 수밖에 없다. 군은 외과 전공의가 태부족이라 어려운 수술은 엄두도 못낸다. 워낙 여론의 주목을 받은 사건이라서 그런지 9월 6일 두 하사를 문병한 박근혜 대통령은 "치료를 완전하게 마칠 때까지 정부가 책임을 지고 지원할 것"이라고 했다. 이후 국회와 국방부는 군에서 교전 또는 위험한 특수 임무를 수행하다가 다쳐 전상戰傷으로 분류된 장병과 공무 수행 중 다쳐 공상公傷으로 분류된 장병에 대해서도 2년치 치료비를 부담하는 방향으로 군인연금법과 시행령 개정에 착수했다. 이후로 국민들은 이제 다쳐서 민간병원에서 치료를 받는 장병에 대해 국가가 다 책임을 지는 줄로 알고 있었다. 그러나 실상은 달랐다.

이 사건을 유심히 지켜보던 한 어머니가 정의당 심상정 대표에게 한 통의 편지를 썼다. 사연은 이러했다. 2014년 6월 18일 전방의 비무장지대에서 실탄으로 무장한 병사 2명과 함께 불모지 작전(수목을 제거해 감시·정찰에 유리한 조건을 확보하는 작전)을 수행하던 곽 중사는 지뢰를 밟아 현장에서 덧신이 날아가고 파편이 발등을 뚫고 올라와 발 전체가 만신창이가 되었다. 군병원으로 긴급 이송되었으나 워낙 정교한 수술을 해야 하는 중상이라서 군은 강원대학교 병원에 진료를 위탁해 그 후 10월 14일까지 119일간 치료를 받았다. 골절 치료, 피부 이식 등 5차례의 수술을 하고도 2015년까지 발가락 접합으로 또 추가 수술을 받아야 할 처지가 되었다.

그런데 군은 당시에 진료비 1,950만 원이 발생하자 해당 사단의 모든 간부에게 기본급의 0.4퍼센트를 공제한 1,100만 원의 위로금을 전달하며 충당하도록 했고, 군인이 가입하는 단체보험금에서 300만 원을 지급하도록 했다. 중대장이 적금을 깨서 750만 원을 낸 뒤 곽 중사는 퇴원 절차를 마무리할 수 있었다. 문제는 그다음이었다. 곽 중사에 대해 "전상자 처리를 해달라"는 해당 사단의 건의에 국방부는 북한 지뢰가 아닌 아군 지뢰를 작전이 아닌 작업 중에 밟은 것이므로 "해당 사항이 없다"며 거부했다. 그리고 연간 지뢰사고에서 곽 중사 사건을 아예 제외했고, 이민 치료비 추가 시원의 의무도 인정하지 않았다.

그러자 사단 감찰부는 부대로 복귀한 곽 중사에게 치료비를 댈 수 없으니 "중대장이 부담한 750만 원을 갚으라"고 압박했다. 이 날벼락 같은 소식을 듣고 병석에 누워 있던 곽 중사의 어머니 정옥신은 빚을 내서 중대장에게 어렵게 갚았다. 단지 국방부는 치료비가 모자라면 민간병원 진료 기간 중 치료비가 많이 나간 30일을 특정해서, 요양비를 신청하면 군인연금에서 요양비로 그 기간의 치료비만 지급할 수 있다는 것이다.

이 사연이 정의당을 통해 언론에 공개되자 비난에 직면한 국방부는 서둘러 "곽 중사가 개인 부담으로 치료비를 대는 일은 없도록 하겠다"며 진화에 나섰다. 박근혜 대통령의 두 하사 위문을 계기로 일견 국방부의 전향적 태도 변화의 조짐도 느껴졌다. 그런데 10월 29일 개정된 군인연금법 시행령은 공상으로 분류된 곽 중사 같은 사례에 대해서는 여전히 추가적인 지원을 명기하지 않고 단지 교전으로 발생한 전상자에 대해서만 2년치 치료비를 요양비 명목으로 지급할 수 있다고 규정했다. 그나마 소급 규정도 없어 이제까지 다친 장병에 대해서는 해당 사항이 없는 것으로 밝혀졌다.

그 직후 육군본부에서 해당 실무자는 곽 중사 어머니에게 전화를 걸어 "지난해 다친 사건이므로 2년치 치료비 지원 대상이 아니다"라며 30일치 치료비만이라도 지급 받으려면 공무상 요양비를 신청하라고 종용했다. 이에 곽 중사 어머니는 "다친 것은 지난해이지만 치료비는 지금 발생하고 있다"며 조치를 요구했으나 국방부는 이에 대해 아무런 반응이 없었다.

'삥 뜯어' 지급하는 위로금

이 사건을 자세히 보면 국방부는 군 간부에게서 반강제로 징수한 위문금과 군인을 상대로 수익사업을 해서 조성한 군인복지기금에서 출연하는 군인단체보험금, 군인연금에서 30일치만 지급하는 요양금으로 곽 중사의 불만을 일부 달래고 정작 국방예산에서는 치료비 명목으로 단 1원도 지급하지 않겠다는 것이다. 목함지뢰 사건에서도 육군은 모든 간부를 대상으로 기본급의 0.4퍼센트를 모금해 억대의 위문금을 조성한 것으로 확인되었다. 결국 장병이 다치면 그 부담을 국가가 아닌 장병들에게 전가하는 편리한 방식으로 모면하려는 의도임을 알 수 있다.

그 뒤 정의당이 유사한 사례를 수집한 결과 더 충격적인 사실도 드러났다. 이제껏 군 의료 체계상 능력 부족으로 치료를 못하거나, 아니면 군 의료기관의 오진으로 병이 너 악화되어 민간병원에 가서 치료를 받은 장병에 대해서도 일체의 치료비 부담을 거부하는 것이다. 해병대 사관후보생으로 입대해 훈련을 받던 이 모씨는 2014년 3월 24일 외줄타기 훈련 중에 추락해 허리를 다쳤다. 의무대를 찾아갔으나 엉뚱하게 이비인후과 군의관이 상태가 경미한 염좌(관절을 지지해주는 인대나 근육이 외부 충격 등에 의해서 늘어나거나 일부 찢어지는 경우)라고 판정했다. 두 차례 군의관을 찾아갔으나 "허리는 한방"이라며 "침을 맞으라"고 한 조언이 전부였다.

그러나 계속 상태가 악화되어 4월에 훈련소에서 자의로 퇴소한 그는 경기도 김포의 민간병원에서 MRI 촬영을 해본 결과 척추 골절이 발견되어 자비로 수술해야 했다. 군 면제 판정은 받았지만 오진으로 인해 사태가 악화되고 치료비 부담이 발생했을 뿐만 아니라 앞으로 사회생활에도 막대한 불편이 초래되었다. 이에 이 모씨는 국가에서 치료비를 배상해달라고 했지만 군 당국은 전혀 응하지 않았다. 이 모씨는 당시 제대로 된 판정만 해주었더라도 이렇게 사태가 악화되지는 않았을 것이라며 몹시 분개했다.

훈련 중에 허리를 다쳐 의병으로 전역한 또 다른 이 모씨를 보자. 육군 병사로 입대한 그는 2014년 8월 13일부터 무박 2일로 국지도발훈련F.T.X을 받던 중 요통이 발생했다. 수면 없이 훈련에 참가하면서 이상이 발생한 것이다. 훈련 종료 뒤 국군홍천병원에 진료를 받았는데 수술이 불가피하지만 군병원은 "못한다"고 했다. 이에 경남 진주의 민간병원에서 자비로 미세 현미경 수핵제거수술을 했다. 10월에 부대로 복귀했으나 또 통증이 발생했고, 12월에 전면전 훈련에 완전군장으로 참여했다. 그러자 허리 통증은 더 악화되어 아예 걷지 못하는 상황이 되었다. 2015년 1월 이 모씨는 서울 민간병원에서 심신장애로 전역하면서 경에 9급을 판정받는 공상자로 분류되었다. 그러나 1차 500만 원, 2차

1,000만 원, 총 1,500만 원의 수술비 전부는 자비 부담이었다. 위로금이나 단체보험금과 같은 지원도 전혀 없었다.

통신 특기로 2014년 전신주에서 작업 중 추락해 두 발목의 인대가 파열된 신 중사도 있다. 국군병원에서 두 발목에 대한 판정을 보류하자 신 중사 부친은 다급한 심정으로 민간병원에서 치료하기로 하고 상태가 나쁜 한쪽 발목부터 수술을 받았다. 수술비 600만 원은 전액 자비 부담이었다. 수술을 한 민간병원은 다른 발목도 수술해야 한다는 소견서를 냈다. 이 소견서를 군에 제출하자 국군병원이 다른 발목을 수술했는데, 어찌된 일인지 더 상태가 나빠졌다. 인대 이식수술도 제대로 되지 않아 민간병원에서 진료한 결과 "재수술이 필요한 상태"라고 했다. 수술비 부담이 없는 군병원에서 수술한 결과 악화된 것이다. 그러나 신 중사 부친은 군에 대해 정당한 치료비 보상 문제로 다투지 못한다. 아들이 아직 군에 있어 혹시 군에서 어떤 불이익이나 받지 않을지 걱정되기 때문이다.

희생을 '애국심'으로 포장하다

유사한 경우는 또 있다. 2015년 10월에 낙하산 훈련 중 추락해 척추를 다친 김 중사도 국군수도병원에서 치료가 가능하다고 했으나 이를 불신한 부친은 다급한 심정으로 민간병원에서 수술을 진행했다. 이럴 경우에는 군은 민간병원에서 치료를 하려면 "자비로 치료하겠다"는 각서를 받는다. 일명 '본인 부담금/공단 부담금 부담 서약서'를 환자 본인과 보호자, 지휘관이 모두 서명하도록 함으로써 국가가 책임지지 않겠다는 분명한 근거를 미리 마련해두는 것이다.

국가를 위해 위험한 임무를 수행하다가 다쳤는데 "외부 민간병원의 진료 및 검사비 일체의 본인 부담금은 자비로 부담하며, 공단 부담금도 본인이 부담하고 책임질 것을 서약한다"는 내용을 순순히 받아들이는 것이다. 군 당국은 군병원을 불신하는 장병에 대해 그 "불신의 대가를 치르라"는 고압적 태도를 먼저 보인다. 평생 장애를 안고 살아야 할지 모르는 다급한 심정으로 환자와 보호자는 군의 요구에 순응하게 되어 있다. 앞으로 군 생활을 해야 하는 간부로서는 이러한 군의 요구를 물리칠 수 없는 게 인지상정이다.

2014년 9월에 신병 훈련 과정에서 수류탄이 폭발해 손목을 잃은 손 모씨는 군에서 더 황당한 소리를 들었다. 수술 뒤 의수를 구입해야 하는데 수천만 원이 소요되는 구입 비용에 대해 군 당국은 "관련 규정이 없어 800만 원밖에 지원을 못한다"고 했다. 이에 비난 여론이 빗발치자 국방부는 뒤늦게 "의수 구입 비용을 대겠다"고 나섰다. 군 관계자에 따르면 국방부 실무부서에서 한민구 국방부 장관에게 "관련 규정이 없어

의수 구입 비용을 지원할 수 없다"고 보고하자, 한민구 장관이 크게 화를 내며 "규정만 따지지 말고 방법을 찾으라"고 호통을 쳤다고 한다.

발을 잃은 경우 의족을 지원하는 규정이 있는데, 손을 다쳤을 때 의수를 지원하는 규정은 없다는 이야기다. 그러자 한민구 장관이 "의족 규정을 적용해서라도 지원하라"고 해서 방법을 마련 중이라는 설명이다. 현재 군은 관련 규정을 재검토하고 필요시에는 개정하겠다고 한다. 언론이 나서고 비난 여론이 일어야 그때 가서 움직임을 보이는 것이다.

『손자병법』「지형편」의 5번째 단락에는 지휘관의 부하 관리 또는 리더십에 관련된 내용이 있다. 지휘관이 부하를 사랑하는 자식처럼 생각하고 대해주면 부하들은 깊은 계곡, 험한 전장 어디에라도 나아가 목숨을 걸고 싸운다고 한다. 우리 군에서 지난 5년 동안 복무 중에 다쳐서 공무상 요양비를 신청한 인원은 56명이다. 그런데 군이 이들에 대한 치료비조차 인색한 실태를 보면 자식과 같은 사랑과는 거리가 멀어 보인다. 장병의 희생을 애국심으로 포장해온 한국군의 지휘관들은 거센 여론의 비난에 직면해 있다.

북한에 의한 목함지뢰 사건에 대해 보고를 받은 한미연합사령관 커티스 스캐퍼로티 대장은 즉시 "헬기를 대기시키라"고 지시하며 위문하러 가겠다고 준비를 지시했다. 그러나 "한국군 수뇌부 누구도 가지 않은 상황에서 한미연합사령관이 먼저 가면 곤란하다"며 한국 측 장교들이 만류했다. 그러자 스캐퍼로티 대장은 "한국군은 체면 때문에 부하가 쓰러져가도 찾아가지 않느냐"며 핀잔을 준 것으로 알려졌다. 우리 군 지휘관의 사고방식에 근본적 전환이 필요함을 일깨워주는 대목이다.

'가제트 특전사'들이여, 한계를 성찰하라

평양 지하철을 장악하기 위한 '특전사'

민영화를 반대하는 철도 노조원들의 파업이 진행되던 2013년 12월에 수도권 전동차 운행을 위해 총 450명의 군 장병이 기관사로 투입되었다. 이 중 대부분은 특전사 부사관들이었다. 최초 대체인력으로 투입된 철도대학 학생들이 정부과천청사역에서 전동차 출입문에 끼어버린 80대 노인을 사망하게 하는 사고를 내자, 국토교통부와 한국철도공사(코레일)는 파업 9일째 되던 날에 이들을 전부 특전사 인력으로 교체했다. 왜 특전사 부사관들이 철도대학 학생들보다 기관사 능력이 우수할까? 왜 철도 파업이 일어나면 특전사가 철도 운용을 책임지게 될까? 이 의문의 해답은 지하철과 철도가 주된 교통수단이라는 북한의 물류 환경에 있다.

전쟁이 나면 전선이 아닌 북한 심장부로 침투하는 특전사는 평양의 지하철을 비롯한 북한 전역의 철도를 조속히 장악할 수 있는 능력을 갖추어야 한다. 물류를 장악하면 북한의 혈관이 마비되어 전쟁 수행 능력이 현저하게 저하되기 때문이다. 또한 북한을 점령하고 난 이후에 아군에 유리한 물류 환경을 보장하기 위해서도 특전사는 북한 교통을 장악할 능력을 갖추게 된다. 따라서 특전사 병력이 철도 파업에 투입된 것은 일종의 실전 훈련과도 같은 효과도 있다고 보아야 한다.

북한의 중심부로 침투해 우호세력과 네트워크를 구성해 분란을 일으키면 북한 정권은 일대 혼란에 빠져 전쟁 수행 능력을 상당 부분 상실하게 된다. 이를 통해 국군의 북진 기동을 보장한다는 것이 국방부의 '제4세대 전쟁' 개념이다. 이 시나리오가 성공하려면 우리 특전사와 정보기관은 평시에 북한 내 우호세력과 접촉하는 비밀공작을 수행해야 한다. 그러다가 전쟁이 발발하면 지상 · 해상 · 공중으로 동시에 국경과 내륙, 비무장지대 북방에 특수부대를 침투시킨다. 특전사 요원들은 북한 내 우호세력을 조직화해 그 세력을 확장함으로써 북한 내에 유격기지를 구축한다. 이를 발판으로 북한 내에서 혼란을 조성하는 이른바 '분란전'을 수행하게 된다.

이 시점에서 특수부대와 우호세력이 북한의 중심을 협공함으로써 아군 기동부대의 북진을 촉진해 점령지를 확대한다는 계획이다. 점령 후에도 북한의 사회기반을 조속히 장악하는 능력을 갖추어야 하기 때문에 특전사는 평시에도 철도 운행을 위한 연습을 해왔던 것이고, 이것이 엉뚱하게도 철도 파업에 기관사 대체인력의 기능을 수행하게 된 결과로 나타났다. 이 외에도 특전사는 사격, 낙하, 암살, 래펠(현수하강), 구조, 폭파 등 다양한 기능을 평소부터 습득해 전천후 특수작전에 대비해야 한다.

어쩌면 전쟁의 판도를 결정적으로 좌우할 이러한 특수전 임무에 대해 어떤 사람들은 '은밀하면서도 위대한 임무'라고 부르기도 한다. 그러나 그 중요성에 비례해 가장 위험하기도 하고 성공 가능성도 불확실한 도박에 가깝다고 할 것이다. 특히 북한군의 포로가 되었을 경우 아군의 침투 목적과 침투 인원, 집결지에 대한 정보는 작전 전체의 성패를 좌우할 중요한 정보이기 때문에 적군은 고문을 가해서 이를 최대한 빨리 알아내려고 한다.

2014년 9월 2일에 특전사 하사 2명이 포로 체험 훈련을 받던 중 사망하는 사고가 발생했다. 충북 증평에 소재한 제13 공수특전여단 예하 부대에서 진행된 이날 훈련은 저녁 9시쯤에 시작되었다. 양팔과 발목을 뒤에서 묶인 채 무릎을 꿇고 머리에는 두건을 쓴 상태로 있었다. 이윽고 밤 10시쯤부터 한계에 달한 이들은 "살려달라"고 소리치고 욕을 하는 등 이상증세를 호소했지만, 교관들은 훈련 분위기 조성을 위해 이를 방치했다. 이윽고 10시 30분쯤에 호흡곤란을 보인 하사 2명이 안타깝게 사망했다. 이 사건을 통해 특전사는 2014년부터 포로 체험 훈련이라고 하는 생존·회피·저항·도주 훈련Survival Evasion Resistance Escape, SERE을 도입했다는 사실이 밝혀졌다.

'가제트 형사' 신드롬

미국에서 도입한 SERE 훈련은 6·25 전쟁 당시 적지에 추락한 조종사들이 공산군의 위협 속에도 안전하게 아군 진영으로 복귀하도록 하는 훈련에서 유래되었으나 본격적으로 발전된 계기는 베트남전쟁이다. 1968년 미군이 월맹군의 포로가 되어 미국의 체제를 비판하는 등 적국을 찬양하는 수단으로 이용되는 것에 대한 충격으로 군사심리학자들의 연구가 더해져 오늘날의 훈련으로 재탄생한 것이다. 미국의 연구가들은 포로가 되더라도 쉽게 비밀을 발설하지 않는 병사와 쉽게 발설하는 병사의 차이를 뇌에서 분비되는 코르티솔 분비량이라는 사실에 주목했다. 즉, 코르티솔이 적게 분비되는 병사가 고통에 둔감해 극한의 상황을 더 잘 견뎌낸다는 사실이다.

이러한 코르티솔의 분비 여부는 선천적이기보다 후천적으로 학습

된 결과라는 점도 밝혀졌다. 이러한 코르티솔을 억제하는 것은 통제감과 신뢰인데, 1978년 몬트리올신경학회는 포로체험 실험 전에 계산 문제 등 몇 가지 테스트를 하게 되면 코르티솔이 낮아진다는 것을 알게 되었다. 미군은 이 훈련 전에 인지심리검사를 실시해 훈련에 적합한 자와 부적합한 자를 구별한다. 훈련의 최종 목적은 적지에서 생환이 목적이지만, 목적 달성을 위한 통제력과 신뢰감을 높이는 심리적 훈련도 중시된다.

따라서 SERE 훈련의 목적은 육체적 고통이라기보다 공포감을 극복하는 심리적 훈련이다. 고문을 극복하는 것이 육체적 요인이 아니라 심리적 요인에서 비롯된다고 본 것이다. 미국을 비롯한 영국, 스페인 등의 국가들이 이 훈련을 정착시킨 것은 특수전에 임하는 심리적 요인을 강화하는 것이고, 또 훈련 중 비상사태에 대한 매뉴얼을 갖춤으로써 ㄱ 안전성도 높이려는 의도다. 미국은 아프가니스탄과 이라크 전쟁을 수행하면서 이 훈련을 역으로 포로 심문 과정에 적용해 논란이 된 바 있다.

2003년 11월 하미드 무후시 이라크 공군 장성을 침낭에 묶고 심문하던 중 사망한 사건이 바로 그것이다. 한국은 미국식 SERE 훈련은 아니지만 이와 유사한 고문 훈련이 존재했으나 최근에는 실행되지 않았다. 다만 적지 도피와 탈출 훈련이라는 이름으로 육군보병학교 동복유

격장에서 초군장교를 대상으로 비교적 낮은 수준의 고문 훈련이 존재했다. 훈련은 개인별 차이는 있지만 각목주리, 이물질을 첨가한 물을 코로 넣는 고문, TA312(야전전화기)와 야전선을 이용한 전기고문 등이었다(이 훈련은 2002년에 중단되었다).

제13 공수특전여단 예하부대에서 진행된 훈련은 숨을 참는 육체적 훈련이 아니라 복면으로 가려져 포로로서 겪는 심리적 위축과 공포를 극복하는 훈련이었다. 이 사건에서는 통풍이 되지 않는 폴리에스테르 소재를 사용하고 끈으로 이를 밀봉해 하사들이 질식으로 사망했다. 미국 관타나모수용소의 매뉴얼에는 수용자의 두건은 통풍이 되는 소재를 써야 한다는 규정이 있었지만, 여러모로 세심한 부분까지는 고려하지 않은 것 같다. 9월 15일 본훈련을 앞둔 리허설 중 사망사고가 발생했다는 점을 생각하면, 훈련을 성급하게 서둘렀다는 의혹도 제기된다. 또 한국군의 훈련과 평가에 대한 인식도 문제로 지적된다. 미국은 개별 팀이 겪은 돌발 상황에서 리더의 리더십, 각 팀원들의 협조와 희생 등 훈련 과정에서 팀워크를 중시하지만 한국군은 팀별 성과에 집착하다 보니 사고가 났던 것이다.

다부진 체격과 다양한 능력을 보유한 특전사 요원은 일반인에게 강한 자의 상징처럼 되어 있다. 애니메이션으로 화제를 모은 '가제트 형사'에 대한 사느름피 ∩ 리한다. 가제트 형사의 팔은 만능이다. '나와라 만능 팔"이라 외치면 모자가 열리고 돋보기, 망치, 회전날개와 같은 각종 도구를 든 로봇 팔이 튀어나온다. 금속 팔로 고층 빌딩을 오르내리는 가제트 형사는 스파이더맨의 변형처럼 느껴지기도 한다. 이런 가제트 형사는 무엇이든 할 수 있는 전능자 혹은 만능맨이라는 이미지로 구성된다. 이것이 강한 것에 대한 무한 욕망을 자극하는 일명 '가제트 형사 신드롬'이다. 다부진 체격과 못하는 것이 없는 특전사의 이미지와 닮아 있다.

창공을 휘저으며 낙하하는 것이라든지, 철도 파업 현장까지 뛰어들어 능숙하게 기관사 업무를 수행하는 검은 베레의 특전사 요원은 바로 가제트의 이미지다. 대부분 특전사 병영캠프에 참가하는 학생들이나 특전사를 자원하는 동기는 "교관이 너무 멋있어서", "흥분이 되고 재미있을 것 같아서", "강해질 것"이라는 기대가 대부분이다. 인내심과 극기심을 배양해서 강한 자로 재탄생하고자 하는 열망은 바로 특전사의 집단정신이라고 할 수 있다. "귀신같이 접근하여, 번개같이 타격하고, 연기같이 사라져라"는 구호에는 일종의 신비감까지 배어난다. "안 되면 되게 하라"는 특전사 구호에도 드러나는 인간의 의지에 대한 강한 신념과 불굴의 용기에는 분명 우리가 본받을 점도 있다. 항상 새로운 도전을 갈망하며 극한의 상황을 이겨내고자 하는 강한 자의 면모다.

"전쟁에 도덕의 논리를 개입시키지 마라"

특전사는 4년을 기본으로 하사부터 출발하는 간부 위주의 조직이다. 적 후방에서 작전을 하는 고도의 전문성이 요구되므로 직업군인들로 조직을 구성한다. 적지에 침투해서는 대규모 부대 기동이 불가능하기 때문에 소규모 팀별로 작전이 수행된다. 사령관은 적지에 함께 가지 못하고 후방에서 작전의 결과만을 기다릴 수밖에 없다. 팀은 자체적으로 작전을 구상하고 중요한 의사결정을 내릴 수밖에 없다. 이는 남다른 창의성을 요구한다. 이런 특전사의 집단정신에는 지나친 과시욕이나 공명심, 인간의 한계를 성찰할 수 없는 편향성도 있다는 점을 주목해야 한다. 어쩌면 제13 공수특전여단 하사들이 훈련 중 사망한 사건은 바로 그런 편향성이 주범이었을지도 모른다.

이 점에서 특전사와 비견되는 조직은 바로 해병대라고 할 수 있다. 내가 청와대 국방보좌관실에 근무하던 2003년에 해병대 예비역은 나에게 놀라운 말을 했다. 1979년에 부산과 마산의 민주화 시위로 소요 사태가 일어났을 당시에 진압군으로 출동한 해병대는 단 1명의 시민도 다치게 하지 않았다. 맨 앞은 병장이 서고 맨 뒤에는 이등병이 서서 시민이 던지는 돌을 맞았다. 이윽고 부산역에 출동한 진압장교가 부산역 매표소의 직원과 이후 결혼하게 되는 사건(?)까지 발생했다.

그런데 이듬해인 1980년에 광주에 출동한 특전사 요원들은 그렇지 않았다. 초기 소요 사태의 강도로 보자면 부산과 마산의 과격성에 비해 광주는 매우 규모가 작았고 폭력의 강도도 낮았다. 그러나 간부들로 구성된 특전사는 감히 자신에게 도전하는 시민을 용납할 수 없는 조직이었다. 그것이 한국 현대사에 필설筆舌로 형언할 수 없는 극단적 폭력 사태로 나아갔다.

강한 조직, 강한 인간이라는 그 반대편에는 인간 존중, 겸손과 관용이라는 또 다른 덕목이 균형을 맞추어야 한다. 이 점은 1979년과 1980년의 정치 환경의 차이를 고려한다고 하더라도 해병대와 특전사라는 조직의 속성에 대한 비교 연구를 해볼 가치가 있다. 이 해병대 예비역은 이런 논거로 "이라크에도 특전사를 파병하지 말고 해병대를 파견하게 해야 한다"고 주장했다.

『전쟁론』의 저자 카를 폰 클라우제비츠는 "전쟁에 도덕의 논리를 개입시키지 마라"며 "전쟁이란 극단적 폭력을 지향하는 것"이라고 했다. 이 관점대로라면 일단 특전사를 광주에 투입한 이상 더는 도덕과 인본의 가치를 기대할 수 없다는 불편한 진실로 해석할 수 있다. 그러나 또한 클라우제비츠는 전쟁광들이 자신의 말을 악용할 것을 우려했는지 "전쟁은 전쟁 밖으로부터의 목적, 정치적 목적에 종속된다"고도 말했다.

우리가 왜 북한에서 분란전을 수행해야 하는지, 북한에서 우리의 우호세력은 누구이며 파괴해야 할 적의 중심이 무엇인지를 결정하는 것은 분명 정치의 몫이다. 이런 관점에서는 비록 우리가 특전사 부대를 운용하는 안보상의 필요를 인정한다고 하더라도 이것이 국민에게 아픔이나 불편을 초래해서는 안 된다는 정치적 요구를 재확인해야 한다. 진정 인간을 강하게 만드는 요인을 이성적으로 분별하되, 그 한계를 인정함으로써 더는 안타까운 죽음이 나오지 않도록 할 필요가 있다. 두 하사의 죽음이 촉구하는 자성의 교훈이 바로 이것이 아닐까 한다.

'지배하는 군대'가 악마를 양성한다

"재판 똑바로 해. 살인이야 살인!"

2014년 10월 30일. 긴장이 감도는 제3군사령부 보통군사법원이 선고 공판은 개성 예정 시간을 훌쩍 넘긴 2시 34분에야 시작되었다. 법정의 자리 배치도 평소와 달랐다. 헌병 10여 명이 방청객을 제지할 요량으로 방청객을 향해 줄지어 앉아 있고, 바깥 주차장에는 경찰 상당수가 대기 하고 있었다. 재판장의 개정 선언에 이어 주심 판사가 양형 기준을 낭독했다.

"폭행 정도가 가히 충격적일 만큼 잔혹했다.……객관적으로 납득 할 수 없는 이유로 피해자에게 무자비한 폭행을 가했다.……피해자가

사람으로서 감당하기 힘든 가혹한 상태로 몰아갔다.······(범행) 이후에
도 자신들의 범행을 숨기는 데 급급한 모습을 보였다.······피고인들의
행적들은 피해자의 죽음 이후 피해자의 죽음을 걱정하고 위로하는 행
동으로 보기 어렵고 그 진정성을 의심하지 않을 수 없다.······군에서 국
방의 의무를 다하고 있던 건강한 아들을 잃은 유가족들에게 씻을 수 없
는 고통을 주었다.······피해자의 유족들로부터 전혀 용서받지 못하고
유족들이 피고인들의 엄벌을 탄원하고 있다."

이렇게 양형의 이유가 열거되었다. 범행의 잔혹성과 범행 이후 은
폐·조작 시도는 모두가 아는 사실이다. 문제는 범죄의 본질에 대한 재
판부의 판단이 무엇이냐다. 그런데 여기서 재판부는 말이 꼬이기 시작
했다. 이번 사건의 최대 관심사는 살인죄 적용 여부였다. 그러나 재판
부는 모호하고 난해한 말을 내놓았다. "살인의 미필적 고의를 인정하기
에는 합리적 의심이 없는 정도의 증명에 이르렀다고 보기는 힘들다."

난해한 용어가 빠른 속도로 지나갔고, 방청객들은 순간 혼란에 빠
졌다. 이어 "피고인들에게 살인죄에 버금가는 중형의 선고가 불가피하
다"는 모호한 말로 마무리된 주심 판사의 결론은 "살인은 아니지만 살
인이나 다름없다"는 뜻으로 들렸다. 그렇다면 여기에는 마땅히 이유가
제시되어야 하는데, 구체적인 죄목을 밝히지 않은 재판장은 주범 이 병
장에 대해 징역 45년에 이어 이 상병 25년, 하 병장 30년, 지 상병 25년,

유 하사 15년, 이 일병 3월(집행유예 6월)을 선고했다(2014년 10월 1심에서는 상해치사죄만 적용되었지만, 2심에서 하 병장을 제외한 나머지 4명에게 살인죄가 인정되었다. 그런데 2015년 10월 대법원이 이 병장에게만 살인죄를 인정하면서 현재 고등군사법원에서 재판이 진행 중이다). 상해치사죄가 적용된 사건 중 역대 최고의 형량이다. 이어 필설로 묘사하기 어려운 처참한 광경이 벌어졌다. 유족들이 고함쳤다. "재판 똑바로 해. 살인이야 살인!"

막 재판부를 향해 가려던 고故 윤 일병의 매형을 헌병이 제지했다. 방청객들이 술렁거렸다. 그가 재판부를 향해 흙을 뿌리며 고함을 치자, 헌병 여러 명이 번쩍 들어 재판정 밖으로 데리고 나갔다. 남은 유족들에게서 날카로운 비명이 터져나왔다. 오열하던 유족이 퇴정하는 피고인들을 향해 "이 살인자"라고 고함을 치며 다가가려 하자, 헌병들이 에워쌌다. 윤 일병의 영정이 바닥으로 떨어져 나뒹굴었고 헌병의 모자는 벗겨져 날아갔다.

무언가 이해할 만한 설명이 없을 때 우리는 가슴속에 담긴 치명적인 상처가 치유될 수 없다는 불길함을 느끼게 되며, 이것이 더욱더 깊은 절망과 아픔으로 구체화된다. 치유의 불가능성이 명확히 인식되는 순간 유족을 말리던 헌병 장교의 눈에도 이슬이 맺혔다. 어쩌면 유족의 항변은 "우리가 이해할 수 있도록 해달라"는 사정처럼 들렸다. 이것이 아무것도 해줄 수 없는 사람들의 가슴까지 후벼파는 사금파리가 되는 듯했다. 이날 제3군사령부는 만일의 경우를 대비해 법정 바깥에 구급차를 대기시켰는데, 바로 6개월 전 윤 일병이 숨을 거둘 때 마지막으로 탔던 것과 같은 차량이었다. 그 앞에서 윤 일병의 어머니는 다시 오열했다. "자기 자식이라면 이렇게 처참히 짓밟을 수 있냐. 이 나라를 떠나고 싶다." 발걸음을 옮기면서 그는 "아들아, 보고 싶다"는 말을 몇 번 되풀이한 뒤 바닥에 주저앉았다.

아직도 은폐는 계속된다

우리는 이해할 수 없는 비극적 상황을 맞이하면 그 이유를 찾기 위해 필사적으로 노력하게 되고, 그 과정에서 지나간 과거를 수없이 되새긴다. 위로받을 수 있는 희망의 한 조각을 건지기 위해, 있는 그대로의 과거를 알고 싶어 한다. 윤 일병 사망사건에서 우리가 알고자 하는 바는 "이 죽음의 진정한 배후가 무엇이냐"는 것이다. 군이 사건 직후부터 말을 하기를 꺼리는 은폐된 진실은 무엇이며, 왜 이 거대한 조직은 아직도 그 은폐를 이어가고 있는가 하는 의문이다.

군은 28사단 한 포대의 의무대에 있던 피고인 6명이 살인의 의도가 없이, 어쩌면 별다른 이유도 없이 나약한 한 동료를 잔혹하게 때려서 숨지게 했다는 사실 외에는 특별히 더 말할 것이 없다는 입장이다.

처음에는 이런 사실마저도 은폐하려고 음식을 먹다가 생긴 질식사라고 주도면밀하게 짜맞춰놓고 유족에게는 수사자료를 제공하지 않았으며 목격자인 김 일병과의 접촉도 차단했다. 그러다가 7월 말 군인권센터가 잔혹한 폭행 사실을 폭로하고 나서야 마지못해서 28사단에서 제3군 사령부로 관할 법원을 이관하고 공소장을 살인죄로 변경했다.

그러나 제3군사령부에서 열린 8차례의 공판에서도 검찰은 28사단에서의 재판과 다른 법률적 판단만 했을 뿐 적극적인 사실 규명을 하지 못했다. 거슬러 올라가면 국방부는 윤 일병이 숨진 2014년 4월 7일 오후에 윤 일병 사망 원인을 "음식물이 기도를 막아 뇌손상을 일으킨 것이 사망 원인으로 추정된다"고 이미 발표한 상황이었다. 시신에 대한 부검도 하기 전에 사인을 먼저 발표하는 이상한 행태였다.

여기서 아직도 풀지 못한 의혹이 있다. 질식사로 사건이 발표된 뒤 윤 일병을 부검한 국방부조사본부 과학수사연구소의 계약직 법의관인 윤 과장이 어떤 근거로 '질식사'라고 추정하는 감정서를 5월 12일이 되어서야 작성했느냐는 점이다. 이에 대해 국방부조사본부 쪽은 "떡 먹다가 기도에 걸렸다는 말을 윤 일병이 안치된 병원에서 들었다"고 이야기한다. 그런데 사망 당일부터 윤 일병이 거쳐간 3개 병원 중 어떤 기록에도 음식물에 대한 기록이 없고 국방부조사본부에 그렇게 말한 사람도 확인되지 않았다. 이에 대해 『오마이뉴스』는 윤 일병이 쓰러졌을 때 입안에서 음식물을 꺼냈다는 말을 한 사람은 아무도 없는데, 이상하게 의무대를 관할하는 포대장의 진술에 이 이야기가 처음 나온 사실을 주목하며 9월 1일 그 경위에 의문을 제기했다. 초기 수사에서 바로 이런 방향으로 대부분의 증거가 맞춰지고 일부 부검자료 등이 조작된 의혹마저 있다고 보도했다.

부검의는 시신에 골절, 피하출혈과 같은 숱한 상처가 있어 외관상 폭행의 흔적을 손쉽게 확인할 수 있었는데도, 어째서 이를 간과하고 질식사로 몰고 갔을까? 이 소견서와 "음식을 먹다가 질식했다고 들었다"는 포대장 진술 때문에 헌병 수사는 처음부터 갈피를 잡지 못했으며, 군검찰 역시 사실관계를 제대로 확정하려는 의지 없이 질식사로 사건을 처리하려 했다. 아마도 7월 말 군인권센터가 실상을 폭로하지 않았다면, 8월 4일 28사단 법정에서는 상해치사죄로 징역형을 선고했을 것이다. 결심 공판을 닷새 앞두고 이루어진 폭로는 사건의 양상을 바꾸어 놓았다. 여기에는 "국방부부터 28사단에 이르기까지 광범위한 조작·은폐의 배후가 존재할 것"이라는 의혹을 갖게 만들지만, 이번 재판 과정에서 이 점은 전혀 드러나지 않은 채 지나갔다. 이 역시 검찰이 적극적으로 사실관계를 규명하려는 의지가 박약한 것이라고밖에 볼 수 없다. 이것이 유족과 시민단체가 가장 반발하는 대목이다.

부실 수사를 비호하는 국방부

부실 수사 논란이 불거지던 8월 11일 육군 법무병과장 김흥석 준장은 육군 내부망에 올린 글에서 "(윤 일병 사건 담당) 검찰관은 한 달여에 걸친 폭행, 가혹행위와 사망 결과에 이르는 과정을 가능한 범위에서 완벽하게 특정하여 공소를 제기했다"며 28사단 검찰관을 비호하기에 바빴다. 8월 28일 김민석 국방부 대변인 역시 "이번 수사와 관련하여 가해자를 일벌백계해야 할 군 사법기관이 사고 은폐를 시도하거나 은폐를 할 이유가 전혀 없다"며 또다시 비호하는 등 국방부와 육군까지 엉터리 수사와 기소에 대한 변호를 자처하고 나섰다. 그러나 이때는 이미 헌병에서 핵심 증인인 당시 입실환자 김 일병이 진술한 내용이 군 검찰 공소장에서 빠진 사실, 군 검찰관이 재판부에 제출했던 자료에 대한 위·변조 의혹까지 불거지면서 재판은 최악으로 치닫고 있었다. 그런데 국방부와 육군의 고위 관계자가 왜 이를 비호했는지는 풀어야 할 의혹이다.

제3군사령부에서 재판이 진행되던 9월 19일에야 제3군사령부가 국립과학수사연구원에 윤 일병 사망에 대한 감정을 촉탁했다. 그 결과 잦은 구타와 가혹행위로 인한 "속발성 쇼크를 우선 고려해야 할 것"이라는 회신이 도착한 10월 19일에야 비로소 정확한 사인을 논할 수 있는 최초의 객관적 근거가 마련되었다고 할 수 있다. 그러나 이 회신에서조차 "(국립과학수사연구원 자신은) 망인에 대한 부검을 직접 시행하지 않은 사건이, 의무기록 정보가 제한적이며 담당 의료진의 의견이 제시되지 않아 후송 당시 상황을 명확히 파악할 수 없는 상황에서 자료 검토만으로 속발성 쇼크로 단정하기 어렵다"며 "의식이 저하된 상황에서 기도폐쇄성 질식이 초래되었다는 가능성을 고려할 수 있다"고 질식사 가능성을 다소 열어두었다. 이 회신이 도착하기를 기다리는 10월에만 범행의 구체적인 일시와 시간을 특정하지 못하고 몇 차례 공소장이 변경되는 등 재판 과정에서 검찰 수사의 혼란과 부실함이 여러 차례 드러났다.

군의 석연치 않은 수사에 대해 윤 일병의 유가족과 군인권센터는 9월 25일 28사단 헌병대장, 28사단 헌병수사관, 28사단 의무대의 의무지원관 유 하사, 과학수사연구소 법의관, 28사단 검찰관을 직무유기로 고소했다. 군인권센터 임태훈 소장은 "특히 법무병과가 수사 축소·은폐 정황에 대한 수사를 명확히 해 책임자를 가려내야 할 명백한 책무를 방기했다"고 밝혔다. "사건의 수사, 부검, 기소 부분에 대해 직접적인 책임자들을 대상으로 한 엄정한 수사와 그에 합당한 처벌이 있어야만 공정한 재판이 가능하다"는 주장이다.

군의 폐쇄적인 사법체계 안에서 자행되는 부실 수사와 말바꾸기, 증거 조작과 같은 문제를 완벽히 해결하려면 윤 일병 사건은 처음부터 다시 수사할 필요가 있다. 무언가 보이지 않는 손이 이 사건의 배후에 서 사건의 축소·은폐에 이지도 작용하고 있다면 재판부가 살인죄로 판결을 하는 데 아직도 많은 장애가 도시리고 있다. 그렇다면 살인죄 적용이 이제 와서 두려운 이유가 무엇일까? 이제껏 사건을 은폐·축소 했던 세력에 새로운 책임을 물어야 한다는 데 있다. 그것이 바로 윤 일 병 죽음의 진정한 배후일지도 모른다.

사람을 '지배하는' 한국 군대

모든 지배질서를 가능케 하는 것은 바로 한국 군대의 문화였다. 선진국 군대가 '조작하는manipulate 군대'라면 한국군은 '지배하는rule 군대'였 다. 지배하는 군대는 구성원을 불완전한 인격체로 간주하고 간섭, 통 제, 교화, 처벌, 교정하고자 한다. 이 과정에서 구성원 스스로 자신의 인 생을 결정하도록 허용하지 않아서 구성원이 자기 인생을 살 수 없고, 어떤 실수나 예외를 인정하지 않은 채 조직이라는 권위에 복종해야 할 의무만이 부과된다. 이런 조직에서는 개인에 대한 통제 장치들이 범람 하게 되는데, 먹고 자고 입는 것, 심지어 생각하는 것까지 공적·사적 통제의 대상이 되며, 이를 강화하기 위해 수많은 규율이 강조된다. 예 킨대 복장, 태도, 예절과 같은 외형적 질서를 유지하기 위한 각종 규율 이 범람하게 되며 다른 한편으로는 수양록, 반성문, 암기사항 점검을 통해 내적 질서 유지 상태도 점검된다. 또한 외부와 소통할 수 있는 각종 통신수단도 제한되고 부대의 울타리가 높게 형성되며 과도하게 보안이 강조된다. 특히 병사 개인에게는 간부의 통제 범위를 벗어난 임무를 인정하지 않는다.

'조작하는 군대'는 구성원을 하나의 인격체로 가정하고 구성원에 대한 충성심과 헌신성을 요구하며 적절한 보상과 처벌로 협력을 유도한다. 구성원은 비록 집단에 복종하더라도 그것은 어디까지나 자신의 의지이며, 공동체에 소속된 것도 바로 자신의 선택이다. 이런 '조작하는 군대'는 개인의 인격을 통제하는 규율과 통제 장치를 남발하지 않으며 단지 집단의 정체성, 단체성, 책임성, 전문성을 유지하기 위한 최소한의 규율을 유지할 뿐이다. 새뮤얼 헌팅턴에 의하면 근대의 파시스트 군대는 19세기의 유산을 계승한 '지배하는 군대'이고, 현대 민주사회에 부합하는 군대는 전문성과 직업성에 바탕을 둔 '조작하는 군대'다. '지배하는 군대'는 개인에 대해 불완전하고 미성숙한 인간관을 전제로 한다. 국가와 군대라는 신성한 집단에 비해 개인은 불완전하고 나약하며 취약한 존재다. 그러한 개인은 국가와 조직에 소속됨으로써 비로소 숭고한 가치를 달성할 수 있다. 국가의 표상으로서 군대는 신성하고 국민에 대한 우월한 가치의 전파자이자 통제 권력이다.

여기서 군대는 단지 전투를 하는 조직의 본연의 의미를 초월해 불완전한 개인을 국가가 요구하는 인간으로 개조하고 변형하는 수준까지 통제력을 발휘하는 전능한 권위체가 된다. 본래 군 소식의 특성은 일사불란한 지휘체계와 함께 지휘관을 중심으로 조직적·체계적 전투행동을 통해 최고의 전투력을 발휘하는 것을 목적으로 한다. 이러한 목적을 달성하기 위해 군대에는 사회집단에 비해 더 많은 통제가 필요하다고 주장한다. 그러나 그 군대의 통제 방식이 전인격적인 범위로 확대되어 개인에 대한 자기결정권의 전면적인 통제로 개인의 자존감까지 위축되면 '지배하는 군대'가 된다. 이것이 '군대는 원래 그런 곳', '구타가 있을 수밖에 없는 곳'이라는 인식으로 자연스럽게 확대될 때 28사단 의무대는 아무런 의심 없이 지배하는 자와 지배받는 자로 인간을 양분하는 질서를 창조해냈다. 28사단 의무대는 윌리엄 골딩의 『파리 대왕』과 동일한 세계다. 이 소설에서 섬에 불시착한 소년들은 그들만의 전체주의적 질서를 만든다.

『파리 대왕』의 세계에서 집단은 개인을 흡수하거나 포용하지 못하고 구토해버린다. 윤 일병을 폭행한 궁극적인 목적은 처벌, 배제, 제거에 있다. 가해자들이 어떤 양심의 가책을 느낄 것이라고 기대하지 않는다. 그러나 재판 과정에서 내내 고개를 뻣뻣이 세우던 이 병장이 크게 낙심해 고개를 떨어뜨린 적이 있다. 의무대원의 암기 사항이 다름 아닌 자신의 여자친구, 좋아하는 음식, 좋아하는 축구팀이었다는 이 병장의 증언이 나오던 순간이었다. 이는 '이 병장도 이렇게 찌질한 놈이었다'

는 것을 확증하는 것이었고, 여기서 이 병장의 내면도 붕괴되는 것을 똑똑히 보았다. 이들은 자발적으로 "그렇습니다. 나는 사람을 죽인 짐 승입니다. 나는 악마입니다. 어떤 처벌도 달게 받겠습니다"라고 말했 다. 그제야 이들은 가까스로 도덕적 자각을 향해 나아가기 시작했다.

병사들의 왕국은 안전한가?

'구타 유발자'에 대한 암묵적 동의

육군의 병영문화혁신위원회에 참여한 나는 전방부대를 방문하면서 병사들 사이에 그들만의 독특한 문화가 존재한다는 사실을 발견했다. 뜻밖에도 병사들에게 계급은 그리 절대적인 인간관계의 기준이 아니었다. 이병-일병-상병-병장-하사로 구성된 위계서열은 병영 안에서 형식적인 구분일 뿐이다. 휴가를 나가면 이 서열은 나이순으로 바뀐다. 예컨대 나이가 어린 병장이 나이가 많은 상병을 '형'이라고 부른다는 이야기다. 윤 일병 살해 사건이 벌어진 28사단의 의무대에서 방조자인 유 하사는 가해자인 이 병장을 사석에서 '형'으로 불렀다고 한다.

나는 이게 어쩌다 있는 특별한 일로 생각했는데 그게 아니었다. 상당히 많은 부대에서 보이는 일반화된 현상이었다. 그런 사적 관계가 병영의 공적 관계와 공존하면서 병사들은 자신들의 공동체를 재구성한다. 병사들이 그들의 헌법으로 통치하는 독자적인 왕국, 우리가 모르는 다른 세계가 존재한다. 고위 간부들은 그런 내막을 알 수 없는 경우가 대부분이고 나중에 알더라도 묵인한다.

놀랄 만큼 합리적인 이 관습헌법 제1조는 "공동체의 이익에 반하는 '무임승차자'에게 나누어줄 파이는 없다"는 것이다. 과중한 임무와 잡다한 일로 휴식이 모자라는 병사들에게는 대답이 느리고 행동이 굼떠서 동료들에게 짐이 되는 낙오자를 배려할 만한 잉여자원이 없다. 누구나 고되고 피곤한 병영에서 자기 할 일을 못하면서 똑같이 혜택을 누린다면 "거저먹는 것 아니냐"는 주장이다. 이렇게 '날로 먹는' 개인에 대해 관습헌법 제2조는 "공동체는 개인을 처벌한다"고 규정한다. 여기에서 지금 20대들에게 일반화된 하위문화로 '왕따'가 등장한다. 마치 없는 개인인 것처럼 투명인간 취급(기수열외)을 하거나 집단이 한 사람을 처벌한다. 이 점이 40~50대 기성세대들이 가장 놀라는 대목이다.

기성세대가 군대 생활을 한 1980~1990년대에는 그래도 군에 '연대 책임'이라는 게 있었다. 이 시절에 한 명이 잘못을 하면 선임병이 여

집단으로 반발하면 때리는 선임병 한 명이 거꾸로 덩할 수도 있다. 고참은 그 위험을 감수함으로써 비로소 권위를 세우게 된다. 지금은 선임병 여럿이 후임병 한 명을 두들겨 팬다. 이것은 여러모로 합리적이다. 우선 간부들에게 들킬 위험이 적다. 폭행을 당하는 병사로서는 자기 잘못도 아닌데 같이 얻어맞는 부당함이 없다. 때리는 자는 반발에 직면할 위험도 없다. 얼마나 합리적인가? 과거 병영의 '연대 책임'이라는 집단의 원리가 '개인 책임'으로 바뀌어 있음을 알 수 있다. 2011년 해병대 2사단 총기난사 사건에서 드러난 기수열외, 2014년 22사단 총기난사 사건에서 드러난 집단무시, 28사단 윤 일병 살해 사건의 공통점은 집단이 한 개인을 처벌한다는 점이다.

가장 감탄을 자아내는 관습헌법 제3조는 "모든 잡일에는 반드시 인센티브가 있어야 한다"고 규정한다. 지금 20대 병사들은 풀을 베는 낫질이나 땅을 파는 삽질이 뭔지 모른다. 전방에는 무수한 잡일이 널려 있다. 누군가는 시설을 복구하고 풀을 베야 한다. 그냥 일을 시키면 안 된다. 반드시 "그 일을 하면 무슨 혜택이 있다"는 것을 설명해주어야 제대로 일이 된다. 교육이나 임무를 감면시켜준다든지, 아니면 다른 휴식을 보장한다든지 어떤 보상이라도 있어야지 "왜 나만 고생하는가?"라는 반발을 무마할 수 있다.

지휘관들은 20대가 남을 위한 배려가 부족하고 국가관도 없는 개인주의자들이라고 개탄하지만 그것은 헛소리다. 20대 병사들은 '일과 보상'이라는 분명한 합리성을 요구한다. 그 요구를 충족시키지 못하면서 애국심을 강조하면 병사들은 속으로 비웃는다. 최근 병사들에게 휴대전화 사용을 허용하고 PC방 이용도 활성화하며 GOP에서 면회도 허용하는 등 더 많은 혜택을 주자는 이야기도 있지만, 이것은 어디까지나 부차적인 대책이다. 그보다는 병영이 일한 만큼 보상받고 거저먹는 사람이 배제되는 분명한 합리성을 요구한다. 이런 병사의 요구를 잘 조정하는 지휘관이 바로 능력 있는 지휘관이다.

이렇게 병영의 패러다임이 전환된 시점은 1998년 IMF 사태 이후 대학을 다닌 세대가 군에 입대하는 2000년대 초반으로 알려져 있다. 오직 경쟁과 생존이라는 전쟁에 내몰린 신자유주의 시대의 젊은이들은 모든 서열이 수능점수표로 판가름 난다. 이 시절에 집단성과 도덕성은 제거되고 그 자리를 개인의 능력과 학력에 따른 새로운 차별에 의한 서열이 차지했다. 병영에 새로운 왕국이 탄생하는 혁명이 일어나고 새로운 헌법이 선포되었다.

여기서 병사들과 간부, 심지어 고위 군 지휘관까지 관통하는 공통의 인식이 발견된다. 구타나 가혹행위를 당하는 피해 병사에게도 책임이 있을 것이라는 암묵적 전제다. 이것은 병사와 간부 사이에 체결된 일종의 정서적 공감대이자 최소한의 합의라고 할 수 있다. 이유가 없는 구타는 없다. 반드시 병영 내에는 '구타 유발자'가 존재한다고 본다. 내가 만난 한 군단장은 "구타는 잘못되었지만 구타를 유발하는 요인은 분명히 있다"며 "그 요인을 제거하는 게 문제의 핵심"이라고 말했다. 그 구타 유발 요인은 조직이 요구하는 과업에 따라오지 못하는 낙오자의 행태를 말한다. 이렇게 집단의 가치를 우선시하다 보면 비록 한 개인에게 부당한 압박을 가한 행위 자체는 잘못이지만, 목표를 달성하려는 집단의 속성 자체는 잘못이 없다. 병사들의 관습헌법이 묵인되는 이유다.

히틀러의 게토가 우리에게 던지는 것

이러한 합리성에 대한 예찬이 우리를 당혹스럽게 하는 것은 그 도덕성에 있다. 히틀러는 근대 서구의 합리주의 문화에 적응하지 못하는 부진아, 정신병자, 장애인을 살해했다. 우선 경제적으로 피폐한 독일이 그런 낙오자들을 돌볼 여유가 없다는 것이고, 이들은 게르만 민족의 우수성을 잠식하는 국가의 오염원이기 때문이다. 더 나아가 유대인에 대한 정책도 매우 합리적이었다. 애초부터 유대인을 집단학살할 의도는 추호도 없었다. 첫 번째 유대인 정책은 독일 밖으로 '추방'이었고 두 번째 유대인 정책은 게토라고 불리는 수용소, 즉 '수용'이었다. 그나마도 유대인 수가 너무 많아 수용이 곤란해지자 아프리카의 섬 마다가스카르에 유대인을 이주시켜 자기네들끼리 살게 하려고 했다. 그런데 그 많은 유대인을 운송할 배가 없었다.

그래서 세 번째로 나온 '최종해결책'이 있다. 가스실로 보내는 것이다. 이 정책은 여러모로 합리적이었다. 첫째 가스실로 들어가는 유대인은 자기가 죽으러 가는지 모른다. 둘째 죽은 뒤에 시체를 처리하는 것이 위생적이고 편리하다. 그러므로 가스실은 유대인에 대한 배려라고 인식될 수 있었고, 독일 국민들에게 도덕적 책임감도 느끼지 않도록 해주는 가장 합리적인 선택이었다. 이를 수행하는 수용소의 관리들에게는 전혀 죄책감이 없다. 그저 국가의 행정 명령에 따랐을 뿐이다.

이것이 얼마나 합리적인지는 그 집행 과정에서 나타났다. 가스실로 끌려가는 유대인 그 누구도 저항하지 않았던 것이다. 질서정연하게 줄을 맞춰 들어가 자신의 죽음 후에 시체 처리까지 배려하는 것처럼 가지런히 서서 죽음을 맞이했다. 독일 국민 대다수는 국가가 이런 학살을 자행하고 있다는 것을 전쟁이 끝날 때까지 까맣게 몰랐다.

히틀러의 유대인 정책은 여러모로 합리적이지만 도덕적이지 않다. 인간을 지배자와 복종자, 정상인과 비정상인으로 양분했기 때문이다. 배제와 차별이 한 번만 정당화되면 그다음에는 '합리적 처리 과정'이 저절로 따라온다. 도덕적인 문제는 이미 그 이전에 해결되었기 때문에 지금의 우리 병영문화에 대한 국방부의 각종 대책을 보면 일단 병영 내에서 차별을 묵인하면서 그 이후 처리 과정을 얼마나 합리적으로 개선할 것인지에 그 초점이 맞춰져 있는 것처럼 보인다. 정신이상자, 부적응자, 나약한 자, 우울증 환자, 자살 기도자 등을 수용하는 '그린 캠프'가 그것이다.

지금은 물러난 권오성 육군 참모총장은 사단 단위에서 운영되던 비전 캠프를 폐지하고 군단 단위에서 이들을 수용하는 '그린 캠프'를 만들라고 지시한 바 있다. 이 조처는 여러모로 합리적이었다. 우선 일선에서 관심병사 처리에 전전긍긍하던 지휘관들의 부담을 크게 덜어주었다. 병사들끼리의 사적 처벌 위험성도 완화해주었다. 이 캠프에 입소하기 위해서는 지휘관과 병사 본인의 동의가 있다는 점에서 합리적이었다. 게다가 각종 심리치료와 체력단련을 담당하는 상담사와 치료사들이 있다는 점에서 긍정적이었다.

사실 이 캠프에 들어오는 인원들 대다수는 군대는커녕 사회 적응도 어려운 심각한 상황이다. 이런 심각한 병사가 어떻게 군에 입대했는지 믿기지도 않는다. 이것을 군대가 치료해준다는 것을 고마운 일이다. 그린 캠프는 우리에게 새로운 도덕적 과제를 제시했다. 이 캠프에 입소하는 순간 비정상인으로 분류되었다는 사실 자체는 명확해진다는 점이다. 그 결과 그린 캠프에서는 정상인으로 상당한 치료 효과를 거두고 막상 자대로 복귀하면 다시 적응하지 못하는 경우도 상당수가 있다. 캠프에 입소했다는 그 사실이 비정상인으로 낙인을 찍었기 때문이다.

'그린 캠프'는 치료소 역할을 해낼까?

내가 방문한 모 군단은 그린 캠프 입소자의 50퍼센트 정도가 현역 부적응자로 처리되어 제대하고 있었다. 비정상인들의 수용소까지 운영해야만 하는 군의 지휘관들은 사회에 대해 분노에 가득 차 있다. '질이 낮은 병사'들을 군에 대거 유입시켜 자신들에게 엄청난 부담을 주고 있다는 주장이다. 여기서 '질이 낮은'이라는 그 용어가 마음에 걸린다. 사람의 질을 평가하는 일률적 기준이라는 게 있는지, 생명의 가치에도 등급이 있는지, 자꾸 의문을 불러일으킨다.

여기에서 치료를 담당하는 상담사들에게는 대략 월 160만 원의 보수를 주고 일선 부대의 관심병사 상담까지 추가로 떠맡긴다. 문제는 산악이 많고 이동거리가 먼 일선 부대를 돌아다니는데 차량을 지원해주지 않는다는 데 있다. 한 사람이 자비로 지출하는 월 유류비가 80만 원이다. 이런 상담사가 1개 사단에 4명 정도 배치되었다. 그 인력의 부족과 열악한 처우를 고려하면 상담과 치료라는 본래의 목적을 달성할 것이라고 믿기에는 회의적이다. 그보다는 비정상인들 정상인들에게서 격리한다는 수용 개념이 아직 우선적으로 적용되는 것 아니냐는 의문이 든다.

전체주의 국가일수록 비정상인에 대한 수용소가 잘 발전되어 있다. 우리 군에 이런 수용 공간이 확대되고 있는 것은 어떤 면에서 군에 새로운 도덕성의 문제가 불거지는 신호탄이라고 할 수 있다. 이제는 거의 모든 20대가 군에 입대해야 하는 징병의 현실에서 군이 나서서 사람을 구별하고 나누고 격리하는 그런 행태를 어쩔 수 없이 되풀이해야 하는 도덕의 임계 상황이 닥치고 있다. 이 과정에서 구타와 가혹행위 건수는 줄어들었지만, 그 수법은 매우 교활하고 은밀하게 진화한다. 다수가 한 사람에게 고통을 주는 처벌의 메커니즘은 평소에는 보이지 않는다.

그에 대한 저항으로 각종 총기사고와 자살의 형태로 구체화되면 이제껏 우리가 몰랐던 암흑의 세계가 존재한다는 사실을 알고 경악하게 된다. 그러나 굉장히 합리적인 왕국이라는 점이 놀라울 뿐이다. 한국 징병제에서 이 악마는 지금도 계속 진화하고 있다. 지나친 경쟁과 이기심에 서식하며 치사율 높은 그런 형태로 진화하는 것이다. 여기에는 과연 어떤 도덕의 백신이 있을까? 우리는 저 왕국을 전복시킬 것인가, 저 왕국과 타협할 것인가? 이런 도덕의 질문에 이제는 우리가 답변을 해야 한다.

고문관은 어떻게 만들어지는가?

'진짜 사나이'의 불편한 진실

MBC가 주말에 방영하는 인기 프로그램 〈일밤 – 진짜 사나이〉는 병영 생활을 예능의 영역에서 다루고 있다는 점에서 이색적이다. 경직된 병영 생활도 따뜻한 인간미와 해학으로 접근하면 "군대도 사람 사는 곳", "언젠가는 한 번 가볼 만한 곳"으로 인식될 만하다. 막연한 두려움을 완화하면서 나름 긍정적으로 군대를 인식하게 한다는 점에서 이 프로그램은 어느 정도 성공하고 있다고 보인다. 이 프로그램에서 중도하차한 장혁 일병이 낭독하는 편지에는 감동도 있다.

"군대, 누군가에는 믿고 믿고 싶은 베이고, 어떤 사람에게는 빌린

숙제일지도 모릅니다. 그러나 우리는 인생의 새로운 전환점을 찾기 위해 우리와 상관없는 세상인 줄 알았던 군대에 또다시 입대했습니다. 그곳에서 새로운 전우들을 만나고 그들의 땀 냄새를 맡으며 우리의 군대 생활은 현실이 되어갔습니다. 새삼 세월의 무게를 실감하고 새로운 세상에 눈을 뜨고 때론 잊지 못할 굴욕을 선사할지라도 내 옆의 동기, 나의 전우들 때문에 웃을 수 있었습니다. 우리가 함께 울고 웃으며 만들어간 그 어마어마한 추억들, 그들의 손에서 전해진 온기를 간직한 채 우리는 이제 조금은 긴 휴가를 떠나려 합니다. 비록 함께 뛰며 등을 밀어줄 수는 없어도 전우들이 있는 그 생활관, 그 연병장에 우리들의 마음도 같이 서 있을 겁니다. 충성!"

군대를 다녀온 사람이라면 이 편지에는 강한 공감을 느끼게 된다. 특이한 것은 〈진짜 사나이〉는 단지 군내에 추억이나 관심이 있는 남자들만이 아니라 여성과 청소년에게도 인기를 모으고 있다는 점이다. 유명 연예인이 출연하기 때문만은 아니다. 미지의 세계나 색다른 경험이 호기심을 자극하고 충격과 반전을 느끼게 하기 때문이다. 〈진짜 사나이〉는 군대의 소소한 일상, 예컨대 먹고 입고 자고 뛰는 것을 우리가 일상적으로 하는 것과 다른 방식으로 구성해준다. 낯선 시공간에서 지내는 생활은 매우 특이하게 느껴지고, 여기에 동료들과의 관계가 얹어지면 추억이라는 맥락으로 재구성된다. 또 다른 삶의 앨범이 펼쳐지는 것이다.

그런데 이 프로그램이 실제 우리 군의 병영을 제대로 보여주는 것인가? 여기에는 많은 의문이 있다. 무엇보다 군이 보여주고 싶어 하는 것만을 보여준다. 이렇게 병영의 밝은 면만 부각되면 정작 우리가 시급히 개선해야 할 많은 문제점은 가려진다. 특히 생활이 열악한 전방 오지奧地의 전투원들이 이 프로그램을 본다면, 자신들의 처지와 비교할 때 상대적 박탈감을 느끼게 할 만한 장면도 여러 곳에서 나타난다.

병영에서 삶의 수준을 구성하는 3대 요인인 사기Mental · 복지Welfare · 오락Recreation을 기준으로 본다면, 〈진짜 사나이〉는 지나치게 상황을 과장하거나 긍정적으로 묘사한다는 지적도 나온다. 우리 군이 가장 열악하다는 이 3대 요인이 다 해결된 것처럼 병영을 묘사하게 되면 실제와는 전혀 다른 병영의 이미지가 나오게 되고, 이것이 착시현상을 불러올 수 있다.

우선 떠오르는 의문은 〈진짜 사나이〉에서 묘사되는 병영은 "왜 이렇게 잘 먹는가"다. 2013년 11월에 방영된 해군 초계함에서의 점심 식사 장면에서 함상艦上의 뷔페식 식당에는 연어, 고추잡채, 꽃빵, 꽃게탕 등의 차림이 나온다. 이에 손진영은 "파라다이스로 가는 느낌"이라고 황홀해하며, 류수영은 "지금 돌잔치, 결혼식에 온 것 같다. 조미료를 많이 쓰기 있이 담백한 맛이 일품이나. 노 새우를 아끼지 않아 국물의 맛이 깊다"는 설명을 곁들인다. 김수로 역시 "해군의 음식은 진짜 마음에 든다"고 감탄한다. 이 장면이 방영되고 나서 국방부와 육군본부에는 "해군은 저렇게 잘 먹는데 왜 육군은 급식이 형편없냐"는 항의가 빗발쳤던 것으로 알려졌다.

그러나 실제 해군이 이 정도의 호화로운 식사를 하는지도 의문이다. 대형 구축함이야 어느 정도 사정이 낫겠지만 소형 함정일수록 식사는 열악하다. 고속정은 도입 초기에 설치되어 있었던 취사도구를 아예 없애버려서 제때에 식사를 못하는 경우도 허다하다. 오랜 기간 함상에서 근무한 중견 장교들은 대부분 치아가 좋지 않다. 장기간 작전을 나가면 신선한 식재료가 아닌 냉동이나 건조식품만 장기간 섭취하기 때문이다. 정작 해군의 식생활 여건이 가장 열악할 수밖에 없다.

2011년에 해병대 2사단에서 총기난사 사건이 벌어지고 국회와 국가인권위원회 등에서 현장 조사를 나간 적이 있었다. 당시 사건 조사 과정에서 해병대 병영의 여러 문제점이 드러났다. 조사단이 들었던 증언 가운데 뜻밖의 말이 있었다. 병사들이 "배가 고프다"고 한 것이다. 강화도 교동은 식재료와 부식을 제때 공급받지 못했다. 비단 해병대만이 아니라 전방 오지에서는 아직 제대로 된 급식과 식수 확보에 어려움을 겪는 곳이 수두룩했다.

국방부는 2014년 장병 급식비가 하루 6,848원으로 2013년에 견줘

6.5퍼센트가 늘었다고 발표했다(2016년 장병 하루 급식비는 7,334원이다). 인상된 급식비를 반영해 식자재 질을 높이고 천연 조미료를 쓰는 등 급식의 질을 대폭 개선했다는 설명도 덧붙여졌다. 이밖에 장병 생일 특식비를 1만 원에서 1만 1,000원, 병사 영외 매식 보조비도 5,000원에서 6,000원, 훈련병의 간식비도 하루 500원에서 1,000원으로 올려 간부들과 같은 수준이라고 홍보했다. 그러나 이렇게 개선을 했다고 하더라도 국민 중산층 수준의 식사를 보장할 수 있느냐는 여전히 의문이다.

왜 사관학교의 자퇴생은 늘어나는가?

〈진짜 사나이〉에서 가장 극명하게 희화화되는 장면은 내무반 생활이다. 가끔 일부 부대는 고급스러운 분대 단위 침대형 내무반이 나오지만, 여전히 '수용' 개념의 침상형 내무반에서 점호하는 장면이 방영된다. 이런 전통식 내무반은 경제협력개발기구 국가에서는 찾아보기 어려운 장면으로 사생활이 전면 부정되고 오직 규율과 통제만을 우선시하는 한국 병영문화의 상징이다. 그런데 〈진짜 사나이〉에서는 이런 내무반 생활에서 간섭과 통제도 아름다운 것으로 묘사된다. 자신의 사생활까지도 조직의 규율에 몽땅 희생되고 오직 복종을 하는 가운데 비로소 군대다운 문화가 정착된다는 전제를 깔고 있기 때문이다.

이명박 정부 시절부터 군은 이전 정부에서 추진하던 군 기본권 강화 대책을 전면 무효화하고 통제와 규율을 강화하는 방향으로 병영을 운영해왔다. 그 부작용은 병사들만의 문제가 아니라 간부에게도 파급되었다. 2013년 5월, 육군사관학교에서 대낮에 선배가 후배 여생도를 성폭행한 사건이 발생했다. 그 이후에도 3금(금혼, 금주, 금연) 위반 사건이 있자 육군사관학교는 3금 제도를 더욱더 강화한 재발방지 대책을 발표한 바 있다. 생도의 생활에 대한 통제가 훨씬 강화된 시책을 시행한 결과는 충격적이었다.

내가 국방부를 통해 확인한 바로는 이에 적응하지 못하는 자퇴생이 2013년에 급증한 것으로 나타났다. 육군사관학교는 2009년 7명, 2010년 7명, 2011년 1명, 2012년 10명에 불과하던 자퇴생이 2013년에만 45명으로 크게 증가했다. 주된 사유는 통제된 생활에 대한 거부가 13명, 생도생활 부적응이 3명, 진로 변경자가 22명, 건강 문제가 3명 등이다. 특이한 것은 예년의 자퇴생이 주로 저학년이었다면 2013년에는 3~4학년도 상당수 포함되었다는 점이다. 이 중에는 군의 육사 출신 고위 장교의 아들인 4학년 생도가 육사의 잘못된 통제 방식을 성토하며 가족과 지인의 만류에도 자퇴하는 일이 벌어져 유난히 눈길을 끌었다.

이런 현상은 해군사관학교와 공군사관학교에서도 유사하게 나타났다. 해군사관학교는 2009년 11명, 2010년 8명, 2011년 7명, 2012년

4명이던 자퇴생이 2013년에 12명으로 늘어났고, 이 중 11명이 진로와 적성 문제 때문인 것으로 밝혀졌다. 공군사관학교도 2009년 3명, 2010년 6명, 2011년 5명, 2012년 2명이던 자퇴생이 2013년에 10명으로 늘어났는데, 국방부는 이들이 모두 진로와 적성 문제 때문에 자퇴한 것으로 파악했다.

이런 현상은 엘리트 장교를 육성하는 사관학교만의 문제가 아니다. 그 주된 피해자는 병사들이다. 이 때문에 국가인권위원회는 2012년 11월에 군 인권법 제정 등 병영문화 개선 종합대책을 수립하라고 국방부에 권고했다. 국가인권위원회는 "군 인권에 대한 국민적 우려가 높아지면서 병영문화의 근본적 개선 필요성이 제기되었다. 개별 권리구제 외에 종합적인 정책·제도 개선 방안 마련이 시급한 상황"이라고 그 배경을 밝혔다.

당시 국가인권위원회는 군 관련 진정 사건이 2001년 58건에서 2011년에 135건으로 2배 이상 증가했으며, 2012년에도 6월까지 100건이 접수되는 등 인권 실태가 악화되었다고 밝혔다. 이와 함께 연도별 군내 자살자는 2008년 75명, 2009년 81명, 2010년 82명에서 2012년에는 97명으로 크게 증가했다. 군 당국은 자살 사고 원인을 신세대 장병의 개인 중심적 사고와 인내심 부족, 복무 부적응, 병영 부조리 등으로 분석했다. 흔히 고문관이라고도 불렸던 '구멍 병사' 샘 해밍턴은 〈진짜 사나이〉에서는 병영에 웃음을 선사하는 괴짜로 묘사되었다. 그러나 실제 병영에서 그런 엉뚱한 행태를 조금이라도 보인다면 어떤 결과가 초래될까?

'고문관' 손 이병은 왜 자살했는가?

국가인권위원회에 접수된 사연을 보면 대개 체력이 약하거나 따돌림을 받아 고통스럽게 군 생활을 하는 경우가 허다하다. 이런 복무 부적응자에게 군은 생지옥이나 다름없다. 아직까지 우리 병영은 약자에 대한 존중과 배려를 통해 건강한 병영 공동체로 나아가지 못하는 상황이다. '고문관' 샘 해밍턴을 보며 웃을 수만은 없는 이유다. 2011년 3월에 손 이병이 전방부대에서 사격훈련을 하던 도중 이미에 소총을 쏘아 스스로 목숨을 끊은 일이 있었다. 국회 국방위원회 소속 김광진 의원실에서 낸 자료를 보면 손 이병은 입대 당시 신장 174센티미터에 체중 103킬로그램의 과체중 상태였으며, 좌우 교정시력은 각각 0.3, 0.4였다. 당시 부대에서는 손 이병에게 살을 빼라고 주문했다.

손 이병은 2주 만에 약 14킬로그램을 감량하는 혹독한 체력훈련을 받아야 했다. 저시력은 사격평가에서 늘 낮은 점수를 받는 결과로 이어졌고, 이는 무시와 질책으로 돌아왔다. 극도의 절망감 속에서 죽음을 택한 손 이병이 아니더라도 군대에서 무시와 왕따는 사회에 나와서도 큰 상처로 남게 된다. 이런 부적응자까지 포함해 우리 군이 전방에 30만의 육군을 비롯해 65만의 대군을 유지할 필요가 과연 어디에 있는가 하는 근본적인 의문도 제기된다. 비효율적인 대군을 유지하느니 제대로 대접해서 사기충천한 소수정예 전투원을 양성하는 국방정책이 더 바람직한 것 아니냐는 이야기다.

2007년에 국방부는 국민을 대상으로 군에 대한 호감도를 조사한 적이 있다. 여기에서 군에 대한 가장 나쁜 이미지를 갖고 있는 계층은 군에 다녀온 지 얼마 되지 않은 남성이었다. 반대로 군에 대해 잘 모르는 여성이나 청소년은 군에 대한 호감도가 국민 평균보다 높은 것으로 나타났다. 우리가 군에 대해 가급적 긍정적으로 인식하고 자기 수련의 기회로 삼는 것이 개인과 국가를 위해 바람직하다는 점을 인정하더라도, 우리 병영은 크게 나아지지 않고 있는 생활과 복지 여건을 시급히 개선하지 않으면 안 된다. 지금의 병영은 전투원의 생명 가치가 총체적으로 경시되는 전근대성의 잔재를 그대로 간직하고 있다. 이를 좀더 인본주의적으로 재구성하고 성찰하려는 노력을 배제한 채 단지 병영을 희화화하는 홍보라면 이는 국민을 기만하는 것일 수 있다.

왜 총기 사건이 빈번한가?

최전방의 총기 사건은 '개인의 문제'인가?

2014년 6월 21일 벌어진 22사단의 GOP 총기난사 사건은 2005년 6월 19일의 경기도 연천 530GP 총기난사 사건, 2011년 7월 4일의 해병대 2사단 총기난사 사건과 마찬가지로 내무반 부조리에서 시작되었다. 가장 강력한 총기 사건이 6월 말에서 7월 초라는 시기에 몰려 있는 것도 특이하지만, 임무가 과중하고 생활 여건이 열악한 오지에서 상호 존중과 배려의 공동체 의식이 붕괴되었다는 배경도 거의 흡사하다. 무언가 같은 문제점이 사건을 통해 계속 드러나고 있다는 느낌을 지울 수 없다. 병영인권연대 정재영 대표에 따르면 "놀랍게도 군 강력 사건의 경우에는 피해자의 유족들이 가해자를 이해하고 감싼다는 공통점이 있다"고 말했다.

자식을 억울하게 죽음으로 몰고 간 가해자에게 적대와 원한을 드러내야 하는데, 유독 군 총기 사건은 그 반대라는 이야기다. 경기도 연천 530GP 총기난사 사건도 유가족들이 가해자인 김동민 일병에 대해 "그 애도 피해자"라며 두둔하는 일까지 벌어졌다. 22사단 총기난사 사건에서도 유족들이 가해자인 임 병장에 대해 적대감을 드러내지 않았다. 오히려 7월 9일의 현장검증에 참석한 유가족들은 임 병장의 범죄 재현 장면을 바라보면서도 "저렇게 작은 체구의 여린 애가 어떻게 그런 범죄를 저질렀느냐"며 동정심까지 보였다. 왜 가족들은 가해자에 대해 이런 이상한 반응을 보이는 걸까?

군인권센터 임태훈 소장 역시 피해자 유족의 이런 현상은 "군 사건의 독특한 일면"이라고 말했다. 일반 강력 사건은 가족들이 가해자에게서 악마의 모습을 발견하고 치를 떨지만 군 사건은 이와 양상이 다르다. 어쩌면 가족들은 사망한 자식과 같은 또래의 가해자에게서 자식의 또 다른 모습을 발견하게 되는 것이 아닐까? 자신의 의사와 무관하게 징병되어 오지의 열악한 곳에서 가족과 떨어져 근무를 해야 했던 그 처지만큼은 가해자나 피해자가 다르지 않다. 즉, 같은 처지였던 셈이다. 그래서인지 가족들은 가해자에게 좀체 미움의 감정을 드러내지 않는다. 여기에서 유족들은 군대라는 존재 그 자체, 징병제라는 제도 그 자체가 주범이며, 책임을 따진다면 관리를 소홀히 한 군 당국에 더 큰 책임이 있다고 생각하는 것 같다.

가해자는 원래 문제가 있었던 비정상인이라고 단정하는 당사자는 피해자 가족이 아니라 군 당국이다. 입대 전에 원래 성격에 문제가 있었고 입대 후에도 군에 적응하지 못했던 관심병사였다는 점이 그 근거다. 그래서 총기난사 사건이라는 강력범죄를 저지를 수밖에 없는 일종의 사이코패스인 것처럼 묘사한다. 군대라는 조직과 구조의 책임을 완화시키려니까 22사단 총기난사 사건은 '개인의 문제'라고 재빨리 정리해버린다. 사건이 일어나자 김관진 국방부 장관이 보인 행태가 바로 그러했다. 심지어 내가 만난 대다수의 육군 장교들은 사회와 학교와 가정에서 나약하고 비뚤어진 인성의 인력 사원을 제공받은 자신들이야말로 피해자라는 인식을 갖고 있었다. 불량자재를 납품받은 건설업자와 같이 시공을 잘못한 것은 아니라는 변명이다.

이 때문에 진정한 문제의 해결은 군대의 장병 기본권 증진이나 선진화에 있는 것이 아니라 국가관이 투철한 우수 자원을 제공받아야 한다는 결론으로 자연스럽게 나간다. 문제의 원인이 군대 밖에 있다고 생각하는 육군은 군 정신교육의 목적을 "사회의 오염된 사상에 물든 장병들에게 반복적으로 국가관을 주입하는 것"(2008년 육군 업무보고서)으로 설정하고 있다. 그러나 군에서만 장병을 교화하고 징벌하면 때가 늦으므로 일선 학교에 직접 나가서 전교조에 오염된 학생들에게 안보교육을 한다는 선까지 그들의 행동반경을 꾸준히 넓혀왔다.

병사들은 피해의식과 고립감에 빠져 있다

적어도 이 점에서 '인권'이라는 말을 극도로 싫어하기로는 북한이나 남한이나 별 차이가 없다. 군의 본연의 임무인 전투 수행을 위해서는 북한에 대한 적개심과 주적의식, 과감히 기본권을 양보할 수 있는 전투원이 있어야 한다. 경기도 연천 530GP 총기난사 사건 이후 노무현 대통령이 직접 팔을 걷어붙이고 착수한 병영문화 개선 대책과 장병 기본권 증진 대책은 2008년 이명박 정부가 출범하자마자 육군 장성들의 반발로 물거품이 되었다. 이 때문에 장병 고충 상담과 처리 대책도 부실해졌고, 장병 기본권 강령 제정과 군 인권기본법 제정 등 제반 대책들도 몽땅 어디론가 사라졌다. 심리상담 치료를 전문으로 하는 군 상담요원들을 내보내고 그 자리에는 "군대 현실을 잘 아는" 예비역들이 들어왔다. 이런 예비역들에게 상담을 하러 가면 오히려 "인내심이 없다"고 혼나기 십상이어서 이미 그 효력을 상실했다.

A그룹, B그룹, C그룹으로 분류된 관심병사는 그에 합당한 존중과

배려가 아니라 비정상인으로 사실상 낙인찍혀 수치심을 유발하는 결과를 초래했다(2015년 국방부는 3개 그룹으로 분류하던 것을 사고 유발 가능성이 높은 병사들은 '도움 그룹'으로, 교육을 통해 군 복무에 적응할 가능성이 있는 병사들은 '배려 그룹'으로 재분류했다). 보수 정권이 군 인권에 대해 퇴행적 움직임을 보이자 그 효과는 즉각 나타났다. 연간 군대 내 자살자가 다시 세 자릿수로 늘어났고, 군 지휘권의 남용으로도 지목되는 영창 입소자 수가 예전에 비해 300명 정도 늘어난 1,100명으로 증가했다. 좌익 장병을 색출한다며 감시, 사찰, 처벌하는 사례는 폭발적으로 증가했다. '전투형 군대'를 강조하면서 지휘관의 중점이 '사고 예방'보다 '전투 발전'으로 이동하면서 자연스럽게 사고도 증가했다.

그런데 여기서 군 당국이 미처 고려하지 못한 사실이 있다. 전투를 잘하는 게 군 조직의 존재 목적이라는 점이야 백번 맞는 말이지만, 한국의 군인은 전투를 하려는 프로 군인과 직업 간부들이 아니라 자신의 의사와 무관하게 징병된 청년들이라는 점이다. 제대 후에도 별다른 보상도 없이 월 10여 만 원의 월급만으로 목숨을 걸고 과중한 임무를 수행해야 하는 이 군대에서는 병사들이 오지에서 근무한다는 사실만으로 서럽고 억울해한다. 그런 정서는 심지어 초급 간부들에게서 확산되어 우리 지상군의 하부 조직 전체가 피해의식과 고립감에 빠져 있다. 이것을 위로하고 보상하지 않으며, 윽박지르고 조여붙이고 체벌하는 것으로 관리하려는 권위주의적 인식이 애국심으로 그럴듯하게 포장되었다. 여기에서 군 수뇌부가 장병들에 대해 갖는 인간관은 '나약하고 불완전하고 공포에 취약하기 때문에 조직의 힘으로, 규율로 교정해야 하는 개인'이 되었다.

22사단 총기난사 사건으로 구속된 소초장은 27세로 전역을 3개월 앞두고 있었고, 사건을 일으킨 임 병장은 22세로 역시 제대를 3개월 남겨놓은 새파란 청춘들이다. 2009년 민간인 월북 사태나 2012년 '노크귀순' 사건이 벌어진 22사단에서는 사건이 터지면 항상 모든 잘못은 가장 경험이 없는 소초장에게 책임을 부과해 혼자 십자가를 지도록 했다. 정작 군을 좀먹는 허위보고와 은폐·왜곡, 관리 소홀의 책임자인 상급 지휘관들의 책임이 축소됨으로써 근본적이고 구조적인 병영의 문제는 자연스럽게 뒷전으로 밀려났다.

이 사건이 벌어지기 이전에 이미 이 소초에서는 부대원들끼리 다투다가 고가高價의 야간투시경을 파손하는 심상치 않은 사건이 벌어졌다. 이 일로 소초장이 보직 해임되고 직무대리로 새로운 소초장이 부임한 지 불과 2개월 만에 총기난사 사건이 터진 것이다. 심상치 않은 조짐은 또 있었다. 사건이 일어나기 일주일 전에 사단 소속의 한 병사가 강원도 속초에 휴가 나왔다가 간부 3명과 마주치자 도주하던 중 추락사했다. 이로 인해 사단 전체가 외출, 외박, 음수, 회식이 금지되었고 2인

이상 영외에서 활동이 금지되었으며 면회까지 중지되었다. 윽박지르고 조여붙이고 잔소리하는 통제와 규율의 연속이었다. 장병의 기본권과 일상이 박탈된 상황에서 조직의 스트레스가 가중되면 인간의 심성에는 예기치 않은 변화가 나타난다. 좁은 공간에 갇혀 반복적인 일상을 강요받는 가운데 관심의 사각지대였던 임 병장에게도 통제 불능의 증오와 적대감이 분출되는 야수의 본성이 끊임없이 들끓고 있었다.

바로 여기서 가장 경험이 없는 초급 간부가 역시 경험이 없는 전투원들을 지휘하는 우리 병영의 구조적인 모순이 악화되고 있었다. 이런 가운데 우리의 전방은 가장 경험이 없고 상황대처 능력이 미숙한 청년들에게 너무 무거운 짐을 지운다. 수시로 우리를 건드리는 북한군, 단조롭기 짝이 없는 경계근무, 고된 작업이 기다리고 있다. 전방일수록 먹고 자는 문제에서부터 부실한 장비와 보급에 이르기까지 소모전을 지향하는 전근대적인 이미지는 불가사의하게도 변함이 없다. 경계근무를 하면서 북한군을 주시해야 하는데 그보다는 순찰을 도는 간부를 감시하는 행태가 일반화되어 "우리의 주적은 간부"라는 농담이 일반화되었다. 여기에다 순찰을 돌기보다는 생활관에서 텔레비전을 시청하면서 순찰표만 조작하는 간부, 부하들의 안위보다는 자신의 진급에만 몰입하는 지휘관 등 갖가지 불합리한 행태가 거의 병사들에 의해 목격되고 관찰된다.

군대 전체를 붕괴시키는 시한폭탄

이런 상황에서 전쟁이 일어난다면 전투지역전단FEBA A 방어에 최전방 병력의 약 40퍼센트가 손실되는 것으로 군 당국은 예상한다. 이에 대해 2013년에 국방부 장관 후보자로 청문회를 통과하지 못해 낙마한 김병관 예비역 대장에 따르면, 첨단무기와 화력이 증강된 상황에서 이렇게 많은 병력을 최전방에 배치하는 것은 비합리적이라고 한다. 그 대신 병력을 후방으로 재배치하면 그 손실률은 17퍼센트로 줄어들게 된다. 좋은 무기로 더 잘 싸우는 군이 될 수 있다는 주장이다. 이를 일컬어 그는 "인본주의형 국방개혁"이라고 부르며 군의 대수술을 예고했으나, 그 뜻을 펼치지 못하고 장관직에서 낙마했다. 그러나 일선의 우리 전투원들의 생명가치가 총체적으로 경시되는 전근대적인 군대가 국민소득 약 3만 달러의 나라에서 변함없이 유지되고 있다.

군은 거의 공짜나 다름없는 징집병을 위주로 전방에 15개의 사단, 6개의 군단, 2개의 군사령부에 30만 명 정도 배치하고 있다. 한국군은 똑같은 유니폼을 입혀 외형적으로는 단일 집단의 구성원으로 통일된 것처럼 보이지만, 그 내부를 들여다보면 한국 사회의 갈등 구조가 그대로 녹아 있다. 학벌 갈등, 성별 갈등, 세대 갈등, 지역 갈등도 있지만 가장 큰 갈등은 빈부 갈등이니. 이를 관리해야 할 부사관이나 소대장도 병사들과 같은 또래의 경험 없는 20대로 그 자신이 갈등의 당사자가 되기도 한다.

여기서 군대 내 약자나 부적응자를 상대로 하는 신종 '왕따 놀이'가 판을 친다. 관심병사가 발생하는 것은 조직이 요구하는 높은 수준의 과업을 수행할 수 없는 비정상인으로 취급받는다는 뜻이다. 22사단 총기난사 사건은 한국군의 병영의 갈등구조가 조직 전체를 붕괴시키는 시한폭탄이 되었다는 것을 알려주는 하나의 비상벨일 뿐이다. 전방에서 소대장과 중대장을 역임한 한 예비역 장교는 "솔직히 요즘 병사들이 무섭다고 느낄 때가 많다"며 심적 고충을 토로했다.

10명의 병사가 있다면 8~9명은 조직의 목적에 부응하며 임무를 잘 수행한다. 1~2명의 문제만 갖고 군을 너무 부정적으로 평가하면 곤란한 것 아니냐는 반론도 있을 수 있다. 그런데 비상사태가 발생하면 바로 1~2명 때문에 조직 전체가 붕괴될 수 있다는 것 또한 진실이다. 평시에도 관심병사 1명 때문에 소대의 임무 전체가 차질을 빚는 경우도 비일비재하다. 조직 구성원이 일사불란하게 움직여야 하는 군대에서는 사소한 문제가 있는 병사라도 조직 전체에 치명적 영향을 줄 수 있는 것이다.

그렇다면 최종 대안은 역시 최전방의 경계와 작전을 과학화하고 전문화하면서 징병제의 근원적 모순을 제거해나가는 길밖에 없다. 사기층천한 직업군인의 비율을 더 늘려야 한다. 그런데 이상하게도 이 말만 나오면 우리 지상군의 최고위 간부들은 안보가 무너지는 것처럼 펄쩍 뛴다. 전방에서 부대 수와 병력을 감축하고 현대적으로 군을 개선하려고 하면 시도도 해보기도 전에 "불가능하다"고 잘라 말한다. 그 결과 더 위태로운 최전방의 일상은 오늘도 변함없이 이어진다.

대한민국 장교는 어떻게 고령화되는가?

육군 역사상 가장 심각한 인사 파동

참여정부가 임명한 첫 번째 육군 참모총장은 남재준 대장이있다. 남재준 총장은 2003년 4월 임명되자마자 한 통의 이메일을 받았다. "존경하는 참모총장님께"로 시작되는 4쪽 분량의 이 편지에는 군 인사정책을 신랄히 비판하며 개선을 촉구하는 육사 38기의 입장이 담겨 있었다. 남재준 총장은 이 편지를 인사참모부장에게 건네주었다. 이어 편지는 청와대, 국방부, 국군기무사령부 등 관계기관에 전파되어 상당한 반향을 불러일으켰다.

　비슷한 시기 육사 총동창회(당시 회장 박세직) 회장단은 국방부와 육군을 방문해 "군 인사에서 진급 적체가 현 상태로 방치될 시 군의 장래가 걱정스럽다"며 대책 마련을 촉구하는 간담회를 열었다. 군 인사 적체가 심상치 않다는 분위기가 군 안팎으로 확산되는 가운데 2003년 5월 2일 각 군 본부를 순시한 조영길 국방부 장관은 이렇게 말했다.

"인사제도가 합리적이지 못할 때는 젊은 나이에 (일할 사람은) 전역을 해야 하고, 지금처럼 33년을 근무하는 사람들이 16년 만에 중령, 대령 진급까지 끝내 놓고, 대령으로만 15년을 근무하는 불합리한 계급 조직이 생겨날 수 있는 것이다. 본인들은 좋을지 모르지만 그 사람들이 바윗덩어리처럼 눌러앉아 있으니까 인사의 흐름, 곧 (하위 계급의) 상위 진출의 흐름 자체가 중단되어버리는 것이다. 물의 흐름이 중단되면 썩는 것과 같다."

조영길 장관이 당시의 군 인사를 '고인 물'에 빗대며 "장관이 앞장서서 인사 개혁을 이끌어 나가겠다"고 하자, 그 자리에 참석한 장성들은 긴장했다. 이렇듯 국방의 최고위층까지 나서서 인사 개혁을 외치는 배경에는 2003년 대령 진급 심사를 앞둔 육사 38기 이하 기수의 위기의식과 더는 군 인사를 방치할 수 없다는 예비역들의 인식이 함께 작용했다.

2004년 10월, 육군본부에서는 사상 초유의 인사대란이 벌어졌다. 투서와 괴문서 살포, 청와대의 군 인사 개입 의혹과 이에 대한 육군본부의 시행, 사상 초유의 남재준 총장에 대한 수사로 얼룩졌던 육군 역사상 가장 심각한 인사 파동이었다. 군 검찰이 육군본부의 인사비리 의혹을 수사한 결과 육군본부 인사참모부, 인사검증위원회, 진급관리과 소속 장교 4명이 기소되었고, 이들 가운데 2명이 집행유예, 2명은 선고유예 판결을 받았다. 당시 수사가 적절했는지는 아직도 논란이 많지만 진급에 대한 장교의 불만이 폭발 직전까지 가던 상황을 고려한다면 결국 터질 게 터진 셈이다.

이러한 인사 파동으로 온갖 수모를 당한 남재준 총장의 후임으로 김장수 대장이 임명되는 2005년 4월, 또다시 이상한 일이 일어났다. 육군 참모총장 이·취임식 당시 남재준 총장은 인사 파동으로 불이익을 받을 것으로 예상되는 몇몇 장교를 "구제해달라"며 후임 김장수 총장에게 부탁했으나 김장수 총장은 "내가 왜 그 사람들을 구제해야 하느냐"는 태도를 보였다. 그리고 그 직후 진급 심사에서 남재준 총장이 부탁한 장교를 진급에서 탈락시켰다.

남재준 총장은 이후 사석에서 "내가 나간 이후 육군은 쓸 만한 인재를 다 죽였다"며 불만을 토로했다. 이 일 때문에 남재준 총장과 김장수 총장 사이에는 그때의 육군 인사를 두고 감정적 앙금이 남아 있을 것이라는 해석이 꾸준히 나돌고 있다. 과거 두 총장의 미묘한 인연 때문일까? 아직도 군 안팎에는 '남재준 사람', '김장수 사람'이라는 전·현직 장교에 대한 구분법이 통용된다.

그것만이 아니다. 김장수 총장 후임으로 임명된 박흥렬 총장은 인사 분야에서 잔뼈가 굵은 '인사통'으로 지금 청와대 경호실장으로 부임해 있다. "나도 한 칼 있다"며 육군 인사를 줄줄 꿰는 사람이다. 김관진 국방부 장관 역시 2010년 12월에 부임하자마자 전임 장관의 인사방침과 달리 고참급 정책 엘리트를 과감히 발탁하는 인사를 단행해 주변을 놀라게 했다. 이로 인해 자기가 인정한 인재는 반드시 쓴다는 과감성을 평가받는 반면, 이로 인해 진출의 길이 막힌 또 다른 장교단에서는 불만을 사는 일이 벌어졌다.

지난 10여 년간 육군의 인사는 매년 늘어나는 인사 적체의 수렁에서 헤어나지 못한 채 과도한 진급 경쟁의 부작용으로 얼룩진 대혼란기였다. 무언가 시스템을 근본적으로 혁신하지 않으면 '싸우는 군대'가 아니라 '진급하기 위한 군대'로 전락할 위험성이 걷잡을 수 없이 커진 위기의 시대였다.

역대 국방부 장관이나 육군 참모총장은 자신의 재임 기간 중에만 큰 탈이 없으면 된다는 무사안일과 '자기 사람 챙기기'라는 악습에서 자유롭지 못했다. 그 결과 인사 시스템이 개선되지 못하고 여전히 유력자와의 인연에 따라 진급이 좌우된다는 육군 장교단의 믿음이 굳어진 시기였다고 할 수 있다. 진급을 하려면 "내가 소속된 조직에서 1등을 해야 된다"는 생각 외에 나른 것을 고려하지 않아야 한다. 그러나 실상

은 누가 장관, 총장으로 오는지에 따라 생사가 결정되는 '유력자 인사'
풍토에서, 진급이 되려면 "누구 줄이든 잡아야 한다"는 잘못된 믿음이
확산되었다. 장교들의 시선이 그들이 적이라고 말하는 북한을 향해 있
는 게 아니라 (국방부와 합동참모본부가 있는) 삼각지로, 청와대로 향하고
있다.

장교의 고령화로 인한 '노인 군대'

군 인력 구조의 왜곡 현상을 빚고 있는 우리 군의 문제적 인사 시스템은
어디에서 비롯된 것일까? 군 인사정책의 최대 피해집단이며 '좌절의
세대'로 불리는 육사 38기부터 2013년 장군 진급심사 대상이 된 43기
까지 이느 기수를 보아도 신급의 숨통은 바싹 조여져 있다. 육사 38기
는 1978년에 박정희 정권이 육사를 졸업하고 장교로 일정 기간 복무하
면 정부 5급 공무원인 '유신 사무관'으로 특채해준다는 모집요강을 보
고 육사에 입교한 최초의 기수다.

　이 때문에 이 기수는 지원자가 급격히 늘고 정원도 300명 수준으
로 확대되었는데, 이들이 유신 사무관으로 나갈 차례인 1988년에 이
제도가 없어졌다. 이 때문에 육사 37기까지만 사무관 진출이라는 혜택
을 누렸고, 정작 국가의 약속을 믿고 군에 복무하던 38기는 공무원 진

출의 길이 막힌 채 전부 군에 남게 되었다. 당연히 동기생의 수가 많은 이들은 진급 경쟁이 격화될 수밖에 없었다. 국가에서 '사기'를 당한 건 48기까지 전부 해당된다.

여기에다가 군에 더 오래 남아 있으려는 선배 기수들의 압력으로 군 정년이 연장되는 것을 뼈대로 한 군인사법 개정이 1989년과 1993년에 두 차례 있었다. 이로 인해 대령 이상 상위 계급은 고참 장교들로 채워졌고, 나가지도 않고 '바위처럼 버티고' 앉아 있는 이들 때문에 38기 이후 기수들은 진급 시기를 자꾸 늦춰야만 했다. 그 결과 1989년에는 41~42세에 장군이 되었는데 지금은 50~51세가 되어서야 장군이 된다. 진급 자체도 어렵지만 진급이 되어도 이미 장년층에 접어드는 시기다. 이러는 동안 군 전체는 장교의 고령화로 노인 군대가 되고 말았다. 시대의 변화에 둔감할 뿐만 아니라 무엇보다 체력이 문제다. 옛날 군 지휘관과 달리 지금의 대대장과 연대장들은 병사들과 함께 뛰지 못한다.

인사 적체는 하위 계급에도 영향을 끼쳤다. 상위 계급으로 진출하기 위해 지금의 계급에 복무해야 하는 기간을 최저 복무 기간이라고 한다. 예전에는 대위를 8년간 해야 소령으로 진급했고 중령을 7년을 해야 대령으로 진급했다. 동일 계급에 장기간 적체되니까 웃지 못할 일이 벌어졌다. 어떤 딸이 초등학교 때 아빠가 중령이었는데 대학 입학할 때도 중령이었다. 그러니 신상명세서에 아빠 직업을 '중령'으로 기재하더라는 것이다. 그런가 하면 대위 계급의 장교는 고등학교 동창회에 나가지 못했다. 오랫동안 대위 계급에 머무르다 보니까 동창들이 "너 군대에서 무슨 사고 쳤냐?"고 묻더라는 이야기였다. 그나마 최근에는 약간 상황이 나아져 최저 복무 기간이 대위는 6년, 중령은 4년으로 줄어들었다.

　고참이 즐비하게 버티는 한국군 인력 구조는 이미 싸우고 일하는 군대가 아니다. 하위 계급은 인원이 모자라는데 일 안하는 상위 계급은 비대해졌기 때문이다. 진급 적기가 경과해 장군으로 진급하지 않는 대령, 곧 '장포대(장군 되기를 포기한 대령)'가 대령의 30퍼센트를 넘는다. 국방부 조직담당 부서가 전군을 대상으로 조사한 결과를 보면, 거의 3,000명에 이르는 한국군 대령 중 실제 '전투 직위'는 300명 정도이고 나머지는 주로 지원, 파견, 교육, 행정 등 비전투임무에 투입되었다. 전투형 군대와는 거리가 멀다. 신급 경과자가 보직되는 부사단장 대령 1명에게 소요되는 연간 비용은 연 급여 8,300만 원, 퇴직금 1,800여 만 원, 판공비 30만 원, 차량 등 부속인력을 100만 원으로 보았을 때 약 1억 200여 만 원이다. 그러나 실제로는 일을 거의 하지 않기 때문에 낭비되는 국방예산이 연간 어마어마할 것으로 추정된다.

군 인력 적체 불만이 낳은 두 차례의 쿠데타

국방의 인력과 조직 구조 전체가 이미 중병이 들었지만, 정작 군에서는 이에 대해 아무런 말도 하지 않은 채 실상을 감추기 급급하다. 그보다는 당면한 진급전쟁에서 이기는 것이 급선무다. 도대체 육사는 무엇을 가르치는지 모르겠지만 육군 소위로 임용될 때부터가 인생의 목표는 장군이 되는 것이고, 죽으면 서울 동작동 국립묘지(국립서울현충원)에 묻힌다는 것 이외에 다른 인생은 알지도 못한다. 분명히 위관장교 때는 동기생이었는데, 영관장교 때는 경쟁자가 되고 장군이 되면 적이 되는 것이 장교단 문화다. 매년 10월이 되면 진급을 앞두고 먹는 술을 '초조주'라고 한다. 장관과 총장이 누가 올지, 그래서 자신의 운명이 어떻게 바뀔지 초조하기 때문이다.

20~30년 전에는 대략 육사 한 기수에서 20~25퍼센트가 장군이 되었는데 지금은 13~15퍼센트 정도에 그치니, 장군 진급자는 절반으로 줄었다. 그러나 한 육사 기수 중 60~70퍼센트는 자신이 장군이 될 것으로 철석같이 믿고 있다. 치열한 생존게임 결과 진급이 발표되고 난 다음에는 대다수가 인생 실패자 혹은 패배자가 될 수밖에 없는데, 이것은 견디지 못할 불명예라고 할 수 있다. 결국 진급을 앞두고 경쟁자인 동기생이 약점을 들춰내고 싶은 유혹과 음해와 비방이 나타난다.

여기에다가 국정원과 국군기무사령부를 비롯한 군 검찰, 헌병, 감찰 기능이 장교의 신원을 각기 관리하기 때문에 자신도 모르는 음해성 정보가 기관에 포착되기라도 하면 진급에서 큰 불이익을 받을 수 있다. 진급을 앞두고 계룡대 인근의 식당에서는 진급 대상인 장교가 국군기무사령부, 국정원 요원들과 술자리를 갖는 장면이 흔히 목격된다. 또한 주변의 여론을 관리한다는 명목으로 진급을 앞두고 선후배들에게 인사 다니기가 바쁘다. 여기에는 가족까지 동원된다.

한국 현대사를 회고해보면 1961년의 5·16 군사쿠데타와 1979년의 12·12 군사쿠데타는 인력 적체가 심각해진 장교단의 불만이 고조된 시기에 일어난 일이다. 국가에서 정당한 대접을 받지 못한다고 의식한 일군의 장교들이 헌정질서를 전복했다는 점에서 군의 인사 불만은 국가의 불안 요소였다. 마르크 블로크Marc Bloch라는 빼어난 프랑스 역사가는 제2차 세계대전 당시에 레지스탕스 활동을 하면서 집필한 『이상한 패배: 1940년의 증언』에서 장교단의 진급 경쟁을 프랑스 군 조직의 폐단으로 지적함과 동시에, 이것이 독일에 패배한 이유라고 했다. 적과 싸우는 장교단이 아니라 동기생과의 경쟁에 몰입하는 군대는 내부적으로 붕괴되었다.

이를 개선해야 할 우리의 정치권력과 군사지도자들은 "결과에 대한 승복"만 강조하며 문제를 근원적으로 살펴보지 않으려고 했다. 진짜 해결책이 없었을까? 그렇지 않다. 한때 군 장교의 명예퇴직 활성화로 적체인원 해소를 추진하기도 했고, 제대군인 취업 자리를 만들어 군에서 조기에 전역시키자는 말도 나왔다. 그러나 이런 해결책마저도 자신의 진급이 더 급한 엘리트 장교에게는 보이지 않았다. 그러한 무관심에 정작 그 자신이 피해자가 될 줄은 생각지도 못하면서 말이다.

안보 전쟁

ⓒ 김종대, 2016

초판 1쇄 2016년 3월 15일 펴냄
초판 2쇄 2016년 9월 9일 펴냄

지은이 | 김종대
펴낸이 | 싱문우
기획 · 편집 | 박상문, 박지석, 박효주, 김환표
디자인 | 최진영, 최원영
마케팅 | 이태준, 박상철
인쇄 · 제본 | 대정인쇄공사

펴낸곳 | 인물과사상사
출판등록 | 제17-204호 1998년 3월 11일

주소 | (121-839) 서울시 마포구 서교동 392-4 삼양E&R빌딩 2층
전화 | 02-325-6364
팩스 | 02-474-1413
www.inmul.co.kr | insa@inmul.co.kr

ISBN 978-89-5906-396-3 03300
값 15,000원

이 도서의 국립중앙도서관 출판시도서목록(CIP)은 서지정보유통지원시스템 홈페이지
(http://seoji.nl.go.kr)와 국가자료공동목록시스템(http://www.nl.go.kr/kolisnet)에
서 이용하실 수 있습니다. (CIP제어번호: CIP2016005425)